MASSIMILIANO PERRA

*Bagaglio a mano
per altre vite*

Il necessario per il viaggio infinito dell'Anima

Al fine di preservare la privacy, i nomi dei protagonisti delle storie riportate nel libro sono stati volutamente cambiati. Massimiliano Perra è un ipnologo della regressione alle vite precedenti, in questo libro non vengono dispensati consigli medici su come trattare problemi fisici o psicologici. Per questo tipo di problemi si ricorda di fare riferimento a medici e psicologi. Vengono invece riportati studi, ricerche ed esperienze al fine di offrire al lettore informazioni utili ad intraprendere un percorso di crescita personale e spirituale. La responsabilità dell'utilizzo delle informazioni contenute in questo libro è al 100% del lettore. Per prenotare una sessione di ipnosi regressiva alle vite precedenti o partecipare ad un seminario, fai riferimento al nostro sito: www.azzero.org.

Copyright © 2018 **Massimiliano Perra**
Tutti i diritti riservati.

Nessuna parte di questo libro può essere riprodotta senza il preventivo assenso dell'Autore.

1° edizione Settembre 2018

Titolo | Bagaglio a mano per altre vite
Autore | **Massimiliano Perra**

ISBN: 9781727125153

Pubblicato con la
Esclusiva Strategia Editoriale
"Self Publishing Vincente"
www.SelfPublishingVincente.it

*A Elisabetta,
ancora una volta
ci siamo incontrati.*

Prefazione del professore **Antonio Valmaggia**, Ipnologo della regressione alle vite precedenti, presidente di *Past Life Regression School Italia*

Hanno contribuito alla realizzazione del libro:
Amadio Bianchi: Maestro di Yoga, fondatore della *World Yoga and Ayurveda Community*, Presidente del Movimento Mondiale per lo Yoga e l'Ayurveda
Francesco Bullegas: Professore di Filosofia e Scienze Umane, Counselor ad orientamento gestaltico (*Master Gestalt Counseling*), si interessa di consulenza famigliare e di consulenza educativo-formativa
M. Elisabetta Bianco: Psicologa, Psicoterapeuta, spec. presso l'Istituto Riza di Medicina Psicosomatica di Milano
Andrea Agostino: autore di 5 libri, laureando presso la Pontificia Facoltà Lateranense di Roma

Testimonianze mediche:
Dott. **Enrico Maria Greco** - Cardiologo
Sylvia Wulff – Infermiera pediatrica

Indice generale

Prefazione 9
Introduzione 12
Precisazioni 20
Lavori in corso 21
Avvertenze 25
Capitolo 1 28
    Esperienze personali di vita oltre la vita 28
    Esperienze del passato 31
    L'esperienza dei volti: visi vicini 31
    Psicometria 32
    Memorie del corpo 35
    Consigli pratici 38
    Riassumendo 39
Capitolo 2 41
    L'anima e la Coscienza 41
        Il principio di indeterminazione di Heisenberg 41
        Il teorema di Bell 44
        Robert Lanza e il Biocentrismo: come la nostra coscienza è necessaria all'universo 48
        Pausa Caffè: la stanza segreta dei dipinti 55
        Integrazione tra scienza e coscienza 58
        Le esperienze di pre-morte (NDE) e la natura della coscienza secondo il cardiologo Pim van Lommel 62
        Un'esperienza di pre-morte (NDE) italiana 66
        Un giorno, come un altro – Letto N° 8 67
        Racconti di bambini e adulti 69
        Thomas 70
        Erika 71
        Mio padre 72

Riassumendo 74

Capitolo 3 76
  Gli studiosi della reincarnazione 76
    Raymond Moody 77
    Fluttuare sopra il proprio corpo 78
    Comprensione e sensazione di pace 79
    Il Tunnel 79
    Parenti, amici, esseri di luce 80
    Revisione della propria vita 81
    Esperienze di morte condivisa 82
    Un mare di domande 83
    Brian Weiss 84
    Il fenomeno della xenoglossia: parlare lingue sconosciute. 87
    Ian Stevenson 88
    Le vite precedenti dei bambini 89
    Il caso più riconosciuto e studiato di reincarnazione: Shanti Devi 94
    Le regressioni alla vita fra le vite 96
    Libero arbitrio 101
    Riassumendo 103

Capitolo 4 105
  Il cloud delle Anime 105
  Pausa Caffè: bruciare l'Anima 119
    Riassumendo 120

Capitolo 5 121
  La potenza della meditazione: migliorare la propria vita con la meditazione 122
    Le onde cerebrali 124
    Meditazione del luogo sicuro 125
    Riassumendo 130

Capitolo 6 132
  L'ipnosi regressiva alle vite precedenti 132

  Cosa è l'ipnosi 133
  A cosa serve l'ipnosi 135
  Pausa Caffè: intrappolati nell'ipnosi 137
  Riassumendo 138

Capitolo 7 140
  Karma e Perdono 140
  Il Karma 140
  Il Perdono 143
  L'esercizio del perdono 145
  Pausa Caffè: la doccia 146
  Riassumendo 147

Capitolo 8 149
  L'amore, la forza più grande dell'universo 149
  Pausa Caffè: vettore Amore 151
  Riassumendo 157

Capitolo 9 159
  Famiglia e anime gemelle: ci siamo già incontrati 159
  Riassumendo 163

Capitolo 10 165
  Come si svolge una sessione di ipnosi regressiva alle vite precedenti 165
  L'impiccagione di una strega (da una sessione di ipnosi regressiva alle vite precedenti) 167
  Pausa Caffè: uomo o donna? 169
  Riassumendo 170

Capitolo 11 172
  Rivivere le vite precedenti senza l'ipnosi 173
  Ricordi dell'infanzia non vissuta 176
  Le parole evocative 177
  Riassumendo 179

Capitolo 12 181

  Al di là del razzismo e della violenza 181
 Pausa Caffè: ripulire le memorie con Ho'oponopono 183
  Riassumendo 184

Capitolo 13 186
 Siamo esseri immortali: la morte non esiste 186
 Riassumendo 189

Capitolo 14 191
 Altre dimensioni ed altri mondi 191
 Pausa Caffè: sulla coscienza, sul cervello, sull'universo...... 195
 Riassumendo 196

Approfondimenti religiosi, filosofici e spirituali........................ 198

Capitolo 15 199
 La reincarnazione nella chiesa e nelle religioni................... 199
  Vita mutatur non tollitur - La vita non è tolta ma mutata. 199
  Le vedute nelle religioni 204
  Il karma - il buddismo - la morte 205

Capitolo 16 209
 La reincarnazione secondo la cultura indiana..................... 209
 Pausa Caffè: cremazioni a Varanasi.................................... 213

Capitolo 17 216
 L'Anima e il suo destino nella filosofia greca antica............ 216
 Pausa Caffè: destino o progetto animico? 237

Capitolo 18 239

Mondi infiniti e infinite anime: l'eresia di Giordano Bruno 239

Conclusione 251

Ringraziamenti 254

Bibliografia 256

Prefazione

a cura di Antonio Valmaggia
Ipnologo e presidente di
Past Life Regression School - Italia

Ho avuto il piacere e il privilegio di avere Massimiliano Perra come allievo durante il mio master in ipnosi regressiva alle vite precedenti; lui fu senz'altro uno dei miei migliori allievi.

Un allievo di eccezione dato che lui era ed è un bravissimo Coach.

Massimiliano è una persona che da tempo insegna ma che scelse in quell'occasione di mettersi di nuovo nei panni di chi impara; questa è la vera umiltà.

Ho apprezzato molto la sua capacità a mettersi in gioco totalmente e la sua attitudine a trasformarsi, come per incanto, da insegnante ad allievo curioso di apprendere e sperimentare.

In questo suo libro Massimiliano esprime la parte migliore di sé e realizza una vera e propria rarità nel panorama delle pubblicazioni italiane sul tema della spiritualità; rarità perché riesce a coniugare con facilità e semplicità l'aspetto spirituale con quello scientifico e a tratti, nelle sue pagine, ritrovo il talento che ispirò il miglior Deepak Chopra.

Nella sua opera Massimiliano esprime una gioiosa immediatezza che rende semplice la lettura nonostante la profondità e la serietà dei contenuti.

L'autore ci propone lo stupefacente sodalizio tra fisica quantistica e spiritualità trasmettendoci anche l'emozione della scoperta e l'entusiasmo della sorpresa.

Massimiliano, da buon ingegnere, edifica passo dopo passo, o meglio, parola dopo parola, un percorso nascosto dentro un racconto solo apparentemente rivelato.

C'è un meta-linguaggio per chi è pronto a intuirne il senso che si srotola lungo tutto il libro, spesso la nostra consapevolezza di alcuni concetti è solo possibile se si sono già capiti e integrati i precedenti.

La comprensione di alcuni paradigmi del libro non è sempre immediata e quindi rettilinea ma avviene per discese concentriche sempre più profonde…

Una magia ingegneristico – lessicale, un'intelligente nebbia non-nebbia…

Poi questa si dipana quando attraverso la sua geniale invenzione delle "Pause caffè", Massimiliano ci offre un'opportunità di riflessione attiva su ciò che abbiano appena letto in quel capitolo.

Ma c'è di più, con le "Pause caffè" lui ci conduce con maestria dentro quel ritmo ultradiano di coscienza (che noi ipnologi ben conosciamo) utile ad avere un rilassamento lievemente ipnotico…

Tutto ciò piacevolmente ci "Costringe" a mettere da parte per qualche istante la nostra mente razionale.

Massimiliano lo sa, la logica è l'etica del pensiero…

I concetti da lui appena espressi in forma apparentemente logico razionale, si trasformano ben presto in immagini che vanno subito a popolare il nostro inconscio.

La parola diventa immagine e quando questo accade l'apprendimento diventa totale assorbimento.

I contributi offerti dai professionisti e amici che hanno collaborato con Massimiliano nella stesura del libro, hanno arricchito quest'opera in modo prezioso. È palpabile la sintonia che lega insieme questi interventi e questi apporti e la sensazione di una visione condivisa di intenti, è un retrogusto piacevole che ci accompagna nella lettura.

Si, Massimiliano ci munisce realmente di un bel bagaglio a mano per intraprendere un viaggio di conoscenza e di esplorazione per altre vite. Ci dona un bagaglio e lo fa con discrezione, fingendo a tratti di averne dimenticato il contenuto, un modo cortese per dirci *"Vai, incamminati, questo bagaglio è solo tuo… io non centro più…"* una ritrosia sottilmente geniale che descrive la sua sensibilità ma soprattutto il suo tatto. Già altri autori si erano adoperati per fornirci di un bagaglio simile ma non sempre sono riusciti a farlo con la stessa semplicità ed efficacia perché Massimiliano ci trasmette in più la vera gioia di questa vita, di quelle che sono state e di quelle che saranno.

Grazie Massimiliano, sei un'anima bella e gentile…

Antonio Valmaggia
www.viteprecedenti.com

Introduzione

Sono sempre stato interessato al funzionamento degli oggetti e alla tecnologia, ragion per cui, probabilmente per seguire qualche *memoria familiare inconscia*, ho iniziato gli studi scientifici fino alla laurea in Ingegneria Elettronica conseguita presso l'Università degli studi di Firenze. Mi sono poi specializzato in microonde lavorando direttamente presso un laboratorio della Marconi Telecomunicazioni.

Mi affascinava la possibilità di poter comunicare a distanza, via etere, utilizzando un'energia invisibile e "misteriosa".

Parallelamente alla laurea e al mio lavoro da ingegnere, ho iniziato ad approcciarmi alla medicina naturale e alle tecniche energetiche. Ricordo che tutti mi parlavano delle mie mani caldi e "terapeutiche".

Allora non conoscevo molto di questo mondo ed iniziai, per gioco, ad incuriosirmi e a volerlo esplorare sempre di più.

Mi interessava capire quanto c'era di vero o se si trattava delle solite questioni "energetiche" di cui tutti parlavano, ma prive di qualsiasi fondamento scientifico.

Ero comunque abbastanza scettico, poiché la mia parte razionale cercava di spiegare sempre tutto attraverso la fisica e la scienza in generale.

Tuttavia, rimasi stupito da quello che accadde dopo un esperimento suggerito da una conoscente che aveva letto il libro *"Mani di Luce"* di Barbara Brennan. Presi due limoni da un albero, di cui uno avrei dovuto tenerlo in mano per qualche minuto al giorno, mentre l'altro avrei dovuto conservarlo in dispensa; il calore delle mani, avrebbe dovuto far seccare quello che tenevo (trattavo) in mano ogni giorno. Dopo un mese, confrontai i due limoni, e rimasi alquanto sorpreso nel constatare che il limone che stavo trattando era addirittura rinvigorito, mentre quello tenuto in dispensa, aveva perso un po' della sua vitalità. Non vi era una spiegazione scientifica, per di più ottenni esattamente il contrario del risultato atteso, ragion per cui conclusi lì il mio esperimento "energetico".

Presi i due limoni e li buttai.

Tuttavia, una parte di me continuava ad essere incuriosita e voleva scoprire di più su quel mondo apparentemente inspiegabile, invisibile, intangibile.

Decisi allora di dare spazio a questa voce ed iniziai a studiare e sperimentare, direttamente su di me, le prime tecniche energetiche.

Il mio percorso iniziò ufficialmente nel 2004, anno in cui incontrai per la prima volta il Reiki.

Il Reiki è una tecnica giapponese di trattamento per corpo, mente e spirito. Utilizza l'energia universale che fluisce dalle mani dell'operatore verso il corpo del ricevente. Viene oggi riconosciuto ed utilizzato all'interno degli ospedali di tutto il mondo.

Anche in Italia, una decina di ospedali, hanno inserito il Reiki all'interno di protocolli per il miglioramento del benessere psicofisico dei pazienti.[1]

In quel periodo cercavo un approccio naturale che mi facesse stare meglio e mi aiutasse a risolvere la mia aritmia cardiaca. Dopo il primo livello iniziai ad applicare l'auto trattamento tutte le notti. Nello stesso periodo incontrai EFT (tecnica di liberazione emozionale, che funziona attraverso il picchiettamento di alcuni punti dei meridiani energetici, gli stessi dell'agopuntura), che insieme al Reiki, nel giro di pochi mesi, fecero letteralmente regredire la mia aritmia. La stessa cardiologa non aveva una spiegazione "ufficiale" su quanto era avvenuto. Fu una cosa meravigliosa, il mio cuore batteva finalmente bene!

Rimasi molto colpito da questo risultato e mi dedicai sempre di più allo studio e alla sperimentazione diretta di questo *"mondo energetico"*.

Diventai Reiki Master e poi istruttore di EFT e proseguii la mia formazione completando il percorso di Facilitatore in Costellazioni

---

[1] https://www.amoreiki.it/2014/09/reiki-negli-ospedali-in-italia/

Familiari e praticante di Ho'oponopono.

Nel 2015 pubblicai inoltre il mio primo libro *"Mi Amo e Mi Accetto"* dedicato alla tecnica EFT, una tecnica che lavora sui meridiani energetici, al fine di ripristinare la giusta energia in questi microscopici canali scoperti dai cinesi oltre 4000 anni fa. EFT è utilizzata per "ripulire" le memorie negative che ci impediscono di vivere la nostra vita. Nel giro di qualche mese il libro diventò un bestseller su Amazon.

Nel frattempo, avevo incominciato a studiare il tema delle *vite precedenti* sui libri di Brian Weiss, Ian Stevenson e Raymond Moody.

Lavoravo ormai da anni anche come Coach aiutando ogni anno le persone a migliorare degli aspetti di sé e a raggiungere i loro obiettivi, e questo mi sembrava potesse essere un nuovo strumento di comprensione.

Durante una sessione di coaching, utilizzando EFT con una cliente, mi imbattei per la prima volta in una sorta di *regressione ad occhi aperti ad una vita precedente.*

L'immagine di un luogo di tanti anni fa, in America, si materializzò nello stesso istante davanti a me e alla mia cliente (l'immagine mentale arrivò nello stesso momento ad entrambi). Fu la chiave per comprendere una difficoltà realmente vissuta dalla cliente nella sua vita attuale ed il lavoro fatto in quella sessione rappresentò per lei la chiave di comprensione dei suoi problemi.

La regressione della mia cliente, che visse nuovamente una sua vita precedente nell'America degli anni '30 o '40, è riportata integralmente all'interno di questo libro, e nonostante l'abbia vissuta in diretta e letta e riletta decine di volte, ancora oggi mi emoziona e mi fa fermare a riflettere. Volevo saperne di più sulle mie *"vite precedenti"* e su come poter guidare qualcuno in questo *"mondo oltre il nostro mondo"*.

Come dice James Hillman: *"Tutti, presto o tardi, abbiamo avuto la sensazione che qualcosa ci chiamasse a percorrere una certa strada"*.

Volevo però comprendere meglio questo mondo, ricercando nella scienza, meglio ancora nella fisica, una possibile spiegazione a quegli strani fenomeni che molti dicono di aver sperimentato durante una regressione e capire se potessero essere reali o solo frutto delle fantasie della mente.

Intrapresi allora un percorso professionale di formazione sull'*ipnosi regressiva alle vite precedenti*, per capire e sperimentare in prima persona, quanto da decenni, studiosi, cardiologi, psichiatri, psicologi, persone comuni, riportavano a proposito di queste esperienze *di vita oltre la vita*.

Era qualcosa di reale?

Soprattutto esisteva una possibile spiegazione fisica di quanto veniva sperimentato in tutto il mondo?

Per cercare di rispondere a queste domande, all'interno del libro troverete non solo le testimonianze riportate dagli studiosi delle vite precedenti (medici, psichiatri, cardiologi, psicologi) ma anche le mie esperienze dirette, ciò che ho voluto sperimentare in prima persona per capire cosa vi fosse di vero in questo campo.

Troverete riportate, inoltre, le esperienze dei miei clienti.

Ho cercato, per quanto possibile, di utilizzare la fisica e le sue scoperte per tentare di dare una spiegazione alle esperienze di premorte riportate e alle esperienze che la nostra coscienza fa in quel *mondo di mezzo*, attraverso il ricordo di vite precedenti.

Oggi, come afferma il cardiologo olandese Pim van Lommel, vi sono 20 milioni di casi di pre-morte in Europa di cui 2,5 milioni solo in Italia.

Sono numeri assolutamente interessanti e degni di nota per i quali è necessario continuare gli studi per poter comprendere a fondo questo fenomeno.

Ho riportato anche una testimonianza diretta di un cardiologo italiano, che racconta di un caso di pre-morte vissuto da una sua paziente dopo un arresto cardiaco.

Oggi la scienza, chiama l'Anima Coscienza, ed inizia a riscoprire quanto i mistici dicevano da tempo: *non siamo solo corpo e mente ma anche Coscienza (Anima).*

Vi sarà probabilmente capitato di avere dei *déjà vu*, ossia ricordi di luoghi o persone che vi sarà sembrato di conoscere da sempre.

A qualcuno sarà capitato di andare in un luogo e sapere in anticipo che in fondo alla via che stava percorrendo, vi era una chiesa o un altro posto particolare.

Oppure, potrebbe esservi capitato di arrivare in un particolare luogo, mai visitato prima, e di sentire le lacrime giungere agli occhi.

Mi è capitato personalmente di piangere ed emozionarmi come se fossi ritornato a casa, durante un viaggio in Giappone in cui visitando un tempio a Kyoto, fui invaso da emozioni fortissime che portarono al pianto, era come se entrando in quel tempio, fossi ritornato ancora una volta a casa. All'interno del tempio tutto mi era familiare, l'odore dell'incenso, l'atmosfera tenue e rischiarata appena dalle lanterne, gli oggetti che vi erano dentro. I canti dei monaci mi fecero rivivere memorie del passato, era come se in un tempo lontano, anche io, avessi partecipato a quei rituali. In quel periodo però (2010), non badai molto a questi fatti anche se rimasi scosso e ancora oggi posso ricordare in maniera vivida quell'esperienza.

Potrebbe esservi capitato di incontrare una persona e di avere un feeling innato.

Potreste avere incontrato la vostra anima gemella e averla riconosciuta al primo sguardo e aver pensato da subito di conoscerla da sempre; così come potreste anche avere incontrato qualcuno che "a pelle" vi ha irritato.

Potreste aver ascoltato vostro figlio raccontare di quando era "*grande*" e viveva in un luogo diverso, magari a migliaia di chilometri di distanza dalla vostra casa, con altri genitori. All'interno del libro troverete una trattazione, mutuata dagli studi di uno psichiatra americano, che parla di quegli *strani ricordi* dei nostri figli.

Alcune persone, sin dalla tenera età, sanno perfettamente quale sarà il loro mestiere futuro, anche quando quella professione, alcune volte molto particolare, non è mai stata esercitata da nessun membro della famiglia neanche dagli avi più lontani.

Come spiegare i talenti naturali che i bambini mettono in mostra sin da piccoli senza che nessuno abbia loro insegnato nulla? Pensate ad esempio a Mozart: a 3 anni batteva i tasti del clavicembalo, a 4 anni suonava brevi pezzi e a 5 anni componeva.

Alcuni individui sognano di vedere o ancora meglio di trasferirsi in un posto particolare della Terra, in una città dove sanno di sentirsi a casa; da sempre, in maniera inspiegabile, vi è un'eco lontana che li chiama verso quel luogo.

Altri ancora hanno delle fobie verso serpenti, ragni, blatte, topi e altri animali, da un'analisi della loro vita però, non emerge che abbiano mai maturato una fobia verso questi animali, magari non hanno mai visto realmente quell'animale che procura paura e ansia immotivata.

Altri fanno sempre lo stesso sogno ricorrente, ambientato ad esempio durante il medioevo o durante la Prima guerra mondiale o nella Cina antica.

Sono numerosissime le esperienze di chi, rimasto in vita, sente ancora vicini i propri cari, visualizzandoli o avendo con loro una sorta di contatto telepatico.

Chi lascia il corpo, probabilmente, si trova in una *nuova forma energetica* che non preclude comunque una connessione (si parlerà di questo argomento più avanti nel libro).

Sant'Agostino diceva: *"Coloro che ci hanno lasciati non sono degli assenti, sono solo degli invisibili…"*.

Questo libro vuole essere una guida di facile lettura, per tutte quelle persone che hanno sempre saputo che c'è qualcosa di più e che non siamo solo corpo ma che dentro di noi alberga un'energia saggia e antica che ci guida e che ci connette col passato e con tutte le cose e le persone.

Proseguendo nella lettura, scoprirete come tutte queste *"stranezze"* possono avere una possibile spiegazione logica se ricollocate al di là della vita attuale, in una nostra vita passata o in una *vita oltre la vita*.

Queste scoperte le farete però muovendovi, per quanto possibile, sul pavimento della fisica e dei suoi teoremi (non preoccupatevi, non c'è matematica), alcuni dei quali, oggi, potrebbero essere alla base delle spiegazioni dei fenomeni quali la Coscienza (Anima), la telepatia e, non ultimo, il ricordo di esperienze vissute in *"altre esistenze"*.

La fisica quantistica, attraverso il teorema di Bell, ci dice che se due particelle elementari vengono in contatto fra loro almeno una volta, si crea un collegamento istantaneo, indistruttibile che viaggia nel tempo e nello spazio senza soluzione di continuità[2].

Oggi la fisica ci conferma, attraverso esperimenti di laboratorio, che il Teorema di Bell è valido anche per macrosistemi a temperatura ambiente e non più solo a livello subatomico (microsistemi)[3].

Tratterò questi argomenti in maniera semplice, in modo da creare un ponte fra scienza e spiritualità, aspetto che mi interessa in modo particolare.

Saper ascoltare la nostra anima significa dare spazio alla realizzazione della nostra missione su questa terra. Significa imparare un'altra lezione come se fossimo degli allievi in un corso di studi. Di vita in vita, impariamo nuove lezioni sull'amore, sulla compassione e sul perdono e, quando abbiamo appreso tutte le lezioni, ritorniamo *nello spazio delle anime* per poter, da quel luogo, aiutare gli altri a crescere ed evolversi. *Le nostre vite precedenti sembrano essere una connessione con il nostro presente* e ci danno la possibilità di comprendere e di liberare quell'energia bloccata che può renderci liberi di vivere la nostra vita attuale. Le lezioni che impariamo durante le nostre innumerevoli esistenze, sono necessarie alla nostra

---

[2] Il teorema di Bell è alla base anche dei trattamenti a distanza fatti con Reiki ed EFT. *La possibilità di inviare istantaneamente informazioni a distanza nel tempo e nello spazio, visto come quarta dimensione, è pienamente confermata dal Teorema di Bell e sostenuta dal Campo Morfogenetico proposto da Sheldrake [...] Il trattamento a distanza di Reiki crea una correlazione tra due coscienze o per meglio dire, riapre un canale da sempre esistente, quello che connette tutte le coscienze divise in un'unica coscienza universale sempre connessa.* Fonte: *Il grande manuale del Reiki* di U. Carmignani, A. Magnoni, S. Oggioni, Edizioni L'Età dell'Acquario, anno 2005, p.245.
[3] http://science.sciencemag.org/content/334/6060/1253

evoluzione, a ricordarci che possiamo portarci ogni volta poche cose nel nostro *bagaglio a mano per altre vite.* Non possiamo portare con noi la nostra casa, la nostra auto, i nostri beni materiali, il nostro denaro. Non c'è posto per questi oggetti materiali, non ci servono per le nostre *future esperienze*. Possiamo invece arricchire la nostra Coscienza con nuove lezioni, nuovi insegnamenti. Solo poche cose quali *l'amore, la compassione, l'amicizia vera ed il perdono,* possono trovare posto nel nostro *bagaglio a mano*. Dobbiamo quindi ricordarci di viaggiare leggeri solamente con *il necessario per il viaggio infinito dell'Anima.*

Allora, pronti, prendete il vostro bagaglio a mano ed imbarchiamoci insieme in questo affascinate viaggio.

Buona lettura e Buona Vita, sempre!

Sant'Antioco, Sardegna, Italia - 07/09/2018

Massimiliano Perra

Precisazioni

Per rendere più rilassante la lettura del libro, di tanto in tanto, troverete delle *pause caffè*.

Sono brevi paragrafi all'interno del testo che servono per prendersi una piccola pausa ed approfondire qualche punto utilizzando dei semplici esempi pratici, citazioni o fatti reali. Durante la scrittura del libro, tali pause, sono servite anche a me per rilassarmi e allo stesso tempo approfondire un particolare aspetto trattato.

Nel testo alcuni termini e frasi sono state riportate in corsivo al fine di sottolinearne l'importanza.

Nel libro troverete il termine coscienza ed il termine anima ripetuti più volte. Ai fini della nostra trattazione, i due termini assumono lo stesso significato. La scienza, oggi, inizia a chiamare l'anima coscienza.

Vi consiglio, se intendete approfondire gli argomenti, di leggere le note e visitare i link dei siti suggeriti.

Vi accompagnerò personalmente in questo viaggio di scoperta per tutto il libro e lo farò insieme ai 4 co-autori che hanno partecipato alla scrittura di alcuni capitoli di approfondimento. Vi accompagneranno nel viaggio la Dott.ssa Maria Elisabetta Bianco, psicologa e psicoterapeuta ad indirizzo psicosomatico, il Maestro di Yoga Amadio Bianchi (Swami Suryananda Saraswati), il Prof. Francesco Bullegas, docente di filosofia e scienze umane, lo scrittore e studioso di teologia Andrea Agostino.

Ognuno di loro, con il proprio contributo, ha reso questo libro più ricco e più profondo.

Alla fine del libro è stata inoltre inserita una bibliografa dedicata a tutti gli argomenti trattati. Tale bibliografia costituisce il basamento sul quale è costruita la struttura portante di questo testo. Ogni libro citato, costituisce un approfondimento.

Lavori in corso

Negli ultimi anni stiamo assistendo a quella che sembra essere una vera e propria rivoluzione sulla concezione dell'essere umano e della nostra stessa realtà. La fisica quantistica e altre discipline, ci suggeriscono oggi, con le loro scoperte, una nuova lettura sulla funzione dell'uomo e si dipana altresì una nuova certezza sul legame dell'uomo con l'universo stesso. Le nuove scoperte mettono oggi in luce che il funzionamento dell'essere umano non è basato solamente su reazioni biochimiche ma anche e soprattutto su *modificazioni energetiche* che sembrerebbero essere alla base del nostro benessere e della nostra salute. Questa stessa energia determinerebbe, inoltre, la connessione fra noi e il nostro universo.

L'alterazione (interruzione) di questa connessione, darebbe invece vita a malessere e a vere e proprie alterazioni del nostro stato di salute.

Riconnetterci a questo *campo energetico* permetterebbe il miglioramento del nostro stato di salute fisico, mentale e spirituale.

Grazie a questa connessione, sarebbero facilmente spiegabili fenomeni quali la telepatia, la correlazione fra i cervelli, la guarigione a distanza, l'efficacia della preghiera, il funzionamento della vita oltre la morte (argomento principale di questo libro).

Le nuove scoperte ci portano verso una nuova visione della realtà e dell'uomo: *l'interconnessione fra noi e il nostro universo.*

Si è scoperto che l'uomo stesso emette delle forme di energia chiamate "biofotoni"[4].

---

[4] Di fatto è ormai acquisito che quasi tutte le cellule viventi di piante, animali ed esseri umani emettono biofotoni. Questa emissione spontanea di luce quantistica è essenzialmente causata dalla rottura e ricomposizione metabolica di legami molecolari e di conseguenza l'emissione di biofotoni può essere considerata come espressione dello stato funzionale dell'organismo vivente, cosi che la sua misurazione può essere utilizzata per valutare lo stato di salute [...] Nel 1976 il biofisico Fritz-Albert Popp ha dimostrato che il DNA emette spontaneamente biofotoni durante le operazioni di apertura e chiusura delle sezioni del DNA, che ne permettono la

Alcuni lo definiscono *campo del punto zero*, altri *coscienza collettiva (la somma di tutte le singole coscienze degli esseri umani)*[5], altri lo chiamano *matrice*, altri ancora *campo quantico unificato*, ecc.

Indipendentemente dalla definizione che si vuole dare, le nuove scoperte sembrano confermare l'esistenza di un *campo di energia* che lega tutti gli esseri umani fra loro e lega, nello stesso modo, tutti gli esseri umani al nostro universo.

Noi siamo fatti dalla stessa energia di questo campo e siamo indispensabili affinché questo campo collassi e determini una delle infinite realtà possibili.

Le teorie esposte da Newton nel XVII secolo, costituiscono la base della moderna scienza, ma hanno contribuito dall'altro lato, alla concezione di un mondo fatto di elementi tutti separati fra loro (esseri umani compresi).

Ancora prima di Newton, Cartesio elaborò la nozione secondo la quale noi esseri umani, intesi come mente, siamo separati dai nostri stessi corpi. Il corpo era relegato a materia inerte, separato dalla mente pensante che costituiva la vera essenza dell'uomo.

Nella realtà dipinta da Cartesio e da Newton, l'uomo risultava essere separato dal suo universo e allo stesso tempo vi era una separazione netta fra la sua coscienza e il suo corpo. Lo stesso concetto di Dio era stato in questo modo eliminato e noi uomini ci trovavamo a vivere in un mondo meccanico, separato e "freddo". Vi era stata quindi una separazione anche sul piano spirituale, la connessione fra l'universo e l'uomo era stata definitivamente recisa.

---

espressione genetica. L'importanza della scoperta è stata confermata da scienziati eminenti come Herbert Froehlich ed il premio Nobel Ilya Prigogine, ma successivamente l'accademia scientifica ha ostacolato il proseguimento degli studi di Popp, proprio in quanto il considerare il DNA come un'antenna di emissione e ricezione di biofotoni, avrebbe condotto verso un netto superamento delle concezioni meccaniche e quanto-meccaniche precedentemente acquisite
(http://www.neuroscienze.net/?p=4912)
[5] La parte che è qui fra parentesi, è quanto si avvicina di più alla mia idea di coscienza che sopravvive alla morte e che si riunisce alla coscienza collettiva dopo la fine del nostro corpo fisico.

Le nuove scoperte della scienza, o meglio di gruppi di scienziati "dissidenti", sembrano invece confermare, su più fronti, la connessione fra noi e il nostro universo e soprattutto il nostro ruolo fondamentale.

Secondo questa nuova realtà, tutto risulta essere connesso e cosa ancora più importante, il *fenomeno dell'entanglement*, ci dice che una volta che si instaura un'interazione fra due particelle (si vedrà più avanti che è stato oggi rilevato che tale fenomeno si applica anche agli esseri umani), questo tipo di legame si mantiene inalterato per sempre, indipendente da spazio e tempo.

Le nuove scoperte sembrano confermare il ruolo fondamentale dell'uomo o meglio della sua *Coscienza*. La nostra Coscienza è in grado, con l'osservazione della realtà o anche con la formulazione di un pensiero, di alterare la realtà stessa.

Sembrerebbe che senza la nostra presenza, tutto permarrebbe in uno stato indeterminato di infinite possibilità quantistiche.

Grazie a queste scoperte, l'uomo riprende il suo posto fondamentale nell'universo, *non siamo più separati gli uni dagli altri e men che meno siamo separati dalla nostra realtà.* La nostra Coscienza determina la creazione di nuove realtà, di nuove possibilità, *il nostro scopo nell'universo è quello di creare e di contribuire alla sua evoluzione.* Le *singole Coscienze individuali*, che non muoiono dopo la morte, contribuiscono all'evoluzione della stessa *Coscienza collettiva,* ossia quel campo di energia del quale tutti facciamo parte.

Queste nuove concezioni, però, non risultano in linea con le vecchie teorie meccanicistiche e di separazione che hanno fatto da fondamento alla scienza per come la conosciamo noi. Accettare queste idee significa mettere in discussione le vecchie concezioni andando contro il sistema.

La scienza deve essere invece capace di evolversi, di contribuire alla comprensione del funzionamento del mondo e dell'essere umano, parte integrante di questo sistema.

Deve essere capace di andare avanti, di non fermarsi agli interessi personali, ma essere al servizio della conoscenza. La scienza è un sistema che ha un'inerzia enorme, ma grazie a pensatori e scienziati "eretici" si sono compiuti, anche nel passato, enormi passi avanti nella comprensione della realtà.

Il processo è cominciato e sembra essere inarrestabile, siamo di fronte ad una grande rivoluzione nella comprensione del ruolo e dello scopo dell'uomo.

Questo libro vuole essere un piccolo contributo a questa rivoluzione, a questa nuova concezione dell'universo e agli studi e alle scoperte sulla Coscienza e sulla vita oltre la morte.

La strada è lunga, ma il sentiero è stato tracciato, *i lavori sono attualmente in corso.*

Avvertenze

È importante ricordare che l'ipnologo della regressione alle vite precedenti, non è un terapeuta (a meno che non si tratti di un medico iscritto all'albo professionale) ma è un libero professionista che lavora con i suoi clienti al fine di promuovere la crescita personale e la conoscenza del Sé. Scrive Paolo Crimaldi nel suo libro *Terapia Karmica*: "*[l'ipnosi][6] regressiva alle vite passate non è una nuova forma di psicoterapia e non ambisce a sostituirsi a nessun trattamento di terapia psicologica o psichiatrica, ma semplicemente vuole condurre la persona che decide di intraprendere tale percorso esperienziale, ad ampliare l'arco di possibili soluzioni ai suoi problemi esistenziali, senza assolutamente voler curare patologie psichiche o fisiche, né tantomeno indirizzare verso credenze o stili di vita alternativi. L'[ipnosi][7] regressiva alle vite passate, [...] va ad interagire con il proprio Karma, con quella parte di esperienze provenienti da esistenze anteriori che ancora in questa vita agiscono in modo meccanico, come modelli che spingono ad atteggiamenti spesso incomprensibili e dai quali siamo condizionati senza rendercene conto o che nel momento in cui ne abbiamo coscienza, non riusciamo a risalire alla matrice originaria dalla quale distaccarci. [...] Ha come fine la capacità di liberarsi dall'insieme di atteggiamenti e stili di vita, che ormai non hanno più alcun senso e che sono solo dei veri e propri ostacoli alla crescita e allo sviluppo delle potenzialità che sono in nuce e che attendono solo un terreno sgombro per potersi manifestare e realizzare lo scopo per il quale abbiamo deciso di incarnarci nuovamente, proprio in un particolare periodo storico e in un determinato luogo*".

L'ipnologo guida il proprio cliente in un percorso di scoperta di

---

[6] Nel testo citato si parla di *terapia*, termine utilizzabile in ambito medico e psicologico. L'ipnologo alle vite precedenti, utilizza esclusivamente l'ipnosi e nessuna forma di terapia.
[7] Vedi nota precedente.

sé e lo fa attraverso strumenti e metodologie che consentono il recupero di memorie del passato o memorie legate ad altre esistenze. La professione dell'ipnologo è regolata in Italia dalla legge n°4 del 14 gennaio 2013 ed intende l'ipnologo come libero professionista intellettuale. La legge consente di esercitare la professione di ipnologo esclusivamente nella condizione in cui la **trance sia utilizzata come induzione e non come terapia.**

Non esiste un corso di laurea in ipnosi, ma è possibile formarsi attraverso varie scuole. Personalmente mi sono formato presso la *Past Life Regression School – Italia*[8] di Antonio Valmaggia, caro amico ed eccellente docente. Sul sito della scuola www.viteprecedenti.com potete trovare una grande quantità di informazioni aggiuntive sull'ipnosi e sulle vite precedenti. L'ipnologo della regressione alle vite precedenti può praticare l'ipnosi a patto di non recare pericolo per l'incolumità del cliente e senza mai effettuare nessuna diagnosi. Può invece utilizzare l'ipnosi come induzione ai soli fini della crescita personale e del miglioramento del benessere del proprio cliente.

---

[8] http://www.viteprecedenti.com/

Il nostro compito è imparare,
diventare simili a Dio
attraverso la conoscenza.
Sappiamo così poco…
Con la conoscenza ci avviciniamo a Dio,
e allora possiamo riposarci.
Poi ritorniamo per insegnare agli altri e aiutarli.

(Brian Weiss)

Capitolo 1

"Sono certo di essere già stato qui, ora come mille altre volte prima d'ora e spero di ritornarvi altre mille"

"L'anima dell'uomo è come l'acqua: viene dal cielo ed al cielo risale, per tornare alla terra, in eterna alternanza"

"Il nostro spirito è di natura indistruttibile, è qualcosa che opera sempre da eternità in eternità. Rassomigli al sole, che soltanto ai nostri occhi terreni sembra tramontare, mentre in verità non tramonta mai, ma continua a risplendere senza interruzione……"

(Goethe)

Esperienze personali di vita oltre la vita

Ho sempre analizzato e cercato di capire il mondo con gli occhi della scienza ed in particolare della fisica. La mia mente razionale ha sempre cercato di trovare delle risposte sul funzionamento del mondo e dell'essere umano attraverso spiegazioni solide.

Dopo anni di studio e di lavoro nel campo dell'ingegneria elettronica, un giorno, durante la mia formazione professionale in ipnosi regressiva, mi ritrovai nella pianura africana, con una bambina in braccio nel corpo di una donna!

Pausa.

Rileggiamo la frase precedente per essere sicuri di avere capito bene e poi, forse, possiamo andare avanti.

Pensavo di essere completamente impazzito ma quelle immagini, alle quali non avevo mai pensato prima di allora, avevano preso forma e colore nella mia mente ed in quel momento, probabilmente, stavo realmente sperimentando, con tutto il corpo, la mente e l'Anima, una vita vissuta qualche secolo fa, nella savana africana.

Come era possibile tutto questo?

La mia mente razionale non trovava una spiegazione scientifica alla cosa. Ma visto che ero lì per capire e sperimentare in prima persona, lasciai che il mio corpo, attraverso quelle memorie del passato, riassumesse le posizioni ed il portamento di una donna africana di un tempo.

Era reale quanto stava accadendo?

Aveva una spiegazione scientifica?

Mai avrei potuto raccontare questa storia agli altri e soprattutto mai avrei potuto scrivere un libro su questo "*scomodo*" argomento: *le nostre vite passate.*

Avevo letto e studiato tanto sul tema della Coscienza e della reincarnazione, ma pensavo che potessero essere solamente storie immaginate dalle persone, anche se avevo avuto alcune esperienze con i miei clienti in veste di Coach.

Ma una cosa è sentire i racconti dagli altri, altra cosa è sperimentare direttamente, attraverso *l'ipnosi regressiva*, una vita precedente rivissuta addirittura in un corpo da donna.

Feci queste esperienze durante la mia formazione professionale da ipnologo alle vite precedenti, utilizzando i protocolli di Brian Weiss. Passarono alcuni mesi turbolenti prima di prendere la decisione di scrivere un libro e parlare delle mie esperienze personali.

Un ingegnere è un uomo di scienza ed un professionista molto razionale, molto schematico. Come avrei potuto raccontare quest'assurdità? Cosa avrebbero pensato i miei colleghi?

Ma più ci pensavo e più mi rendevo conto che come disse Buddha "*tre cose non possono essere nascoste a lungo: il sole, la luna e la verità*".

Con coraggio presi la decisione di raccontare esattamene quello che avevo vissuto durante quella formazione pratica, senza alterare il racconto, riportando esattamente i fatti per come si erano svolti.

Durante quell'esperienza, il mio corpo mi fece rivivere delle sensazioni fisiche mai provate prima di allora, in nessun' altra circostanza.

Come sempre ho fatto nella mia vita, ho voluto, anche questa volta, metterci il naso dentro, anzi entrare completamente in questo mondo per capire cosa vi è di reale e come poterne poi dare una spiegazione plausibile.

È stata un'esperienza talmente emozionante che ancora oggi mi vengono i brividi e le lacrime agli occhi a raccontarla e rivivere quei ricordi.

È un'esperienza che ti cambia la vita, arricchisce la tua intera esistenza dandoti una visione ed una comprensione del mondo completamente diversa. Ad un tratto tutto ti appare più luminoso, più ricco, più importante, più grande.

Le dimensioni del tuo mondo diventano senza confini, il tuo *Ego* rimpicciolisce di fronte alla grandezza dell'*anima* senza spazio e senza tempo.

La morte non fa più paura ma viene vissuta come necessaria alla nostra evoluzione, al condurci nuovamente nello *spazio delle anime*, quel luogo dal quale noi tutti arriviamo.

Dopo un'esperienza così importante, non possono più esistere sentimenti di diversità o addirittura razzismo verso le altre culture del mondo.

Siamo stati, probabilmente, uomini e donne, africani, mongoli, cinesi e francesi, giapponesi o spagnoli, americani o australiani.

Abbiamo vissuto vite brevi e vite più lunghe, siamo stati ricchi e poveri, forti e deboli, giovani e anziani.

È probabile che le nostre vite precedenti e le nostre vite attuali, rappresentino una possibilità per la nostra Anima di sperimentare il tempo e lo spazio, le gioie e le sofferenze.

È un modo per l'Anima di imparare nuove lezioni sull'amore, la compassione ed il perdono.

La nostra evoluzione potrebbe corrisponde all'evoluzione stessa dell'universo, visto che, come verrà descritto più avanti, la nostra Coscienza ne è parte integrante.

Esperienze del passato

Qualche tempo prima di iniziare la mia formazione professionale sull' *ipnosi regressiva alle vite precedenti*, avevo vissuto alcune esperienze di regressione, condotte direttamente da una psicologa. Durante quelle sessioni sperimentai, in maniera chiara e precisa, una mia probabile vita precedente nella quale ero stato un pilota di caccia militari.

Dopo la fase di rilassamento, scesi in una fase di trance profonda, all'interno della quale mi trovai immediatamente ai comandi di un caccia della Seconda guerra mondiale (una parte di me sapeva dai comandi che si trattava di un velivolo della Seconda guerra mondiale). Lasciai spazio alle immagini e alle sensazioni forti che mi arrivarono, ma dovetti attendere del tempo prima di accettare completamente quanto mi era successo, e lo accettati solo dopo le esperienze personali fatte durante la mia formazione professionale di ipnologo alle vite precedenti.

Ma vediamo più da vicino alcune delle esperienze vissute in prima persona dietro questa *porta del tempo*.

L'esperienza dei volti: visi vicini

Si tratta di un'esperienza da fare in coppia in un ambiente illuminato da una debole luce soffusa. Si utilizza un'appropriata musica di sottofondo in modo da sperimentare uno stato rilassato e meditativo.

Durante questo esercizio esperienziale, fissando in penombra il terzo occhio[9] della persona che avevo di fronte, ho potuto

---

[9] Il punto si trova davanti al cervello fra i due occhi, alla base della radice del naso. Viene anche chiamato sesto chakra (in sanscrito significa ruota), ed è preposto alla "visione". Si tratta di attivare uno stato particolare di coscienza che permette una

sperimentare una sorta di "deformazione" del suo volto.

La concentrazione dello sguardo su quel punto permette di escludere tutto il resto. Le memorie del passato sono quindi affiorate con facilità verso la mia parte conscia mettendo in evidenza una particolare vita passata. Ho visto il viso di chi stava di fronte a me, deformarsi ed assumere le sembianze di una vecchia, con un solo occhio, si trattava probabilmente di una mia vita precedente in cui sono stato una donna, ma è anche possibile che fosse una vita precedente di chi mi stava di fronte. Se durante l'esercizio vediamo però più volte la stessa immagine sul volto della persona che abbiamo di fronte, significa che quell'immagine appartiene a noi.

È un'esperienza semplice da mettere in pratica al fine di sperimentare le nostre memorie del passato, è come se si aprisse, in quel momento, una piccola finestra oltre l'ordinario che ci permette anche solo per pochi minuti, di sperimentare qualcosa di straordinario.

Psicometria

La psicometria è un esempio di come anche gli oggetti, possano "*memorizzare*" tutte le esperienze passate. Dal momento che un oggetto entra in possesso di una persona, o si trova in un determinato luogo o all'interno di una casa, è come se una "*traccia*" di informazione rimanesse memorizzata nell'oggetto stesso.

Ho personalmente sperimentato la psicometria attraverso un'esperienza pratica che si svolgeva a coppie.

Brian Weiss, durante i suoi seminari, utilizza sempre questo esercizio per far compiere ai suoi allievi i primi passi nel *mondo delle altre vite*.

Due persone si scambiano un oggetto personale come ad esempio un orologio, degli orecchini, una catena d'oro o altro. Al fine di

---

maggiora chiarezza mentale. Concentrandoci su questo punto, raggiungiamo uno stato profondo di intuizione che va al di là del nostro stato ordinario di coscienza.

rilassare la mente ed acquietare il continuo chiacchierio, si tiene la luce soffusa e si utilizza una musica rilassante. Ad occhi chiusi, si presta poi attenzione ad ogni sensazione, pensiero, immagine, suono, ricordo, che arriva alla nostra Coscienza.

Può giungerci un pensiero o un'immagine relativa ad una scena dell'infanzia dell'altra persona o può capitare di sperimentare immagini relative ad esperienze di vita passata.

Feci questa esperienza personalmente nello spirito di voler cercare di capire da vicino il funzionamento della psicometria. Consegnai un flauto nero di plastica all'altra persona. Io ricevetti invece degli orecchini dalla mia compagna di esperienza.

La persona che mi stava davanti, prese in mano il flauto nero e con gli occhi socchiusi, iniziò a descrivermi sensazioni di sofferenza e perdita. Quell'oggetto la riportava indietro nel tempo, durante la Seconda guerra mondiale. Ne parlava come se stesse vedendo in diretta quelle immagini e sentendo nel corpo quelle emozioni di sofferenza ed estrema tristezza.

Durante la condivisone mi disse che sentiva che quell'oggetto era appartenuto a mio nonno.

Rimasi veramente colpito da quello che emerse, poiché, durante la Seconda guerra mondiale, un prigioniero di colore, diede quel flauto a mio nonno, soldato sardo impegnato nelle operazioni belliche in Sicilia.

Avevo la pelle d'oca, solo la mia famiglia era a conoscenza di quella storia, nessun altro, tanto meno quella ragazza mai incontrata prima di quella formazione professionale.

La mia mente razionale, non trovando nessuna spiegazione alla cosa, ripiegò sulla teoria dell'energia immagazzinata negli oggetti. Mi sembrava la spiegazione più logica, più plausibile, vista la storia che stava dietro quel misterioso oggetto.

Io, invece, tenendo in mano degli orecchini, vidi nitidamente una nave che portava qualcuno in un'isola.

La mia compagna d'esperienza, mi disse che, effettivamente, quegli orecchini avevano una storia legata ad una sua esperienza di tanti anni prima, quando con una nave, andò su un'isola. Quel viaggio segnò un momento molto importante della sua vita.

Io non potevo sapere tutto ciò, non avevo mai incontrato prima la persona che mi stava di fronte. Rimasi spiazzato e meravigliato da come le informazioni vengono memorizzate negli oggetti e, anche a distanza di decenni o secoli, possano comunicare le proprie storie passate.

Se ci pensate, tutto il nostro universo è fatto di energia e *la memoria dell'acqua* ne è un esempio.

Lo scienziato giapponese Masaru Emoto, ha più volte fotografato i cristalli d'acqua capaci di modificarsi in relazione agli ambienti, alle parole che vengono verbalizzate, alle scritte poste sopra le bottiglie. Il dott. Emoto, ha potuto verificare sperimentalmente come la Coscienza umana ha un effetto sulla struttura molecolare dell'acqua. È come se rimanesse un'"impronta" di informazione, memorizzata al suo interno[10]. È probabile che la stessa cosa avvenga negli oggetti che portiamo con noi ogni giorno o ancora di più negli oggetti appartenuti ai nostri genitori o ai nostri avi. Ogni oggetto ha quindi una sua storia da raccontare, ma possiamo venirne a conoscenza solo attraverso esercizi mirati come quello della psicometria.

---

[10] Masaru Emoto ha pubblicato diversi libri all'interno dei quali decine di fotografie mostrano la particolare struttura dei cristalli d'acqua congelata. Osservando quelle immagini si evince che preghiere, musica, parole, scritte, suoni, verbalizzazioni, modifichino la struttura dei cristalli d'acqua modificando la semplice struttura di base esagonale dei cristalli di ghiaccio. I cristalli assumono strutture armoniche e raffinate, a seconda delle parole che si verbalizzano verso l'acqua o a seconda della musica che si diffonde nell'ambiente dove è presente quell'acqua. Seguendo le ipotesi del ricercatore giapponese sono stati messi a punto interessanti test per verificare l'ipotesi di interazione tra la memoria dell'acqua e la musica con il risultato che la musica energizza effettivamente l'acqua. Si vengono ad aprire nuove prospettive sulla musicoterapia e le sue applicazioni per l'autismo infantile, il ritardo mentale, le disabilità, la sindrome di Alzheimer e altri disordini cerebrali, come psicosi, disturbi dell'umore e disordini somatoformi (in particolare la sindrome di dolore cronico), la sindrome da stanchezza cronica (CFS) e i disturbi alimentari (anoressia nervosa). Si può attribuire, in questo modo, anche un nuovo risalto all'interpretazione del risveglio da coma grazie all'ascolto di musica e canzoni.
http://www.scienzaeconoscenza.it/blog/memoria_acqua/che-cos-e-la-memoria-dell-acqua

Se lasciamo fare alla nostra parte razionale, invece, un oggetto in mano, non ci comunicherà nulla, la nostra mente si porrà come agente di disturbo non permettendoci di accedere a quel mondo nascosto e misterioso che si cela *al di là delle porte del tempo*.

Memorie del corpo

Riprendendo il discorso relativo alle memorie dell'acqua, dobbiamo ricordare che il nostro corpo è fatto per il circa 70% d'acqua. La percentuale dipende però dalla nostra età. Nei bambini, infatti, è maggiore mentre diminuisce nelle persone anziane.

Essendo fatto prevalentemente d'acqua, il corpo può essere considerato una grande memoria in grado di immagazzinare un'immensa quantità di informazioni. Al suo interno, infatti, vengono memorizzate tantissime esperienze passate; siamo fatti da una parte materiale, ma anche da una parte energetica.

Durante le mie esperienze pratiche, al fine di cercare di comprendere meglio, ho potuto constatare, come nel nostro corpo, vi siano memorizzate anche impronte risalenti probabilmente alle nostre *vite precedenti*.

Vi descrivo meglio l'esperienza da me vissuta in prima persona durante la mia formazione e che riporto di seguito.

In una condizione di penombra, e con un'atmosfera musicale di sottofondo, mi feci guidare dal mio corpo in una serie di posizioni.

Durante quell'esperienza decisi di mettere a tacere il mio emisfero sinistro per lasciare, invece, fare a quel grande maestro che è il nostro corpo, permettendogli di farmi assumere varie posizioni in piedi e a terra e rivivendo *esperienze del passato*.

Oltre all'inconscio, una porta di accesso alle nostre vite precedenti è, infatti, rappresentata dal nostro corpo. In esso sono ancora presenti memorie del passato che opportunamente stimolate vengono nuovamente a galla per farci rivivere quella vita, quell'evento, quell'esperienza importante per noi. Durante l'esperienza, nelle fasi iniziali, quando ancora ero in piedi, ho rivissuto una vita in cui ero una giovane donna africana, come già accennato all'inizio di questo capitolo. Avevo i capelli lunghi, sistemati nella tipica acconciatura africana e tenevo, sopra la mia testa, una brocca di terracotta contenente presumibilmente dell'acqua.

Ho sentito il mio corpo, snello, alto, scuro e soprattutto da donna. Tenevo con le mani la brocca sopra la mia testa in modo che non cadesse, la stavo trasportando, credo, verso la mia casa o il mio villaggio. Le mie mani erano rivolte verso la testa nel gesto di tenere ben fermo il contenitore di terracotta.

Il mio corpo oscillava nell'atto di camminare e percorrere la strada di ritorno. Mentre le musiche di sottofondo si facevano quasi impercettibili, andai avanti nel tempo in quella vita e improvvisamente fu automatico porre le mie mani prima verso il seno destro e poi verso il seno sinistro nell'atto di allattare una bambina che tenevo in braccio.

È stata la prima volta che provavo questa sensazione da *"mamma premurosa"* e protettiva verso la sua piccola creatura.

Vi assicuro che la mia parte razionale ha cercato in tutti i modi di interferire, per dare una spiegazione a quello che *per la prima volta nella mia vita*, stavo sperimentando, ma ero così immerso nell'esperienza, che ho lasciato che accadesse.

Ero lì per comprendere, per sperimentare, per *"osservare"* da vicino. Andai avanti in quella vita e dopo aver ancora una volta danzato, sentii il mio corpo trasformarsi in quello di un uomo africano forte e vigoroso, che danzava al suono dei tamburi della sua tribù.

Mi portai verso il pavimento, ritrovandomi ad assumere una posizione meditativa con le mani rivolte davanti a me.

In quel momento ero un vecchio maestro di yoga che assumeva varie posizioni, ricordo di avere portato mani e braccia davanti a me e con le gambe allungate, ho assunto una posizione di equilibrio perfetto.

Il mio emisfero sinistro però commentò dicendo che io non

conoscevo quelle posizioni. Subito dopo mi sentii un anziano giapponese in preghiera. Fu un'esperienza veramente sconvolgente che mi fece riflettere moltissimo. Non ho mai pensato neanche una volta di essere stato una donna o tantomeno un maestro di yoga!

Da dove arrivavano quelle informazioni?

La cosa più particolare di queste esperienze è che il coinvolgimento fu totale, in certi momenti mi veniva da piangere talmente erano intense le sensazioni fisiche e mentali.

A distanza di tempo, posso ricordare perfettamente ogni aspetto e descriverlo con dovizia di particolari. Se si trattasse di invenzioni della mente, sarebbe difficilissimo ricordarsi tutti i dettagli dell'esperienza e provare nuovamente emozioni al ricordo di quegli eventi.

È stato come rivivere per la seconda volta una vita già vissuta, una storia passata che mi si mostrava ancora una volta a distanza di tempo.

Vi fu inoltre un'altra esperienza, la più sconvolgente e coinvolgente allo tesso tempo. L'esercizio prevedeva l'utilizzo di alcune parole chiave, in grado, nella maggior parte dei casi, di far ricordare eventi o scene di una nostra possibile vita precedente.

Descriverò più avanti nel libro questo esercizio.

L'esperienza fu talmente forte che non riuscivo più a respirare e pensai, per un momento, che fosse arrivata la fine.

Dopo queste sperimentazioni, fatte in prima persona, non potei più ignorare quanto mi era successo. Avevo realmente vissuto quelle scene, il mio corpo e la mia mente erano stati completamente coinvolti, le emozioni provate erano state fortissime. Decisi quindi di cercare nella scienza una possibile spiegazione in modo da dare nutrimento anche alla mia parte razionale che ancora era affamata di verità, di certezze, di evidenze scientifiche.

Nel prossimo capitolo parlerò delle basi su cui potrebbero poggiare i concetti di Coscienza, pre-morte, morte e possibili vite precedenti. La ricerca in questo campo è iniziata da anni, ma mi rendo conto che la strada da fare è lunga e che sappiamo ancora poco su chi siamo stati prima di questa vita e su cosa potrebbe riservarci il nostro futuro.

Consigli pratici

Suggerirei a tanti di fare un'esperienza come questa, mettendosi in gioco ed approfondendo la conoscenza del nostro corpo, della nostra mente e della nostra vera natura. Non si proverebbe più nessuna forma di razzismo in quanto diventerebbe chiaro come, probabilmente, nelle nostre vite passate, siamo stati neri, bianchi, gialli, uomini e donne. Non ci sarebbe più il disprezzo verso chi ha la pelle diversa dalla nostra e neanche verso le donne. Ci si accorgerebbe che anche noi, *in un altro tempo*, siamo stati esseri "diversi". Sarebbe una grande lezione di vita che farebbe ampliare la Coscienza del singolo e ci ricorderebbe che, in fondo, siamo sempre uniti a tutto e a tutti, in un unico *campo di energia*.

Riassumendo

- *È possibile sperimentare direttamente le nostre probabili vite passate, attraverso l'ipnosi regressiva o altre tecniche*
- *Rivivere le nostre esperienze passate, ci fornisce una visione della vita completamente nuova*
- *Si abbattono le barriere relative alla diversità di razza e sesso*
- *Si acquisisce la consapevolezza che la vita non finisce con la morte e che la Coscienza rimane viva*
- *Si può testare, con dei semplici esercizi, la capacità degli oggetti di memorizzare informazioni*
- *È un campo di studi che vede psichiatri, psicologi, cardiologi, fisici, biologi impegnati in una ricerca continua*

Solo il viandante che ha peregrinato nel suo infinito mondo interiore potrà accostarsi all'Anima, scoprendo che per anni altro non ha fatto che cercare Lei, poiché Lei è dietro e dentro ogni cosa. I viaggi, si fanno per cercare Anima e le persone si amano in quanto simboli di Anima.

(Carl Gustav Jung)

Capitolo 2

Che cos'è l'anima? L'anima è coscienza.
E brilla come la luce dentro al cuore.
(Bṛhadāraṇyaka Upaniṣad)

L'anima e la Coscienza

In questo capitolo vi voglio presentare alcune considerazioni scientifiche sul concetto di morte, coscienza e vite precedenti. Ho avuto anche io la necessità di far poggiare su solide basi i concetti legati alle nostre vite precedenti e al fatto che la nostra *coscienza*, ciclicamente, abita probabilmente nuovi corpi per fare nuove esperienze. Vi presenterò le ricerche di alcuni scienziati che, con le loro teorie e scoperte, hanno rivoluzionato la fisica e gettato le basi per la comprensione di tanti fenomeni ritenuti inspiegabili.

Il principio di indeterminazione di Heisenberg

Werner Karl Heisenberg è stato un fisico tedesco vissuto fra il 1901 ed il 1976. È considerato uno dei padri fondatori della *meccanica quantistica* e, per le sue ricerche e scoperte, gli venne conferito nel 1932 il Premio Nobel per la fisica.

Nel 1927 rese noto al mondo il famoso *principio di indeterminazione,* secondo il quale l'osservazione di un fenomeno condiziona e modifica il fenomeno stesso.

In maniera più completa il principio di indeterminazione afferma che non è possibile conoscere nello stesso momento posizione e direzione in cui si muove una particella subatomica.

Semplificando, si afferma che non è possibile conoscere la nostra realtà attraverso l'osservazione della stessa poiché l'osservatore (noi) modifica la stessa realtà.

Non possiamo quindi conoscere la pura verità perché quello che noi osserviamo è il risultato della nostra interazione con il fenomeno stesso. Nel momento stesso in cui osserviamo la realtà, stiamo andando a modificarla e questo, se ci pensate, è sconcertante ed affascinante allo stesso tempo.

La scienza afferma che, affinché un fenomeno sia scientificamente accettabile, lo stesso fenomeno deve essere osservabile, ma se come detto sopra l'osservatore modifica la realtà, la verità non potrà mai essere conosciuta attraverso l'osservazione!

Il principio di indeterminazione si applica non solo al mondo subatomico ma a tutti i sistemi e fenomeni che implicano la presenza di un osservatore.

In realtà non è necessario osservare un fenomeno per poter interagire con esso e modificarlo, *basta anche solo pensare a quel fenomeno*. Il nostro pensiero interagisce con la materia modificandola (vedere gli studi fatti dal Dott. Masaru Emoto sui cristalli d'acqua).

Quando si dice che il pensiero è capace di plasmare la materia, si afferma qualcosa che in fondo ha una base scientifica. L'energia generata da un pensiero è energia a tutti gli effetti, pensate ad esempio all'elettroencefalogramma. Questo esame misura, infatti, l'attività elettrica del nostro cervello: debolissime correnti danno vita ad un tracciato su un foglio. Tale energia, legata al pensiero, è in grado di modificare la realtà circostante.

In virtù di quanto detto è fondamentale pensare in modo sano e costruttivo poiché siamo noi che plasmiamo per primi la nostra realtà.

Ecco che diventa importate per un medico, *formulare pensieri coerenti con la guarigione del proprio paziente* affinché non venga messa in campo un'energia distruttiva. Il medico, per primo, deve credere nel percorso terapeutico ed iniziare a far muovere energia coerente e costruttiva.

Scrive Andrea Gadducci, ingegnere elettronico esperto in biomedica ed in metodiche quanto-biofisiche: *"Ci sono studi scientifici che dimostrano in maniera molto chiara come il pensiero focalizzato e l'intenzione, possano segnare il corso degli eventi, della realtà fisica. Del resto, è noto e chiunque lo può sperimentare, che se mi focalizzo su un pensiero molto negativo, anche solo per poco, la biochimica del mio corpo cambia, cambiano i segnali del sistema nervoso, cambia il respiro, cambiano le mie emozioni, e la stessa cosa avviene in termini positivi"*[11].

Ricordo da piccolo che vi era una conoscente che, quando veniva a trovare la mia famiglia, aveva un effetto deleterio su fiori e piante. Era certo che i fiori che osservava o che toccava subivano una ripercussione, arrivando in alcuni casi perfino alla morte. La sua interazione con le piante, anche solo attraverso l'osservazione, determinava un cambiamento energetico che ne provocava un'alterazione.

Al tempo non conoscevo il principio di indeterminazione e le interazioni energetiche del campo mentale con la materia e non riuscivo, pertanto, a dare una spiegazione razionale alla cosa.

Il nostro corpo è costituito per circa il 70% d'acqua. Se formuliamo un pensiero negativo e lo indirizziamo verso una persona, costituita prevalentemente d'acqua, stiamo andando ad alterare il suo equilibrio energetico (modificazione della struttura dei cristalli d'acqua) e di conseguenza alcuni suoi parametri fisiologici.

Vi invito pertanto a formulare sempre pensieri positivi, di pace, amore e compassione in modo che l'effetto sia la generazione di armonia e non di energia distruttiva.

La tecnica hawaiana chiamata *Ho'oponopono*, ci suggerisce di indirizzare sempre verso noi stessi e gli altri le parole: *Grazie, Ti Amo*.

Provate e potrete constatare subito l'effetto che tali parole

---

[11] *Medicina quantistica, la medicina del futuro* – Scienza e Conoscenza N°60, p. 5

generano in noi o in chi ci sta di fronte: *si verifica un immediato cambiamento energetico su mente e corpo.*

Il teorema di Bell

Quando per la prima volta venni a conoscenza del teorema di Bell, ero un giovane studente. Rimasi da subito affascinato e sconvolto da questa teoria poiché finalmente riuscivo a dare una spiegazione a tanti fenomeni inspiegabili.

Il teorema di Bell, in maniera semplificata, afferma che se due particelle hanno avuto una qualche forma di interazione nel passato, si creerà fra esse una forma di *collegamento che va oltre lo spazio e il tempo.* Le due particelle memorizzano l'interazione avuta e non la dimenticano più. Il comportamento di una particella condizionerà l'altra, indipendentemente dallo spazio (non-località) e dal tempo che le separa.

Facciamo un esempio per capire meglio: prendiamo due particelle A e B che hanno avuto un'interazione. Allontaniamole a grandi distanze e nel momento in cui modifichiamo la rotazione della particella A, possiamo osservare che *istantaneamente* viene alterata la rotazione anche della particella B. Questo fenomeno avviene indipendentemente dalla distanza che separa le due particelle ed avviene soprattutto *istantaneamente.*

La velocità con la quale l'informazione si trasmette da A a B è istantanea, superiore alla velocità della luce che ha un valore finito di circa 300.000 chilometri al secondo.

Dalla relatività generale di Einstein, sappiamo che nulla può viaggiare a velocità superiore a quella della luce, mentre il Teorema di Bell va proprio a violare tale teoria (in realtà essendo le due particelle unite da un campo, l'informazione che viaggia fra le due è istantanea, non violando pertanto il limite finito della velocità della luce).

Scrive Fabio Marchesi nel suo bellissimo libro La fisica dell'Anima: *"Il teorema di Bell non solo spiega la telepatia e la chiaroveggenza, ma spiega che quello che ciascuno di noi pensa condiziona il pensiero e il comportamento di chi è pensato, in misura tanto maggiore quanto più intensa è stata l'interazione che entrambi hanno avuto; spiega anche che ognuno di noi è in collegamento costante oltre lo spazio e il tempo con ogni cosa che esiste nell'Universo [...] Qualsiasi interazione diretta o indiretta, determina un collegamento oltre lo spazio e il tempo"*[12].

Il Teorema di Bell non riguarda solo le particelle subatomiche ma si applica a qualsiasi struttura della materia *compresi gli esseri umani.*

Come già accennato nell'introduzione, oggi la fisica ci conferma, attraverso esperimenti di laboratorio, che il Teorema di Bell è valido anche per macrosistemi a temperatura ambiente e non più solo a livello subatomico (microsistemi)[13].

Riflettete ora su questo fatto: *siamo in collegamento costante oltre lo spazio ed il tempo con ogni cosa che esiste nell'Universo.*

Siamo quindi in collegamento con i membri della nostra famiglia, i nostri antenati, i nostri avi più lontani, luoghi e ambienti del passato e del presente e, come si vedrà più avanti, *siamo in collegamento, probabilmente, anche con le nostre vite passate.* Se pensiamo alla possibilità di aver abitato altri corpi e alla possibilità che la nostra coscienza abbia interagito con questi corpi, è facile capire che questo collegamento esiste ed è probabilmente alla base della spiegazione del perché ricordiamo le nostre vite passate e queste, tante volte, interagiscono ancora sulla nostra vita di oggi. Il Teorema di Bell spiega come mai se pensiamo ad una persona, tante volte questa ci chiama; è alla base dell'interazione fra madre e figlio (la mamma si accorge di un possibile malessere del figlio anche a migliaia di chilometri di distanza). Pensate, ad esempio,

---

[12] Fabio Marchesi, *La Fisica dell'Anima*, Tecniche Nuove, Como 2012, p. 29
[13] http://science.sciencemag.org/content/334/6060/1253

all'interazione che esiste fra i gemelli o a quella fortissima che può esistere fra due innamorati.

Continuiamo a sentire gli effetti dell'interazione che abbiamo avuto con persone che non sono più nella nostra vita e che sono entrate in relazione con noi, in maniera forte, almeno una volta.

È come se esistesse un cavo di collegamento all'interno del quale viaggiano le informazioni in maniera istantanea. Il collegamento è attivo in ogni parte dell'Universo.

Continua Fabio Marchesi: *"Ognuno di noi è continuamente condizionato, in modo esplicito o sottile, da ciò che è avvenuto e avviene nel mondo e nell'Universo, ma, allo stesso modo, ognuno di noi condiziona, anche solo con quello che pensa, non solo sé stesso, ma il mondo e l'Universo di adesso e del futuro"*[14].

Questo ci fa riflettere sull'importanza che hanno i nostri pensieri per noi stessi e per il mondo intero. Siamo responsabili al 100% di tutto quello che ci succede, il caso non esiste.

I cosmologi affermano che nel momento del Big Bang ogni cosa era in stretto contatto con tutto il resto e che tutto ebbe origine insieme. Tutte le cose sono quindi in contatto fra loro nonostante il vuoto o lo spazio apparente. Quando pronunciamo le famose parole "siamo tutti connessi", ora questa affermazione assume un senso diverso, chiarisce che realmente viviamo tutti in collegamento gli uni con gli altri sin dall'origine, e che questa connessione permane per sempre.

Come già riportato in una nota dell'introduzione a questo libro, il teorema di Bell sembra essere alla base anche dei trattamenti a distanza fatti con Reiki. *"La possibilità di inviare istantaneamente informazioni a distanza nel tempo e nello spazio, visto come quarta dimensione, è pienamente confermata dal Teorema di Bell e sostenuta dal Campo Morfogenetico proposto da Sheldrake... Il trattamento a distanza di Reiki crea una correlazione tra due coscienze o per meglio dire, riapre un canale da sempre esistente, quello che*

---

[14] Fabio Marchesi, *La Fisica dell'Anima*, op. cit., p. 30

connette tutte le coscienze divise in un'unica coscienza universale sempre connessa"[15].

Lo stesso discorso vale per i trattamenti a distanza che si possono fare con EFT o con altre tecniche. Se non conosciamo questo teorema, non possiamo dare una spiegazione al funzionamento di alcune tecniche. La scienza, attraverso questo teorema, spiegherebbe che durante un trattamento a distanza, si attiva una correlazione tra due persone o meglio, una correlazione fra le loro due coscienze. Le due coscienze, quella di chi effettua il trattamento a distanza e quella di chi riceve il trattamento, risulteranno connesse, dando origine ad un'unica coscienza. In altre parole, dal punto di vista energetico ed informazionale, la coscienza è una. Questo spiega molto bene il funzionamento dei trattamenti a distanza senza ricorrere a nulla di magico o misterioso.

Ricordo che, nel 2005, mentre effettuavo un trattamento Reiki a distanza, (io stavo in Sardegna e chi stava ricevendo il trattamento si trovava in quel momento a Montpellier), sperimentai, senza però poterne dare una spiegazione plausibile, una connessione diretta con il ricevente. La persona che mi aveva chiesto il trattamento, aveva avuto un problema ad un occhio. L'occhio della mia carissima amica, si era gonfiato e non accennava a guarire. Ci sentimmo al telefono e mi fece la richiesta di un trattamento Reiki a distanza. Chiusi la telefonata e mi misi subito a lavorare sul suo occhio. Dopo qualche secondo, il mio occhio sinistro cominciò a lacrimare senza voler accennare a fermarsi. Le lacrime sembravano infinite. La sentii nuovamente la mattina e mi disse che l'occhio si era quasi completamente sgonfiato, io non sapevo quale occhio fosse, ma mi confermò che si trattava del suo occhio sinistro. Era avvenuta, una correlazione istantanea fra le nostre coscienze che aveva permesso all'energia Reiki di lavorare e riportare l'informazione corretta in quell'organo. L'interazione era stata talmente forte da avere

---

[15] U. Carmignani, A. Magnoni, S. Oggioni, *Il grande manuale del Reiki*, Edizioni L'Età dell'Acquario, Torino 2005, p.245.

provocato, anche in me una reazione fisiologica. Nel prossimo paragrafo vi presenterò uno scienziato che parla di coscienza e di come questa sia assolutamente necessaria e parte integrante del nostro universo.

Robert Lanza e il Biocentrismo: come la nostra coscienza è necessaria all'universo

Robert Lanza, è considerato dal New York Times come "il terzo più importante scienziato vivente" e riconosciuto dal Time Magazine, come "una delle persone più influenti del mondo". Il Dott. Lanza è nato l'11 febbraio del 1956 a Boston, Massachusetts, è esperto di medicina rigenerativa, è direttore scientifico presso l'Advanced Cell Technology e professore aggiunto presso la Wake Forest University School of Medicine, ha pubblicato più di 30 libri.

È conosciuto soprattutto per le sue ricerche sulle cellule staminali, ha inoltre condotto diversi esperimenti di successo sulla clonazione di specie animali in via d'estinzione. Ha elaborato la teoria del *Biocentrismo*, secondo la quale la morte, per come noi la intendiamo, non è altro che un'illusione generata dalla nostra *coscienza*.

Ma andiamo per ordine e vediamo su quali basi poggia la teoria elaborata dal Dott. Lanza e che implicazioni avrebbe sulla nostra vita, sul tema della coscienza e della vita oltre la vita presentati in questo libro.

Nel suo interessantissimo libro *"Biocentrismo"*, Lanza afferma che l'universo è formato dal 96% da materia oscura e da energia oscura e che praticamente non sappiamo cosa esse siano precisamente[16].

Lanza ci fa inoltre riflettere sul fatto che il modello del Big Bang, non fornisce risposta ad uno dei più grandi interrogativi di sempre,

---

[16] Robert Lanza con Bob Berman, *Biocentrismo. L'universo, la coscienza. La nuova teoria del tutto*, Il Saggiatore, Milano 2015, p. 13

ossia perché l'universo sembra essere così perfettamente bilanciato per supportare la vita[17].

Continua Lanza dicendo: "le nostre teorie sul mondo fisico non funzionano e non funzioneranno mai finché non cominceranno a tenere in considerazione la vita e la *coscienza*. Vita e coscienza, invece che prodotti tardivi e secondari apparsi dopo miliardi di anni di processi fisici inanimati, sono assolutamente fondamentali per la nostra comprensione dell'universo"[18].

Nel vecchio modello, la fisica ci ha spiegato che per tanto tempo l'Universo è stato un insieme di particelle che continuavano a scontrarsi reciprocamente obbedendo a certe regole predeterminate ma dall'origine misteriosa. La vita sarebbe poi comparsa ad un certo punto da un processo sconosciuto e si sarebbe poi sviluppata secondo il modello elaborato da Darwin. Dobbiamo però ricordare che la vita comprende la *coscienza,* (consapevolezza del mondo circostante). Fino a pochi anni fa, però, la coscienza veniva studiata solo marginalmente e relegata ad interesse esclusivo dei biologi. Secondo Lanza, la coscienza non è un argomento per i soli biologi ma anche e soprattutto per i fisici.

La fisica moderna, però, non ci fornisce una spiegazione sul come un insieme di molecole nel nostro cervello possa sviluppare uno stimolo cosciente.

Continua Lanza: "la bellezza di un tramonto, il miracolo dell'innamoramento, il gusto di un pasto delizioso: per la scienza moderna rimangono tutti eventi misteriosi"[19].

Abbiamo quindi ignorato fino ad oggi un elemento fondamentale: *la consapevolezza cosciente. La coscienza è parte integrante del nostro universo e lo stesso non avrebbe senso senza di essa.* Come abbiamo già visto sopra, la fisica quantistica ha scoperto che l'osservatore è parte integrante dell'osservato e che l'atto di osservare o pensare un qualcosa, ne modifica le caratteristiche (vedere il

---

[17] Ibidem, p.13
[18] Ibidem, p.14
[19] Ibidem, p.16

principio di indeterminazione di Heisenberg di cui abbiamo già parlato). La coscienza, dunque, partecipa attivamente alla nostra realtà o meglio ne è parte integrante, poiché la fisica quantistica afferma che *l'osservatore determina il collasso della funzione d'onda e la determinazione di una fra miliardi di possibilità dello stato potenziale della materia o meglio dell'energia.* Cercherò, semplificando al massimo la questione, di spiegare attraverso un esempio, il concetto di *collasso della funzione d'onda*. Immaginate di avere una scatola all'interno della quale sono contenute decine di palline colorate. Chiudiamo ora con un coperchio la scatola e agitiamola più volte in modo che le palline in essa contenute assumano una disposizione casuale all'interno. Se non aprite la scatola, non saprete mai quante palline vi sono contenute dentro e che disposizione hanno assunto: vi sono palline rosse in alto, oppure tre gialle allineate verso il bordo destro o cinque palline blu allineate a sinistra della scatola? Non potete saperlo a priori, esiste una probabilità che le cose (palline) stiano in un determinato ordine. Tutte le disposizioni delle palline all'interno della scatola sono sempre possibili. La funzione d'onda, di cui abbiamo parlato sopra, descrive l'insieme di tutte le probabilità delle possibili disposizioni delle palline all'interno della scatola. Se noi agitiamo la scatola con le decine di palline dentro e ad un certo punto poggiamo la scatola sopra un tavolo e solleviamo il coperchio, *possiamo osservare la disposizione unica che hanno assunto le palline all'interno*: ad esempio una disposizione possibile potrebbe essere costituita da, tre nere, una gialla, due rosse, una verde, una marrone, ecc. Questa disposizione unica delle palline, si chiama *collasso della funzione d'onda* ossia la nostra funzione d'onda ha assunto un determinato e preciso stato di disposizione e questo è dovuto al fatto che abbiamo aperto e osservato la scatola che prima conteneva le stesse palline ma in una disposizione puramente casuale.

L'osservatore ha quindi determinato la disposizione unica delle palline all'interno della scatola, proprio con la sua azione. Affinché questo sia possibile, è però fondamentale la presenza dell'osservatore, altrimenti tutto rimarrebbe solo in uno stato di probabilità (le palline all'interno della scatola assumerebbero una posizione casuale che non è dato sapere). Ho semplificato questo importantissimo e complesso principio della fisica quantistica, in realtà la sola osservazione dell'osservatore (e non lo scuotimento della scatola) determina, in fisica quantistica, il collasso della funzione d'onda che farà poi assumere una precisa disposizione alle nostre palline. Se comprendete questo concetto della fisica quantistica, avete compreso una delle parti più importanti di questo libro, ossia che l'osservatore, o meglio la sua coscienza, determina una modificazione della materia e quindi dell'energia del nostro universo e che senza di lui, il nostro universo permarrebbe in uno stato indeterminato proprio come le palline all'interno della scatola. Per dirla con le parole dello stesso Lanza "Non accade nulla finché l'evento non viene realmente osservato"[20].

Nel suo libro Biocentrismo, Robert Lanza stuzzica i suoi lettori con l'esempio del rumore dell'albero che cade.

Il Dott. Lanza ci propone la seguente domanda: "Se un albero cade in una foresta e nessuno è presente, fa rumore comunque?"[21]

Sono sicuro che il 99% di noi risponderebbe che anche se nessuno è presente, l'albero, nella sua caduta, produrrebbe un rumore. La maggiora parte di noi è certo quindi della presenza di una realtà oggettiva e indipendente, cioè la concezione più diffusa è che il nostro universo possa esistere tranquillamente anche senza la nostra presenza.

Ma continuate a leggere poiché la risposta vi sorprenderà.

Ciò che la caduta dell'albero produce sono delle variazioni di pressione dell'aria che si propagano grazie alla presenza dell'aria stessa.

Inseriamo ora in scena un orecchio che ha la capacità di percepire tutte le vibrazioni dell'aria comprese fra 20 Hz e 20000 Hz. Il

---
[20] Ibidem, p. 65
[21] Ibidem, pp. 29-30

timpano vibrando produce segnali elettrici che vengono inviati in una determinata zona del cervello generando appunto il rumore della caduta dell'albero.

I soffi dell'albero in caduta che non rientrano in questo intervallo (20 Hz – 20.000 Hz), non possono essere percepiti e quindi non li sentiamo. Quindi in questo palcoscenico devono esserci, i seguenti attori: osservatore, orecchio, cervello e spostamenti d'aria. Il finale è che il mondo esterno e la nostra coscienza, sono quindi intimamente correlati e quindi un albero che cade in una foresta disabitata produce solo follate d'aria silenziose e non il rumore che sentiamo attraverso il nostro orecchio.

Per sentire il rumore della caduta dell'albero è quindi assolutamente necessaria la presenza dell'essere umano e della sua coscienza. Per dirla con Lanza: "ciò che noi percepiamo come realtà è un processo che coinvolge la nostra coscienza"[22] e ancora: "le nostre percezioni interne ed esterne sono intrecciate. Sono due facce della stessa medaglia e non possono essere separate[23].

Una parte degli scienziati, però, continua ad ostinarsi a relegare l'osservatore ad un mero disturbo e non ad una parte fondamentale del tutto.

Secondo Einstein gli eventi nello spazio-tempo possono essere misurati uno in relazione all'altro mentre per la meccanica quantistica l'aspetto fondamentale è rappresentato proprio dall'atto della misura, aspetto però che mina le fondamenta dell'oggettività poiché, come abbiamo detto sopra, l'osservatore altera la realtà. *I fisici hanno scoperto che un elettrone può essere sia una particella sia un'onda, ma cosa stia facendo e soprattutto dove sia localizzato, dipende strettamente dall'atto dell'osservazione.* Siamo quindi in presenza di un'indeterminazione quantistica e come abbiamo visto, *l'atto dell'osservare, determina il collasso immediato della funzione d'onda e la determinazione di una certa realtà fra tutte quelle*

---

[22] Ibidem, pp.29-30
[23] Ibidem, p. 49

possibili.

Oltre all'indeterminazione vi è un altro aspetto sconcertante che cozza con la teoria della relatività elaborata da Einstein.

Il fisico tedesco, affermava che la velocità della luce è costante ed ha un valore ben preciso e che è necessario considerare la velocità della luce quando un'informazione viaggia da una particella all'altra.

È come dire che presa una particella A, se questa chiede ad una particella B "come stati oggi?", tale tipo di informazione viaggia fra le due particelle alla velocità della luce (circa 300.000 Km al secondo). Ma la cosa incredibile è che le scoperte della fisica quantistica invalidano quanto appena detto: si è scoperto che due particelle che comunicano fra loro, lo fanno istantaneamente indipendentemente dalla distanza che le separa. Ciò va contro la relatività di Einstein secondo la quale per poter viaggiare fra una particella e l'altra, l'informazione viaggia alla velocità della luce, e non a velocità superiore (abbiamo già visto in precedenza che due particelle risultano in realtà unite attraverso uno stesso campo, ragion per cui l'informazione si propaga fra le particelle in maniera istantanea).

Nel 1935 i fisici Einstein, Podolsky e Rosen, affrontarono un aspetto curioso chiamato (*entanglement quantistico – intreccio quantistico, interazione fra due particelle*).

I tre scienziati rigettarono però la previsione della fisica quantistica ed Einstein in quell'occasione pronunciò una frase che rimase famosa parlando appunto di "*fantomatica azione a distanza*".

Fu Bell (come abbiamo già visto) nel 1964 che, attraverso uno schema sperimentale, permise realmente di capire che due particelle che nascono insieme e che hanno la stessa funzione d'onda, se allontanate anche di una distanza enorme, sono in grado di interagire fra loro scambiandosi informazioni in qualsiasi punto dell'universo in maniera istantanea. Le due particelle risultano intimamente correlate, al variare della rotazione di una si determina la variazione della rotazione dell'altra: vi è quindi uno scambio immediato di informazioni fra le due che risultano essere appunto intrecciate fra loro, come se spazio e tempo non esistessero.

Esperimenti condotti nel 1997 e ancora nel 2007, hanno dimostrato che le cose stanno esattamente in questo modo[24].

Come dice Lanza nel suo libro: "laddove la teoria quantistica afferma che la coscienza deve esistere, sta implicitamente dichiarando che il contenuto dei nostri pensieri costituisce l'essenza della nostra realtà, e che solo un atto osservativo le conferisce forma e sostanza, a partire da un fiore in un prato fino ad arrivare al Sole, al vento e alla pioggia"[25]. Continua Lanza: "Senza la nostra coscienza, la cosiddetta *materia* rimane in uno stato indeterminato di probabilità. Ogni universo precedente ad un atto cosciente è esistito solo in uno stato probabilistico"[26].

Il cosmo potrebbe avere qualsiasi proprietà, ma se ci pensiamo bene e alla luce di quanto detto sopra, esso presenta solo quelle proprietà perfettamente adatte alla vita. Concludo questa parte con l'enunciato del quarto principio del biocentrismo di Robert Lanza che dice "La reale struttura dell'universo è spiegabile solo attraverso il biocentrismo. L'universo è finemente accordato per la vita, e tutto torna perché è la vita che crea l'universo, non il contrario. L'universo è semplicemente l'estensione della logica spazio-temporale del sé"[27].

---

[24] Ibidem, p. 61
[25] Ibidem, p.87
[26] Ibidem, p.87
[27] Ibidem, p. 98

Pausa Caffè: la stanza segreta dei dipinti

Nel gioco della roulette, nel momento in cui viene lanciata la pallina, il croupier pronuncia la frase:
signori, fate il vostro gioco!

Prima di continuare vi voglio parlare di un luogo che ho concepito dopo aver approfondito lo studio dei concetti della fisica quantistica esposti sopra e che ha contribuito a fare chiarezza nella mia mente sul concetto di collasso della funzionane d'onda.
Questo luogo si è materializzato un giorno in cui cercavo di visualizzare come poteva avvenire il collasso della funzione d'onda e la conseguente creazione della nostra realtà.
Vi presento, pertanto, il nostro posto di comando, il luogo dal quale possiamo determinare la nostra realtà e dar vita ai nostri sogni e desideri più belli.
Attenzione però, da questo luogo è possibile anche dipingere le realtà più terrificanti possibili.
Esiste un luogo "segreto" che può, in ogni momento, essere visualizzato nella nostra mente.
All'interno di questo luogo, si può prendere un'importante decisione che influenzerà il nostro presente immediato ed il nostro futuro.
Immaginate ora di aprire una porta segreta e di entrare nella stanza dei dipinti. Appena varcherete la soglia, la stanza si illuminerà di una luce tenue ma diffusa all'interno di questo luogo fatto a semisfera.
Si tratta di una stanza circolare, con la volta sferica; all'interno della stanza, appesi alla parete che gira intorno a 360 gradi, sono presenti un numero infinito di quadri rappresentanti ognuno una possibile realtà.
Ci sono dipinti che rappresentano la nostra salute, la nostra

malattia, la ricchezza, la povertà, la perdita del lavoro, la scoperta di un nuovo impiego, i nostri oggetti dei desideri, i nostri viaggi, i nostri sentimenti, il nostro atteggiamento, i nostri nuovi incontri, ecc. Al suo interno è presente un dipinto per ogni possibile stato della realtà.

Vi sono quindi dipinti belli e armoniosi, colorati e meno colorati, dipinti orribili, con colori scuri e forti.

Una volta entrati in questa stanza, la porta si chiuderà automaticamente alle nostre spalle.

All'interno di questo luogo segreto, abbiamo una grande opportunità: possiamo decidere quale sarà il nostro quadro preferito.

Ruotando a 360 gradi, possiamo scegliere il nostro quadro semplicemente posandovi sopra lo sguardo.

Nel momento in cui scegliamo un particolare dipinto, fra gli infiniti possibili, tutti appesi nello stesso momento all'interno della stanza circolare, andiamo istantaneamente a determinare la nostra realtà.

Nell'attimo stesso in cui sceglieremo il nostro dipinto, tutti gli altri, istantaneamente, cadranno a terra (collasseranno), lasciando appeso di fronte a noi l'unica nostra nuova realtà, bella o brutta che sia.

In altri termini, l'osservatore, con il suo atto di osservare (la sua coscienza) determina una delle infinite possibilità che la realtà ci mette a disposizione. Con l'atto dell'osservazione, l'osservatore determina istantaneamente il collasso della funzione d'onda e la scelta della sua nuova realtà.

È la nostra presenza come osservatori e come coscienza a determinare la manifestazione di quanto ci accadrà, di quanto andremo a vivere ogni giorno.

È vero che siamo influenzati dalla nostra storia passata, dai nostri avi (campo morfogenetico dei nostri avi e della nostra famiglia), siamo influenzati da tutte le informazioni che filtriamo dall'ambiente circostante e non ultime da tutte le informazioni contenute nella nostra anima ed appartenenti alle nostre esistenze passate.

Ma possiamo, in ogni momento, entrare nella nostra stanza segreterà dei dipinti e da lì fare il nostro gioco o in altri termini esercitare il nostro libero arbitrio.

La stanza segreta è sempre disponibile, è possibile aprire quella porta in ogni momento ed in ogni luogo in cui ci troviamo in quel preciso istante.

Ci viene sempre data la possibilità di scegliere la nostra nuova realtà, chi decidiamo di essere da quel momento in poi, di pensare, di realizzare, cosa arriverà per noi in base alla nostra scelta.

Qualcuno potrebbe dire: ma se ho sbagliato a scegliere posso entrare nuovamente nella stanza segreta dei dipinti?

La risposta è affermativa, possiamo entrare tutte le volte che vogliamo e ogni volta scegliere la nostra nuova realtà.

Ma se desidero una cosa in particolare, potrò entrare di tanto in tanto nella mia stanza e confermare la scelta dello stesso dipinto ogni volta, fino a quando questo si materializzerà nella mia realtà.

Posso scegliere ad esempio il dipinto del mio nuovo lavoro o del mio stato di salute.

Continuerò ad entrare nella stanza segreta quante volte è necessario affinché la mia nuova realtà, si materializzi, prenda forma veramente. Molte volte è sufficiente entrarci anche una sola volta.

Fatto questo, posso entrare quante altre volte voglio e fare il mio gioco, scegliere un altro dipinto, realizzare un altro mio desiderio.

Ma attenzione, una volta fatta la scelta ed usciti dalla stanza, non devo più preoccuparmi di nulla, devo solo occuparmi di mettere insieme tutte le azioni che mi porteranno verso quel risultato, non mi devo più preoccupare di come l'universo utilizzerà colori e pennelli per dipingere la mia nuova realtà, bisogna lasciar fare a lui, all'artista dai mille colori.

E allora, avanti signore e signori, entrate e fate il vostro gioco!

Buon caffè!

Integrazione tra scienza e coscienza

La coscienza, per mezzo dell'intenzione, può correlare due oggetti, due cervelli, e far collassare in entrambi realtà simili[28].

Grazie ad un esperimento di correlazione di due cervelli, eseguito dal neurofisiologo messicano Jacobo Grinberg-Zylberbaum, oggi disponiamo dell'evidenza sperimentale che la coscienza è trascendente e non-locale.

Ma vediamo meglio quanto è stato realmente scoperto attraverso un esperimento in laboratorio.

Scrive il fisico teorico Amit Goswami nel suo libro Guida quantica all'illuminazione: *"Nell'esperimento di Grinberg-Zylberbaum, due soggetti si sono correlati fra loro meditando insieme, con l'intento di stabilire una comunicazione diretta. Dopo che è stato chiesto loro di continuare a mantenere una comunicazione diretta, sono stati separati, posti in stanze elettromagneticamente isolate, e collegati a due diverse macchine per l'elettroencefalogramma (EEG). Quando uno dei soggetti vedeva una serie di lampi di luce, che producevano un segnale di potenzialità nel suo EEG, una potenzialità dislocata simile per fase e forza a quella evocata era rinvenuta anche nell'altro soggetto dell'EEG. I soggetti di controllo, invece, non mostravano un trasferimento di potenziale. La conclusione è chiara: la coscienza fa collassare stati simili di realtà in entrambi i cervelli, perché i cervelli sono correlati dall'intenzione conscia*[29].

Correlazione significa non-separazione, significa intreccio di fasi.

Continua Goswami *"questa è la prova sperimentale che la coscienza è trascendente (non limitata) e non locale (non si trova nello spazio confinato del cervello) poiché riesce a determinare una*

---
[28] Amit Goswami, *Guida Quantica all'illuminazione*, Edizioni Mediterranee, 2007, pp. 82-85
[29] Amit Goswami, *Guida Quantica all'illuminazione*, Edizioni Mediterranee, 2007, pagine 82, 83, 84, 85

connessione diretta fra due cervelli separati anche da distanze notevoli ed elettromagneticamente schermati. Il funzionamento è lo stesso di una tv e delle onde elettromagnetiche delle trasmissioni televisive, che viaggiano nello spazio ed arrivano alla nostra antenna ed infine all'interno della nostra tv. Le onde delle trasmissioni rappresentano la coscienza, che non risiede nella tv. La coscienza utilizza la tv al fine di mostrarci le immagini e farci sentire i suoni: la tv rappresenta il cervello, ossia il mezzo fisico attraverso cui le onde elettromagnetiche delle nostre trasmissioni preferite, assumono forme e suoni in modo tale da farci percepire quanto stiamo vedendo e sentendo come reale.

Credo che, dopo esperimenti del genere e per quanto avviene durante i milioni di esperienze di pre-morte, non rimangano molti dubbi sulla reale natura della coscienza.

In Italia, il Dipartimento di Psicologia Generale dell'Università degli studi di Padova in collaborazione con l'EvanLab di Firenze, il LiquidWeb di Siena e il Dipartimento di Ingegneria e Architettura dell'università di Trieste, ha pubblicato uno studio chiamato *"Interazione a distanza Cervello-Cervello (Mente-Mente), studio Pilota"* in cui si sottolinea che, per dirla con le stesse parole degli autori degli studi, *"i risultati osservati, sembrano suffragare la possibilità di connettere a distanza due cervelli senza far ricorso a mezzi tradizionali, spianando la strada all'ideazione di una sorta di telecomunicazione mentale"*[30].

Continuano gli autori: *"L'ipotesi di rivelare una sequenza di eventi analizzando l'attività EEG (ElettroEncefaloGrafica) di due partner spazialmente separati e connessi solo mentalmente è stata esplorata inviando ad un membro della coppia una sequenza di eventi silenzio-segnale e analizzando l'attività EEG del secondo membro della coppia. Utilizzando uno speciale algoritmo di classificazione e cinque coppie di partecipanti caratterizzati da amicizia*

---

[30] http://www.evanlab.org/wp-content/uploads/2015/12/3i-Interazione-a-distanza-Cervello-Cervello-Mente-Mente-Studio-Pilota.pdf

di vecchia data e dalla capacità di mantenere una concentrazione mentale ben focalizzata, abbiamo osservato una percentuale complessiva di coincidenze corrette pari al 78% e variabile tra il 100% per i primi due segmenti e circa il 43% per gli ultimi due. Le percentuali di coincidenza dei primi cinque segmenti del protocollo sono state al di sopra dell'80%. Inoltre, è stata osservata una forte correlazione nella banda alfa, statisticamente rilevante, in 12 su 15 coppie di registrazioni"[31].

Nel documento citato alla nota precedente, potete trovare anche i riferimenti ad altri *diciotto lavori effettuati dal 1974 ad oggi* che sembrano confermare la possibilità di correlare fra loro due cervelli posti ad una certa distanza. Lo studio di cui sopra risale al 24 maggio del 2014.

L'EvanLab, laboratorio multidisciplinare italiano, formato da ricercatori indipendenti, in uno studio successivo, datato 1° settembre 2014, ha confermato quanto già rilevato nello studio pilota precedentemente menzionato. Gli studiosi, in questo documento, che vi consiglio di leggere con attenzione, affermano che: *"Questa ricerca sembra confermare, pertanto, la concreta possibilità di creare una sorta di "connessione" tra le menti e quindi tra i cervelli di due soggetti che si conoscono e si trovano anche a grande distanza l'uno dall'altro e che sia possibile farlo in modo sistematico, attraverso delle modalità che siamo riusciti ad affinare, nel tempo, fino a raggiungere questo elevato livello di affidabilità e ripetibilità. I risultati del nostro studio dimostrano, pertanto, che la teoria dell'entanglement quantistico valida nella fisica delle particelle può applicarsi verosimilmente anche nell'ambito della materia "cosciente": pertanto, date persone connesse da un vincolo di conoscenza o di amicizia e che, in un dato periodo di tempo, siano mentalmente orientate reciprocamente una all'altra, se una delle due percepisce un'informazione fortemente attivante sul piano*

---

[31] http://www.evanlab.org/wp-content/uploads/2015/12/3i-Interazione-a-distanza-Cervello-Cervello-Mente-Mente-Studio-Pilota.pdf

emotivo (e quindi cerebrale), ciò crea con un'elevata probabilità una simultanea attivazione anche nel soggetto in tal modo connesso a colui che riceve lo stimolo acustico. La rilevazione di tale attivazione neurologica, naturalmente, dipende dalle adeguate condizioni ambientali e psico-emotive (le condizioni ideali sono quelle del laboratorio, con una corretta disposizione dei soggetti e una situazione di sostanziale deprivazione-sensoriale)[32].

Nello studio sopra citato, i due soggetti attraverso cui è avvenuta la correlazione dei cervelli, erano separati da 195 Km di distanza. Come più volte affermato, attraverso il teorema di Bell, sarebbe possibile effettuare questa correlazione in qualsiasi punto del nostro universo e quindi a qualsiasi distanza. Ricordate il mio trattamento Reiki a distanza?

Dopo questo excursus, possiamo ben capire come la coscienza sia qualcosa di reale e strettamente connessa al nostro universo. *Coscienza* è il termine che viene utilizzato dalla scienza mentre in metafisica si utilizza il termine *Anima*. La nostra Anima oltre che essere assolutamente indispensabile per la nostra evoluzione, è fondamentale anche per l'evoluzione dell'universo stesso. L'anima può essere paragonata ad una *capsula di informazioni* che viaggia nel tempo e nello spazio. Ci accompagna da tante vite e ci accompagnerà ancora in futuro.

È quell'energia "informata" che ci abita e che attraverso il nostro corpo fisico, fa esperienza del mondo. Ogni volta è capace di evolversi un po' di più ed in questo modo contribuisce all'evoluzione dell'universo stesso. Come abbiamo delineato in questo paragrafo, la coscienza è parte integrante del mondo e senza di essa il mondo rimarrebbe in un perenne stato di indeterminazione.

La *Coscienza* o *Anima*, è pertanto un'informazione che fa parte integrante dell'universo e che ci abita mentre siamo nel nostro stato incarnato. Quando moriamo, poi, essa abbandona il nostro corpo per

---

[32]http://www.evanlab.org/public/wp-content/uploads/2015/12/3i-INTERAZIONE-A-DISTANZA-TRA-MENTE-E-MENTE.pdf

far ritorno all'universo, in attesa di tornare ancora una volta sulla terra, attraverso un nuovo corpo ed un *nuovo progetto animico (la nostra nuova missione sulla Terra)*.

La coscienza, quindi, non è un prodotto del nostro cervello, ma sembra esistere indipendentemente da esso, come potrete apprendere nel prossimo paragrafo, all'interno del quale un famoso cardiologo parlerà dei suoi studi sulla coscienza e sulle esperienze di pre-morte dei suoi pazienti.

Le esperienze di pre-morte (NDE) e la natura della coscienza secondo il cardiologo Pim van Lommel[33]

Pim van Lommel è nato a Laren nei Paesi Bassi, il 5 marzo del 1943. Cardiologo e scienziato olandese noto al grande pubblico soprattutto per le sue ricerche sulle esperienze di pre-morte.

Ha studiato medicina all'Università di Utrecht, dove si è specializzato in cardiologia. Ha lavorato come cardiologo al Rijnstate Hospital di Arnhem dal 1977 al 2003 e sin dal 1986 si è interessato allo studio delle NDE (near death experience), ossia le esperienze di pre-morte sperimentate da pazienti che erano sopravvissuti ad un arresto cardiaco.

Insieme alla sua equipe, ha pubblicato molteplici ricerche su numerose riviste scientifiche fra le quali *The Lancet*.

Si tratta di un medico che ha deciso di fare chiarezza sul fenomeno della pre-morte e della coscienza da un punto di vista scientifico, attraverso la raccolta e la verifica di dati rilevati in campo.

La sua ricerca sulle esperienze di pre-morte ha come tema centrale *la coscienza* ed il suo rapporto con il cervello.

L'interesse per il tema della pre-morte nasce in lui nel 1969

---

[33] Il presente paragrafo è stato scritto facendo riferimento all'articolo "*Esiste qualcosa oltre la morte?*" pubblicato sulla rivista Scienza e Conoscenza, N° 61, luglio/settembre 2017, pp. 88-94.

mentre era al lavoro in ospedale presso l'unità coronarica. In quell'occasione i medici riuscirono a rianimare un paziente attraverso il defibrillatore, dopo quattro minuti di totale incoscienza. Era una delle prime volte che si utilizzava questo strumento e, fino al 1967, i pazienti che subivano un arresto cardiaco erano destinati a morire poiché non venivano ancora utilizzate le moderne tecniche di rianimazione oggi diventate routine.

Il paziente raccontò che durante quei 4 minuti, attraversò un tunnel, alla fine del quale, vide una luce e vari altri colori e percepì inoltre una melodia.

Da quel momento il Dott. Lommel iniziò la sua ricerca sul fenomeno, attraverso la letteratura fino ad allora disponibile e, mediante la ricerca sul campo, intervistando i pazienti che avevano subito un arresto cardiaco.

Lommel afferma che non è possibile avere percezioni coscienti durante un arresto cardiaco a causa dell'assenza della circolazione sanguigna e del respiro. I suoi pazienti però riportavano esperienze reali vissute durante i momenti di totale "assenza di vita". *Mise quindi in dubbio l'affermazione della scienza e della medicina secondo la quale la coscienza è un prodotto del cervello*, visto che nei momenti di arresto cardiaco, il cervello risultava essere totalmente "spento", disconnesso. Il paziente, a posteriori, raccontava però fatti successi esattamente durante quei minuti di totale blackout.

La scienza medica, negli anni passati, riteneva che le esperienze di pre-morte fossero da ricercare nell'anossia cerebrale, ossia nella mancanza di ossigeno o in altre alterazioni fisiologiche del cervello stesso. Altri studi parlavano invece di allucinazioni (per generare le allucinazioni però è necessario un cervello che funzioni, cosa che durante un arresto cardiaco non avviene), di sogni e di effetti collaterali da farmaci. Per poter analizzare meglio la questione dal punto di vista medico-scientifico, il dott. Lommel, nel 1988, diede vita in Olanda ad uno studio sistematico sulle esperienze di pre-morte con il coinvolgimento di 10 ospedali. In 4 anni, dal 1988 al 1992, la ricerca studiò 344 pazienti sottoposti a 509 rianimazioni portate a termine.

Tale studio venne poi pubblicato sulla prestigiosa rivista medica *The Lancet* nel 2001. Si scoprì che il 18% dei pazienti aveva avuto un'esperienza di pre-morte. *Nello studio si scoprì che il grado di anossia cerebrale si dimostrò irrilevante, che i farmaci non influivano in nessun modo sulle esperienze di pre-morte e che anche le cause psicologiche non influivano su tali esperienze vissute dai pazienti. Non si riuscì quindi a trovare una vera e propria spiegazione medico-scientifica sul fenomeno.*

Ad oggi vi sono 20 milioni di casi di pre-morte in Europa, e 2,5 milioni in Italia. Si tratta di numeri estremamente importanti, che meritano uno studio scientifico da parte della fisica, della biologia e della medicina.

Durante le esperienze di pre-morte, i pazienti sperimentano inoltre un altro fenomeno chiamato OBE (*out of body experience*) esperienze fuori dal corpo, attraverso le quali il paziente (la sua coscienza) esce letteralmente dal proprio corpo vedendosi dall'alto.

Da questa posizione può osservare il proprio corpo disteso sul tavolo operatorio, ed i medici intenti a rianimarlo. Non solo, le esperienze fuori dal corpo permettono alla coscienza del paziente di "vagare" in altre sale dell'ospedale o addirittura fuori da esso. I pazienti raccontano di fatti, dialoghi e cose osservate durante tale esperienza. Il loro corpo e il loro cervello però in quei momenti si trovano in uno stato di completo blackout.

Questo ci spinge a pensare che la coscienza sia qualcosa di autonomo rispetto al nostro corpo e soprattutto al nostro cervello, qualcosa che vive indipendentemente dalla parte fisica.

Il dott. Lommel riporta che il 90% delle OBE, era accuratissima: il paziente ha riportato fatti con dovizia di dettagli realmente accaduti durate il coma o l'arresto cardiaco.

Nel suo libro *"Coscienza oltre la vita"*, il dott. Lommel afferma che la nostra coscienza non può essere localizzata in un preciso tempo o in un determinato spazio. La nostra coscienza vive quindi nel non-locale (non sta nel cervello o in uno spazio determinato).

Essa è immagazzinata in una dimensione non-locale sotto forma di onde o di campi di informazione. Lommel afferma inoltre che il nostro cervello in questo caso risulta essere solo un ricevitore, il mezzo fisico attraverso il quale la coscienza può manifestarsi.

La coscienza è quindi un campo di informazioni che può essere ricevuto come un segnale.

Se pensiamo ad esempio al nostro cellulare, possiamo capire facilmente che quando lo spegniamo, tutte le informazioni e le immagini disponibili su Facebook non vanno perse. Appena riaccendiamo il nostro smartphone, in un attimo, abbiamo a disposizione nuovamente ogni tipo di informazione. Non è il cellulare che genera le informazioni di Facebook, il nostro smartphone rappresenta solo il mezzo fisico attraverso il quale possiamo visualizzare pagine, immagini, video, ecc. Le informazioni sono dislocate in vari computer chiamati Server sparsi in tutto il mondo.

Oggi tutti noi sappiamo o abbiamo sentito parlare di Cloud (nuvola di informazioni). Si tratta di uno spazio all'interno del quale sono conservate tutte le informazioni riguardanti il mondo di Internet in generale e che possono essere visualizzate attraverso computer, smartphone o tablet essendo questi dispositivi, mezzi fisici necessari affinché quelle informazioni prendano vita. Parlerò di *Cloud delle Anime* in un apposito paragrafo all'interno del libro.

Il concetto è simile all'inconscio collettivo teorizzato da Carl Gustav Jung. L'inconscio collettivo rappresenta una sorta di campo contenente tutte le informazioni e le esperienze del genere umano presente da sempre e accessibile tramite il nostro cervello (ricevitore). È come se i singoli inconsci "individuali", connettendosi all'inconscio collettivo generale, fossero in grado di ricevere tutte le informazioni presenti in questo campo di informazione.

Tale concetto è simile a quello che vede appunto la coscienza come una capsula di informazioni contenuta nel nostro universo. Essendo la materia costituita dal 99,9 % da vuoto, è facile pensare che questo vuoto sia in realtà pieno di energia e informazioni.

La coscienza sembrerebbe quindi essere non-locale, non si trova in un posto fisico determinato ma è disponile ovunque e può essere ricevuta "*accendendo*" il nostro cervello.

Perché avvenga la coscienza, il nostro cervello dovrebbe essere perfettamente funzionante cosa che non si verifica nei momenti di arresto cardiaco, dove tutte le funzioni cerebrali sono disattivate o gravemente compromesse in conseguenza della totale assenza di ossigeno nel cervello.

Un'esperienza di pre-morte (NDE) italiana

Riporto ora integralmente un'esperienza di pre-morte tutta italiana, raccontata direttamente dal Dott. Enrico Maria Greco, Cardiologo, che il "*caso*" mi ha fatto incontrare qualche mese fa attraverso la lettura di un articolo che parlava di coscienza oltre la morte. Mi sono quindi messo immediatamente in contatto con lui che con piacere ha condiviso questa esperienza di pre-morte vissuta da una sua paziente dopo un arresto cardiaco.

Un giorno, come un altro – Letto N° 8

Ore 13,00, prendo le "Consegne" dal collega cardiologo della Unità Coronarica. Un giorno, come un altro, negli anni a cavallo tra gli '80 e i '90. Avevo iniziato la mia professione di medico cardiologo nel 1972, presso il Reparto di Rianimazione Emma Vecla, del Policlinico di Milano. Specialista anche in Anestesiologia e Rianimazione, insieme ai miei giovani e meno giovani colleghi, si lavorava nella efficiente Unità Operativa di Cardiologia, diretta dal nostro maestro, il Professor Antonio Lotto. Quel giorno, un giorno come ogni altro giorno, di sicuro, ricevo le consegne da un mio collega, paziente per paziente. Egli si sofferma, alla fine, sulla paziente del letto numero 8. Vedo una giovane donna, dai capelli nero corvini, addormentata, un sonno stanco e profondo. "Vedi, mi dice il collega, questa signora ha avuto un grave infarto cardiaco e, in Pronto Soccorso, abbiamo dovuto rianimarla con numerose cardioversioni elettriche (scosse elettriche sul torace), a causa di recidivi arresti cardiaci da fibrillazione ventricolare. Ma, ora, è tutto tranquillo, polso, pressione, stato di coscienza, sta riposando". "Bene, rispondo, speriamo che il peggio sia passato!". A quei tempi, erano impensabili le coronarografie di urgenza e le procedure di angioplastica per riaprire le arterie coronarie, chiuse da un coagulo, responsabile della morte delle cellule cardiache più a valle (Infarto). Bene, solo la terapia medica!

Non passa mezz'ora, mi trovo, per caso, ai piedi del letto numero 8, quando squilla l'allarme di quel monitor.

È una recidiva di arresto cardiaco da fibrillazione ventricolare. Insieme ai bravi infermieri, mettiamo in atto tutte le manovre di rianimazione cardiorespiratoria e chiamiamo, per una migliore assistenza, anche l'anestesista di guardia. Una collega anestesista, brava e amica, giunge entro pochi minuti. Insieme a lei, proseguiamo ogni tentativo per riportare quel cuore a riprendere un ritmo normale ed una contrazione efficace per il circolo vascolare.

Passano tre quarti d'ora. I nostri sforzi appaiono inutili. La paziente è incosciente, in coma profondo, come decerebrata, non ha un respiro spontaneo, le pupille degli occhi non rispondono ai riflessi della luce, sono dilatate, midriatiche. Al monitor, la linea dell'elettrocardiogramma è "piatta", senza evidenza di alcuna attività cardiaca spontanea! La collega mi guarda e dice: "Enrico, è morta, non vedi?" Io le rispondo che sì, è vero, ma non voglio credere che un cuore "giovane", seppure minato da un grosso infarto, non possa riprendersi, visto che l'abbiamo soccorsa immediatamente e con la nostra esperienza di rianimazione cardiorespiratoria, cimentata in tanti anni! "Ancora un tentativo!", le dico. Continuiamo, quindi, le manovre di massaggio cardiaco esterno e di ventilazione polmonare assistita. Una iniezione intracardiaca di adrenalina, come si usava, e forza, insisti, vai, non ti arrendere. Sudati, stanchi, ci facciamo coraggio, infermieri e medici. E guardiamo il monitor, dopo ancora 15 minuti di assistenza. Sembra impossibile, ma compaiono, al monitor, segnali elettrici cardiaci sempre più organizzati e, dopo minuti, normalizzati. Contemporaneamente, apprezziamo un efficace polso periferico, il cuore ha ripreso una contrattilità valida! Le pupille diventano reagenti alla luce e, infine, ricompare un respiro spontaneo. Sospendiamo ogni manovra di rianimazione. Dopo qualche tempo, la paziente tende a risvegliarsi, sembra cosciente. La sediamo, blandamente, con farmaci endovena. Restiamo in attesa, accanto alla paziente, per alcune ore, preoccupati, ma con la speranza di avercela fatta. La sera, alle ore 20, informo degli eventi il collega di guardia notturna. Torno a casa, in silenzio.

La mattina del giorno dopo, appena entro in reparto una collega cardiologa mi si avvicina. "Enrico, sai quella signora che tu hai rianimato, ieri, per un'ora!". "Cosa è accaduto, è morta?", le dico, con ansia. "No, volevo solo dirti che, poco fa, lei mi ha chiamato perché venissi accanto al suo letto. Enrico, quando le sono stata vicina, mi ha detto: Dottoressa, sa, io ho visto tutto quello che mi facevano per rianimarmi. Ho visto proprio tutto, e…. dall'alto! Ma, mi dica, è vero che c'era una dottoressa, accanto ad un altro medico, che gli ha detto "lascia perdere, perché è morta! Come potevo essere morta, Dottoressa?" Io guardo la mia collega allibito, più di lei! È vero, la paziente sembrava morta, clinicamente. Certo, non era "morta". Ma come poteva essere "viva" e "in alto", sopra di noi, vedendo e ricordando tutto, anche il dialogo tra medici!

Forse, quella paziente non aveva ancora superato un "Confine di non ritorno"? Quello che non ti consente di tornare indietro, alla Vita Terrena, quando sei..., oramai," Altrove"! Ma Dove?

Sì, quel giorno doveva essere un giorno come un altro...!

Da quanto raccontato dal Dott. Greco, possiamo comprendere come la nostra coscienza non sia un prodotto del nostro cervello, ma possa esistere indipendentemente da esso.

La coscienza della paziente descritta, era attiva e vedeva tutto dall'alto. In un momento di totale assenza di attività elettrica, la sua coscienza era comunque presente, fuori dal cervello, indipendente dal corpo che rappresenta solo il mezzo fisico di supporto per quella capsula di energia informata chiamata *Anima*.

Racconti di bambini e adulti

In questo paragrafo riporto le esperienze dirette vissute dalla cara amica Sylvia Wulff, Kinderkrankenschwester titolo tedesco indicante la sua specializzazione. Sylvia è inoltre una kinesiologa e riflessologa che per anni ha lavorato in un ospedale della Germania a stretto contatto con bambini prossimi alla morte. Le esperienze che troverete sotto, risalgono agli anni fra il 1988 ed il 1993.

Sono riportate le storie di un bambino prossimo alla morte, di una bambina che esce dal coma e racconta cosa ha visto dall'altra parte e una storia molto personale: un segno mandato dal padre di Sylvia dopo avere raggiunto *quell'altra dimensione*.

Ringrazio Sylvia per queste preziose testimonianze che ci fanno capire quale sia la consapevolezza che è presente in un bambino o in un adulto nei giorni, o nelle ore che precedono il trapasso o dopo essere usciti da un coma ed essere tornati nel nostro spazio e nel nostro tempo.

Tutto iniziò con un percorso ospedaliero pediatrico in Germania...

Sin da piccola desideravo aiutare i bambini malati, perciò, terminati i miei studi, non avevo nessun dubbio, volevo lavorare nel reparto di pediatria di un ospedale.

Presto entrai in contatto con la sofferenza, con le gioie di guarigione e la speranza ma sentivo, ogni giorno più chiaramente, che c'era qualcosa di più grande, più alto del solito "aiutare la persona".

Capii piano piano, entrando in contatto con i bambini malati, che avevano intrapreso un percorso più profondo, molto interiore. Lo si percepiva non solo dalle parole, ma anche da gesti e sguardi che avevano nei confronti di chi gli stava vicino.

A tal proposito voglio raccontarvi alcune esperienze vissute direttamente in quegli anni.

Thomas

Un bambino di 5 anni, Thomas, (nome inventato per proteggerne la privacy) ricoverato nel mio reparto da un bel po' di tempo. Un bambino con occhi vispi, minuto di statura. Aveva una malattia grave ma nonostante ciò era sempre positivo e allegro. Quando al mattino mi occupavo di lui, mi abbracciava continuamente ed era sempre pronto a scherzare. Giorno dopo giorno si indeboliva sempre di più, finché una sera, nel mio turno di notte, percepii che la sua energia si stava esaurendo. Entrai nella stanza e mi avvicinai a Thomas, accanto a lui c'erano la mamma ed il papà, accarezzai la sua testa dolcemente e lui aprì gli occhi e vide i suoi genitori che piangevano. Aveva un'espressione serena e tranquilla, guardandoli negli occhi, con un grande sforzo disse loro: "mamma e papà non piangete, non vedete che vado in un posto meraviglioso? State tranquilli, lì starò bene perché io lo vedo e sono contento e dovete esserlo anche voi". Dopo un po' di ore Thomas "volò" in un'altra dimensione.

Erika

Erika, 14 anni, entrata in coma dopo una malattia. Tutte le volte che le applicavo le cure, avevo la sensazione netta che Erika mi potesse sentire, percepire. Allora io le mettevo la musica vicino, le parlavo all'orecchio e, quando c'era il contatto fisico con le mie mani, sentivo l'energia che scorreva tra di noi.

Un giorno Erika diede segni di movimenti degli occhi e delle mani. Tutti eravamo contenti. Giorno dopo giorno prendeva sempre più coscienza finché si risvegliò dal coma. Tra le sue parole che più mi sono rimaste impresse vi sono queste: "non volevo ritornare, era bellissimo lì dove stavo, ma poi ho deciso di ritornare".

Mentre lo diceva, ricordo che il suo viso era sereno e luminoso.

Mio padre….

Pasqua 2016 in Germania; pranzo pasquale con tutta la mia famiglia riunita, papà seduto accanto a me. Lui era una persona sportiva e fino ad allora era stato sempre bene, però in quell'occasione aveva un viso stanco e lo percepivo un po' giù energeticamente. Per carattere, è sempre stato una persona di poche parole ma, in quel momento preciso, traspare chiaramente il suo bisogno di comunicare. Io gli chiedo "Papà come stai?" Lui mi risponde: "Bene, e non ho paura di morire! Chiedo solo che arrivi all'improvviso ed istantaneamente, per non soffrire e per non diventare un peso per le persone". Io lo guardo e rispondo "Papà cosa dici non è ancora il momento di morire, per favore basta!" In quel momento non avevo capito fino in fondo che qualche cosa in lui stava cambiando, pur essendomi preoccupata per quello che mi aveva detto. Ero anche andata da mia madre per chiederle come vedeva mio padre, come stava in quel periodo. Lei mi riferì che era più calmo e riflessivo del solito e continuò sostenendo che stava solo invecchiando.

Ma mio padre non era così anziano, aveva 76 anni!

Un sabato mattina del mese successivo, ricevo una telefonata da mia sorella, ricordo ancora le sue parole "Papà ci ha lasciato".

Partii immediatamente per la Germania assieme a mio marito, come in trance ed inconsapevole del fatto che stavo per vivere i giorni più incredibili della mia vita.

Arrivammo verso sera, in casa mia mi sentivo accolta e serena e sentivo mio papà vicino, e proprio il giorno della cremazione, lui ci diede conferma che era lì con noi.

Alle 10 del giorno successivo, ci telefonò l'obitorio comunicandoci che iniziava la cremazione. Io ero con mio marito e mia madre a casa, dove era mancato mio papà.

Mamma iniziò a pregare in sardo (sembrava un mantra). Poi, senza preavviso, iniziò a cantare una canzone sarda, la stessa canzone che un mese prima della morte di papà, mi era stata inviata via e-mail da un mio zio sardo e che tanto piaceva a tutti noi. A quel punto mia mamma mi chiede di alzarmi e ballare con lei su questa canzone perché, mi racconta, era stata la loro canzone d'amore. Mentre ballavamo e cantavamo, mi disse che sentiva mio papà accanto a lei e rivolgendosi a lui in prima persona, gli chiese di mandarle un segno appena fosse arrivato "alla Luce" (sono le sue parole testuali).

Sentivo una grande energia mentre ballavamo, sempre più intensa.

La canzone finì esattamente con la fine della cremazione e in quel momento accadde ciò che tutti noi avevamo chiesto. In sala entrò un raggio di sole pazzesco (era stata una giornata buia con pioggia, grandine e persino neve) un quadro appeso al muro della sala si sollevò staccandosi dal gancio e cadde violentemente per terra. Io non avevo più nessun dubbio, il mio papà era arrivato "alla Luce".

Il gancio del quadro era ancora fissato al muro, il quadro ancora per terra, noi tutti emozionati ed increduli di aver vissuto quei momenti.

Mio marito che è una persona estremamente razionale, si mosse per primo andando a controllare più volte il quadro e il gancio, poi ci abbracciammo tutti assieme.

Non c'è niente altro da fare per noi che metterci all'ascolto.

Buona vita, Sylvia.

Riassumendo

- *Il principio di indeterminazione di Heisenberg, afferma che l'osservatore (coscienza), è in grado di alterare/modificare quanto osservato (realtà)*
- *Il teorema di Bell afferma che fra due particelle che hanno interagito almeno una volta, si instaura una connessione permanente che va al di là del tempo e dello spazio*
- *Il teorema di Bell potrebbe essere alla base della spiegazione su come sia possibile ricordare le nostre vite passate*
- *Robert Lanza afferma che per il nostro universo è fondamentale la presenza e l'interazione della nostra coscienza; essa è parte integrante del tutto*
- *Dalle evidenze sperimentali e dai dati dei pazienti che hanno vissuto esperienze di pre-morte, sembrerebbe che la coscienza, possa esistere indipendente dal cervello*

Qualunque cosa ti accada, nel corpo o nella mente o nel cuore, oppure nella consapevolezza, provocherà un cambiamento nell'intero organismo: ne sarai influenzato nel tuo complesso. Le membra di un'unità organica non sono solo parti assemblate, c'è qualcosa in più.

(Osho, *Discorsi, 1953/90*)

Capitolo 3

"Tutti, tutti ritorniamo; è questa certezza che dà senso alla vita e non importa affatto se in una incarnazione successiva riusciremo o no a ricordare la vita precedente.

Ciò che conta non è l'individuo e la sua consolazione, ma la grande aspirazione alla perfezione ed alla purezza che continua a vivere in ogni incarnazione…"

(Gustav Mahler)

Gli studiosi della reincarnazione

In questo capitolo vi voglio presentare tre psichiatri ed uno psicologo che con il loro lavoro, la loro ricerca ed i loro libri, hanno fatto conoscere al grande pubblico argomenti quali l'ipnosi regressiva, lo stato di pre-morte, le esperienze di morte condivisa, il ricordo delle vite precedenti nei bambini, le regressioni alle vite precedenti e alle vite future, la vita tra le vite. Si tratta di tre medici ed uno psicoterapeuta statunitensi, con dei trascorsi importanti nel mondo scientifico ed accademico. Questi studiosi hanno scoperto tanto di ciò che oggi conosciamo su questi temi; possono essere considerati, senza dubbio, i padri moderni della reincarnazione e della vita oltre la vita.

È possibile verificare i loro curricula e rendersi conto che si tratta di studiosi veri, di medici e psicologi che hanno voluto, anche rischiando la loro carriera, venire allo scoperto e raccontare i fatti per come stanno, attraverso la loro esperienza personale e le esperienze dei loro pazienti. Credo che il lavoro da fare in questo campo sia ancora tanto e che si debba portarlo avanti con mente aperta e disponibile a vedere oltre i confini del visibile. Quell'invisibile che, seppure nascosto, esiste e che ci permette di metterci in contatto con le nostre esperienze passate.

Conoscere le nostre vite precedenti ci permette di comprendere meglio la nostra vita attuale e magari risolvere le esperienze difficili dentro le quali ci troviamo a vivere e che hanno un forte legame con il passato.

Se vi ricordate il Teorema di Bell, è facile capire come il nostro passato può ancora influenzarci. I fatti del passato se compresi e lasciati andare, ci rendono liberi di vivere la nostra vita in maniera più serena e felice, consentendoci di andare incontro al nostro *progetto animico*.

Raymond Moody

Raymond A. Moody, Jr (Porterdale, 30 giugno 1944), è un medico, psicologo e psichiatra statunitense che per primo ha parlato di *ipnosi regressiva alle vite precedenti* negli anni Settanta nel suo best seller "*La vita oltre la vita*" pubblicato in Italia nel 1977.

Nel suo libro "*Una scia di infinite stelle*", il Dott. Moody racconta la storia della sua vita e di come sia arrivato ad occuparsi di pre-morte e di ipnosi regressiva.

Racconta di come il suo libro "*La vita oltre la vita*" sia diventato un best seller in tempi in cui tanta era la resistenza verso i temi della pre-morte e della reincarnazione.

Raymond Moody, fu uno dei primi a parlare di casi di pre-morte e di come le persone, in seguito ad uno stato di coma, di attacco cardiaco o di un incidente grave, riescano a fare delle esperienze particolari come quelle descritte di seguito.

Fluttuare sopra il proprio corpo[34]

In tanti casi di pre-morte i pazienti si trovano a fluttuare al di sopra dei loro corpi e a guardarli a distanza da un'angolazione diversa dal solito. Generalmente in seguito ad un arresto cardiaco, o ad un incidente grave, si verifica il distacco dell'Anima dal corpo fisico.

I pazienti dicono di vedere il loro corpo dall'alto, steso nel letto dell'ospedale e di poter vedere e "sentire" tutte le conversazioni dei medici e degli infermieri che tentano di rianimarli. Alcuni descrivono addirittura di essere usciti con la Coscienza dalle sale operatorie e di essersi recati nelle sale d'aspetto dove li attendevano i loro parenti e famigliari. Descrivono le conversazioni e le frasi esatte pronunciate dai loro familiari come se realmente fossero stati lì con il loro corpo.

Nel libro "*La luce oltre la vita*", il Dott. Moody, descrive il caso di una persona reduce da un terribile incidente in seguito al quale aveva perso due arti e di come il paziente provò pena per quel corpo mutilato che stava sul tavolo operatorio e che stava osservando dall'alto.

Queste persone raccontano di aver visto la scena svolgersi dall'alto o da un angolo in alto al soffitto. Sono coscienti delle conversazioni che avvengono fra medici ed infermieri e qualche volta cercano di interagire con loro attraverso il contatto fisico senza riuscire a stabilirlo. In questa nuova dimensione il tempo e lo spazio sono percepiti diversamente da come siamo abituati a sperimentarli nei nostri corpi fisici.

Tutto è alterato, dilatato, senza dimensione né tempo.

---

[34] Raymond A. Moody jr., *La luce oltre la vita. Cosa succede quando si muore*, Oscar Mondadori, Milano 2015

Comprensione e sensazione di pace[35]

Chi sta vivendo l'esperienza di pre-morte, di distacco della propria Coscienza dal corpo, in un primo momento avverte una sensazione di paura e di disorientamento che passa non appena giunge la comprensione che qualcosa di più grande sta succedendo loro.

Sopraggiunge quindi una sensazione di pace, non vi è più nessuna percezione di dolore, di sofferenza legata al corpo fisico che giace generalmente su un letto.

Si prova invece pace e sensazione di libertà dovuta al fluttuare e al sentirsi leggeri in un nuovo *corpo spirituale*.

Il Tunnel[36]

Chi vive lo stato di pre-morte, appena lascia il proprio corpo, sperimenta quello che viene chiamato passaggio attraverso il tunnel. Viene descritto l'avvicinamento ad un tunnel scuro e la sensazione di attraversarlo. Alla fine del tunnel viene generalmente percepita una luce intensa e meravigliosa.

Questo tipo di esperienza è rappresentata molto bene in un dipinto di Hieronymus Bosch chiamato "Ascesa all'Empireo (1500 – 1503, olio su tela) che raffigura delle anime che, accompagnate da angeli, vengono condotte verso un tunnel in fondo al quale si intravede una luce bellissima ad accoglierli.

Io credo che anche in passato moltissime persone abbiamo sperimentato casi di pre-morte, e che questi stati alterati di Coscienza siano sempre esistiti.

---

[35] Raymond A. Moody jr., *La luce oltre la vita. Cosa succede quando si muore*, Oscar Mondadori, Milano 2015
[36] Raymond A. Moody jr., *La luce oltre la vita. Cosa succede quando si muore*, Oscar Mondadori, Milano 2015

Oggi è molto più frequente vivere questo tipo di esperienze grazie agli strumenti di rianimazione che la medicina moderna utilizza per riportare in vita le persone.

Chi ritorna dal "viaggio" racconta quanto visto e percepito con dovizia di particolari.

La cosa interessante è che tutti descrivono esperienze simili, le caratteristiche sono quasi sempre le stesse.

Parenti, amici, esseri di luce[37]

Dopo il passaggio attraverso il tunnel buio, le persone raccontano di raggiungere una luce bellissima che si trova dall'altra parte. È una luce diversa da qualsiasi altra vista prima. In questa luce è possibile incontrare parenti o amici defunti, anche loro aventi corpi spirituali che accolgono chi sta effettuando l'esperienza e accompagnano la persona verso la nuova dimensione.

Parlerò diffusamente di questo in un successivo paragrafo sulla *vita fra le vite*. Ancora più importanti sono gli incontri fatti con l'*Essere di Luce* che accoglie la persona alla fine del tunnel. Questo Essere di Luce, può essere percepito come Dio, Buddha o Gesù a seconda dell'educazione ricevuta.

L'Essere di Luce è accogliente, emana Amore e tutti raccontano che è molto piacevole stare al suo cospetto. Lo stesso Essere di Luce, però, invita poi chi sta vivendo l'esperienza a tornare indietro e riprendere la vita attraverso il proprio corpo fisico.

Generalmente nessuno vuole tornare indietro, ma poi capiscono che il loro momento non è ancora arrivato. Vi è il rientro nel corpo fisico e la fine dell'esperienza. Si torna, poiché si pensa a chi rimane in vita, ai propri figli, alla propria famiglia. Chi ritorna però è sempre contento di averlo fatto e capisce che ha ancora la necessità di

---

[37] Raymond A. Moody jr., *La luce oltre la vita. Cosa succede quando si muore*, Oscar Mondadori, Milano 2015

imparare altre lezioni qui sulla Terra prima di poter intraprendere il viaggio verso quel mondo ultraterreno che ha visitato. Le comunicazioni fra i parenti, amici ed esseri di luce incontrati, avvengono generalmente attraverso la telepatia e non con le parole come siamo abituati a fare. Chi vive queste esperienze riporta di aver comunicato ad un altro livello e che tutto era chiaro nella loro mente.

Revisione della propria vita[38]

Al cospetto dell'Essere di Luce, la persona che sta vivendo l'esperienza di pre-morte, effettua la revisione completa della propria vita, di tutte le azioni buone o cattive compiute. Il film della propria vita, si presenta tutto davanti alla persona che rivede le scene e trae degli insegnamenti importanti. Chi vive quest'esperienza parla di un ampliamento dei propri valori e del concetto di amore, compassione e perdono. Si esce da queste esperienze di pre-morte completamente trasformati, si diventa più attenti al mondo spirituale e al senso di famiglia e amicizia, il mondo materiale invece viene ridimensionato. Si tratta di esperienze molto forti che cambiano positivamente la persona che le vive e il senso che viene dato da quel momento in avanti alla morte. La morte non viene più vista come la fine del tutto, ma un passaggio necessario ad evolvere e sperimentare il mondo ultraterreno.

La morte non fa più paura!

Si comprende, ad un livello profondo, che solo il necessario per l'anima è importante in questa vita e che solo le esperienze di amore, compassione e perdono, possono essere portate nel nostro *bagaglio a mano per altre vite.*

Nel nostro "trolley" non c'è spazio per altro, nella prossima vita ci portiamo solo lezioni utili per affrontare la nostra futura esistenza

---

[38] Raymond A. Moody jr., *La luce oltre la vita. Cosa succede quando si muore*, Oscar Mondadori, Milano 2015

terrena.

Se abbiamo invece concluso il ciclo delle nostre incarnazioni, possiamo ritornare nel luogo dal quale tutti noi arriviamo: *lo spazio delle anime*.

Esperienze di morte condivisa[39]

Ancora più inspiegabili sono i casi di morte condivisa in cui le persone che assistono alla morte di un familiare, vedono delle luci nella stanza, della nebbiolina che si alza dal petto del morente e che si disperde nel nulla, assistono alla revisione della vita di chi sta morendo vedendo scene di vita e fatti della persona della quale i presenti, non erano assolutamente a conoscenza.

Durante le esperienze di morte condivisa, tutti i partecipanti alla morte di una persona cara, vedono e sentono le stesse cose. Vengono anche a conoscenza di fatti che il proprio famigliare non aveva mai raccontato loro, vedono scene della gioventù o dell'infanzia del proprio padre, della propria madre o di un fratello o sorella proprio durante il trapasso o nei momenti precedenti il distacco della Coscienza dal corpo. Tutti i famigliari partecipano al passaggio e raccontano gli stessi fatti.

Durante le esperienze di morte condivisa può avvenire anche quella che il Dott. Moody chiama co-revisione della vita. La vita del morente viene condivisa con chi assiste alla morte e questo rappresenta un fatto straordinario.

A differenza delle esperienze di pre-morte dove la revisione della vita viene vissuta dalla singola persona che sta vivendo l'esperienza, in questo caso la revisione è condivisa con tutti i famigliari o i partecipanti al trapasso.

Si tratta di qualcosa di difficilmente spiegabile e che merita

---

[39] Raymond A. Moody jr con Paul Perry, *Schegge di eternità*, BEST TEA, Milano 2016

studio e ricerca.

Tanti medici ed infermieri sono stati testimoni di casi di morte condivisa raccontando i fatti per ciò che sono stati realmente.

Un mare di domande

Le ricerche nel campo delle esperienze di pre-morte e di morte condivisa sono ancora agli inizi, oggi si parla sempre di più di questo fenomeno e si cerca di dargli una spiegazione scientifica e medica. Si parla di allucinazione, di mancanza di ossigeno e di reazioni biochimiche del cervello o di ipotetiche alterazioni fisiologiche e biochimiche.

Queste possibili ipotesi, però, ad oggi non spiegano come nello stato di pre-morte la Coscienza abbandoni il corpo e possa, ad esempio, spostarsi dalla camera di un ospedale alla sala d'aspetto dove attendono i famigliari e, addirittura, ricordare conversazioni avvenute fra i famigliari mentre la persona era in totale stato di incoscienza e a diverse decine di metri di distanza.

Nel suo libro *"La luce oltre la vita"* - *Cosa succede quando si muore*, lo psichiatra Raymond A. Moody jr, analizza tutte le possibili spiegazioni date dalla medicina e conclude che *non esiste attualmente una spiegazione scientifica/medica valida delle esperienze di pre-morte o morte condivisa.*

Si tratta di esperienze reali, vissute da un numero elevatissimo di persone in tutto il mondo e che non possono essere ignorate. È necessario dunque continuare a raccogliere dati, a studiare con mente aperta questi fenomeni che danno un nuovo senso alla nostra esistenza e ci permettono di *"ampliare gli orizzonti"* e guardare anche dentro quel mondo invisibile che ci circonda e che fa lo stesso parte del nostro Universo.

Brian Weiss

Brian Weiss può essere considerato oggi uno dei più importanti medici che si occupano e che studiano il fenomeno della regressione alle vite precedenti.

Nato a New York il 6 novembre del 1944, si laurea presso la *Yale University School of Medicine* nel 1970. Ha diretto per anni il dipartimento di psichiatria al *Mount Sinai Medical Center* di Miami.

La prima fase della vita professionale del Dott. Weiss, lo ha visto occuparsi di psichiatria a livello clinico, ha scritto decine di articoli scientifici nel campo della psicofarmacologia e della biopsichiatria.

Dopo l'Università, entrò a far parte del corpo docente dell'Università di Pittsburgh e divenne poi direttore della divisione di psicofarmacologia dell'Università di Miami. Dopo 4 anni di lavoro all'Università, divenne professore associato di psichiatria e nominato successivamente primario di psichiatria presso un ospedale di Miami.

Da questo breve excursus, possiamo comprendere di avere a che fare con un medico, uno scienziato che, attraverso lo studio accademico, ha costruito la sua carriera di professore e di psichiatra, contribuendo, attraverso i sui articoli scientifici, agli studi nel campo del funzionamento della mente.

L'avventura di Brian Weiss nel campo dell'ipnosi regressiva alle vite precedenti, inizia nel 1980 in seguito all'incontro con la sua paziente Catherine. Come racconta nel suo primo libro "*Molte vite, molti Maestri*", la sua paziente si era rivolta a lui per liberarsi da attacchi d'ansia, fobia e panico. Catherine aveva sperimentato questi sintomi sin dalla sua giovane età e le sue condizioni andavano progressivamente peggiorando. Il dott. Weiss utilizzò per 18 mesi i metodi convenzionali della terapia medica senza arrivare a nessun risultato tangibile. Tentò infine con l'ipnosi e, durante una sessione, Catherine rievocò dei ricordi di vite passate che si dimostrarono la causa dei sui sintomi[40]. Grazie alle sedute di ipnosi regressiva, in pochi mesi, i suoi sintomi scomparvero per sempre e si riappropriò della sua vita. Al tempo, il Dott. Weiss, rimase completamente stupito per quanto accaduto durante la seduta di ipnosi, tanto più che i suoi studi scientifici non l'avevano preparato a quanto sperimentato durante quelle sedute.

Non vi era una spiegazione scientifica a tutto questo. Brian Weiss afferma che, sotto ipnosi, Catherine era riuscita a rievocare ricordi di altre vite immagazzinati nel suo inconscio o, molto probabilmente, aveva attinto i ricordi da quello che Carl Gustav Jung definì "inconscio collettivo", quel campo di energia che ci circonda e che contiene tutti i ricordi del genere umano.

Rupert Sheldrake definisce questo campo "morfogenetico", ossia un campo di informazione contenente tutte le "istruzioni" utilizzabili dalla stessa specie (uomini, animali, natura).

Brian Weiss ci mise quattro anni per documentare il lavoro fatto con la sua paziente e soprattutto per avere il coraggio di venire alla luce mettendo in gioco la sua professione di medico e psichiatra.

Durante quella prima seduta, il Dott. Weiss, riportò Catherine, sotto ipnosi, alla sua infanzia, a quando aveva qualche anno e poi, con istruzioni precise, le chiese di *regredire all'età da cui derivavano i suoi sintomi*[41]. Catherine soffriva da sempre della paura di soffocare, e si rifiutava di assumere qualsiasi tipo di farmaco.

Durante la prima seduta, Catherine disse al dott. Weiss di chiamarsi "Aronda" di avere diciotto anni, di essere vestita con un abito di stoffa grezza, e di trovarsi presso un mercato, in quel momento. "Aronda" affermò di vivere nell'anno 1863 avanti Cristo! Descrisse di trovarsi in Medio Oriente e di avere un corpo diverso da quello attuale. Catherine ripercorse vari momenti di quella vita fino ai suoi ultimi istanti. Descrisse di essere annegata durante un'inondazione mentre la sua bambina le veniva strappata dalle braccia dalla forza

---

[40] Brian Weiss, *Molte vite, molti Maestri*, Oscar Mondadori, Milano 2016 (ristampa)
[41] Brian Weiss, *Molte vite, molti Maestri*, Oscar Mondadori, Milano 2016 (ristampa)

dell'acqua. Nel corso della stessa seduta ricordò altre due vite passate.

A quel tempo Brian Weiss era scettico riguardo ai temi di vita dopo la morte, di reincarnazione e di esperienze fuori dal corpo. Al tempo delle sedute, Catherine non aveva nessuna informazione sulle vite passate e sul concetto di reincarnazione delle anime.

Una caratteristica fondamentale delle regressioni di Catherine fu la sua capacità di canalizzare e riportare informazioni specifiche provenienti da fonti superiori di conoscenza i cosiddetti "Maestri", anime molto evolute prive di forma fisica come la intendiamo noi sulla terra[42].

Attraverso queste guide le vennero suggeriti dei messaggi estremamente importanti per il Dott. Weiss, il quale rimase completamente spiazzato da quanto stava accadendo.

Catherine era in grado di ricordare dettagli rivissuti durante le sessioni, ma non era in grado di ricordare i messaggi provenienti dai Maestri. Questi messaggi, infatti, venivano veicolati attraverso di lei, non essendo però ricordi presenti nella sua memoria.

Dopo le sessioni con il Dott. Weiss, Catherine supero completamente tutti i suoi problemi compresa la paura della morte.

Il Dott. Weiss tiene da moltissimi anni convegni in tutto il mondo e una volta all'anno viene in Italia per presentare un seminario esperienziale della durata di tre giorni al quale partecipano centinaia di persone.

Ad oggi ha fatto regredire oltre 4000 pazienti, raccogliendo dati clinici importanti su cosa vedono e vivono sotto ipnosi i suoi pazienti.

Alcuni si ritrovarono a rivivere una vita in Egitto, altri in mezzo ad una battaglia in pieno medioevo, altri ancora negli anni Trenta a Londra o Parigi. I pazienti sperimentano le altre vite vivendole

---

[42] Brian Weiss, *Messaggi dai Maestri*, Oscar Mondadori, Milano 2010 (ristampa)

alcune volte direttamente in prima persona, altre volte vedendo sé stessi in terza persona.

È molto frequente che le persone incontrino i propri famigliari, magari nostro padre nella vita attuale era, nel passato, nostro fratello o nostro figlio.

Questo in un certo senso ci dà fiducia sul fatto che in una vita successiva sia probabile rincontrare nuovamente le persone a noi più care.

Questa informazione che deriva dalla sperimentazione pratica, ci rincuora e pone la morte sotto un'altra prospettiva, ossia come un passaggio verso una nuova vita, verso un nuovo ciclo di esperienze.

Il fenomeno della xenoglossia: parlare lingue sconosciute[43]

Xenoglossia è il termine con cui si indica la capacità di parlare o scrivere una lingua sconosciuta al soggetto che la parla. Nel suo libro *"Messaggi dai maestri"*, Brian Weiss riporta il caso di due gemelli di due anni di New York, il cui padre era un importante medico. Un giorno, lui e sua moglie, si sorpresero nel sentire i due gemelli parlare tra loro una lingua strana, un linguaggio ben più articolato rispetto a quello che utilizzano i bambini in tenera età. I gemelli sembravano parlare una lingua articolata e completa. I loro genitori non avevano mai sentito prima di allora quella strana lingua. Per indagare sulla cosa, portarono i due gemelli presso il dipartimento di linguistica della Columbia University dove un professore di lingue antiche, indentificò quello strano linguaggio, come aramaico. L'aramaico è considerata una lingua ormai scomparsa che si parla ancora in una zona della Siria; era la lingua che si parlava in Palestina ai tempi di Gesù. I bambini non avevano mai sentito

---

[43] Brian Weiss, *Messaggi dai Maestri*, Oscar Mondadori, Milano 2010 (ristampa)

parlare prima di allora quella lingua, né dai genitori, né a New York nessuno parlava in aramaico. I bambini stavano quindi ricordando la lingua con la quale, presumibilmente, si esprimevano in un'altra vita, in una loro precedente esistenza.

Sono stati documentati diversi casi di xenoglossia soprattutto durante le sessioni di ipnosi regressiva alle vite precedenti. Ho personalmente visto un video di una sessione di ipnosi regressiva, nella quale una signora, rivivendo una sua vita precedente, parlava il tedesco ed il francese, lingue, nella sua vita, a lei sconosciute.

Questo tipo di fenomeno è difficilmente spiegabile se non attraverso la reincarnazione e quindi attraverso quelle informazioni che l'Anima registra durante le vite precedentemente vissute.

Ian Stevenson

Ian Stevonson è forse lo psichiatra che, più di tutti, ha trattato la reincarnazione dal punto di vista scientifico e clinico, attraverso lo studio di circa trecento casi in tutto il mondo, concentrandosi soprattutto sui bambini che affermavano di ricordare vite passate.

Il dott. Ian Stevenson (Montréal, 31 ottobre 1918 – Charlottesville, 8 febbraio 2007) è stato psichiatra e direttore della divisone studi della personalità all'University of Virginia. È considerato uno dei più noti studiosi della reincarnazione e soprattutto il più grande studioso dell'ipotesi che le emozioni, le memorie, le ferite del corpo, possano essere trasferite da una vita all'altra sotto forma di segni presenti dalla nascita.

Stevenson affermava che alcune fobie, inusuali capacità e malattie, non potevano essere spiegate solo attraverso l'ereditarietà o l'ambiente, ma suggerì l'esistenza di un terzo tipo di transfert[44]. Stevenson ha scritto oltre trecento articoli e 14 libri sulla

---

[44] https://it.wikipedia.org/wiki/Ian_Stevenson

reincarnazione. Ha lavorato presso la University of Virginia School of Medicine per cinquant'anni e uno dei suoi più importanti lavori riguarda l'analisi clinica, effettuata da psichiatra e secondo un protocollo analitico, di undici casi in cui i segni alla nascita sui bambini corrisponderebbero ad altrettante ferite mortali avvenute nella vita precedente che i bambini affermavano di ricordare[45].

Le vite precedenti dei bambini

In alcuni casi, Ian Stevenson, rilevò anche una corrispondenza fra una malattia del soggetto ed un disturbo simile di cui soffriva il corpo abitato dal bambino nella precedente vita[46]. Non avendo la possibilità di verificare direttamente i corpi della precedente persona, che i bambini dicevano di aver incarnato, Stevenson si basò principalmente sui ricordi dei parenti ed amici viventi delle personalità defunte di cui i bambini parlavano. Da psichiatra e scienziato, recuperò per circa trenta casi, i documenti relativi all'autopsia o i certificati medici relativi alle ferite presenti sul corpo della defunta persona. Chi compilò tali documenti, lo fece senza sapere nulla sui segni che sarebbero poi comparsi sul corpo del bambino reincarnato che all'epoca non era ovviamente ancora nato.

Tali certificati medici andarono a confermare le testimonianze fornite dai parenti del defunto[47].

Stevenson ritiene infatti che tali segni e difetti di nascita, collegati al precedente corpo abitato dai bambini, costituiscano una delle più evidenti prove a sostegno della reincarnazione.

Si potrebbero così spiegare una serie di patologie che sembrano

---

[45] https://it.wikipedia.org/wiki/Ian_Stevenson
[46] Ian Stevenson, *Bambini che ricordano altre vite. Una conferma della reincarnazione*, Edizioni Mediterranee, Roma 1991
[47] Ian Stevenson *Bambini che ricordano altre vite. Una conferma della reincarnazione*, Edizioni Mediterranee, Roma 1991

non avere origine nella nostra famiglia (carattere ereditario), ma che appartengono a precedenti corpi vissuti.

Come discusso in varie parti di questo libro, una possibile spiegazione è da ricercarsi nella trasmissione delle informazioni che può avvenire da corpo a corpo, di vita in vita e che potrebbe basarsi sulle straordinarie implicazioni del teorema di Bell (vedere paragrafo descritto precedentemente).

Gli studi di Stevenson lo hanno portato ad affermare che un bambino incomincia a ricordare e parlare delle sue vite precedenti in un'età compresa fra i due e i cinque anni.

Per la precisione, su 235 casi studiati in India, l'età media si aggirava intorno ai trentotto mesi[48].

Molte volte, però, il bambino non parla dei suoi ricordi legati alle vite precedenti per paura di essere deriso dai genitori e dai compagni.

A volte il bambino che ricorda altre vite, si comporta come se fosse stato strappato senza preavviso dal corpo di un adulto e trapiantato nel corpo di un bambino.

Stevenson descrive il caso di un bambino che intorno ai due anni pronunciò le parole" *Cosa sto facendo qui? Ero nel porto*"[49]. Il bambino descrisse poi la sua precedente vita da scaricatore di porto, il quale, dopo essersi addormentato nella stiva di una nave che stava per essere caricata, venne schiacciato da un pesante bidone di olio che il manovratore fece inavvertitamente cadere.

È come se lo scaricatore di porto abbia poi ripreso conoscenza nel corpo del bambino di due anni.

I bambini però smettono di parlare della loro vita precedente in un'età che va dai cinque agli otto anni.

Stevenson ha scoperto che i ricordi di una vita precedente si manifestano principalmente attraverso immagini visive. Non appena il

---

[48] Ian Stevenson, *Bambini che ricordano altre vite. Una conferma della reincarnazione*, Edizioni Mediterranee, Roma 1991
[49] Ian Stevenson, *Bambini che ricordano altre vite. Una conferma della reincarnazione*, Edizioni Mediterranee, Roma 1991

bambino è poi in grado di parlare inizia a descrivere a parole le immagini che vede ai propri familiari. Lo stesso sviluppo del linguaggio, però, creerebbe una sovrapposizione di parole alle precedenti immagini visive rendendole sempre meno accessibili. Man mano che si entra nell'adolescenza, la maggior parte delle persone perde la capacità di avere un'immaginazione visiva[50].

Non avendo la cultura della reincarnazione, se sentissimo nostro figlio descrivere scene inusuali o parlare di altre vite o del mestiere che faceva in un'altra vita, saremo subito portati a credere che stia "giocando" o che stia descrivendo le cose ad un amico immaginario.

Si dovrebbe invece dare più spazio a questi ricordi almeno ponendosi come ascoltatori e non declinando tutto come se fosse un gioco bizzarro o solo frutto della fantasia.

I principali contenuti su cui si basano i ricordi di un bambino, fanno generalmente riferimento all'ultimo anno di vita o all'ultimo mese o giorno della sua vita precedente.

Il bambino è poi in grado di ricordare un considerevole numero di persone e oggetti della sua vita precedente, quanto più sono stati a stretto contatto nella sua precedente incarnazione. I bambini intervistati da Stevenson erano infatti capaci di ricordare i nomi delle loro precedenti personalità, i nomi dei lori precedenti familiari o amici e ancora più significativi erano i ricordi relativi ai loro nemici o assassini.

Alcuni bambini manifestavano inoltre attitudini insolite non presenti nella loro famiglia di origine o nel loro gruppo parentale. Stevenson riporta il caso di un bambino che sin dalla giovane età aveva l'interesse per i motori e che sapeva esattamente come ripararli senza che nessuno gliel'avesse mai insegnato prima. Ci sono casi di bambini che ricordano il lasso di tempo che va dalla loro morte alla loro nuova personalità. Vengono riportati dei casi in cui i bambini ricordano di essere stati uccisi dai loro assassini e di aver ben

---

[50] Ian Stevenson, *Bambini che ricordano altre vite. Una conferma della reincarnazione*, Edizioni Mediterranee, Roma 1991

in mente il ricordo del loro corpo trasportato in un determinato luogo e di essere rimasti, nella loro forma disincarnata (Coscienza – Anima), ad aspettare vicino al luogo del loro omicidio.

Ci sono anche dei casi in cui i bambini affermano di aver provocato fenomeni di *poltergeist*[51], mentre erano nel loro stato disincarnato (assi delle altalene che si rompono, pietre scagliate contro qualcuno, ecc.)[52].

I bambini mettono anche in evidenza una serie di tratti come ad esempio paure, fobie, piaceri, interessi inconsueti, ecc, che sono assolutamente insoliti e non presenti nella loro attuale famiglia ma che appartengono alla loro precedente personalità.

Stevenson afferma di aver studiato 252 casi di bambini morti di morte violenta, e ben 127 bambini hanno riportato fobie simili nella loro vita attuale. Se ad esempio il bambino in una vita precedente era morto in seguito ad annegamento, in questa vita potrebbe sviluppare una fobia per l'acqua.

Stevenson nel suo libro *Bambini che ricordano altre vite* riporta il curioso caso di un bambino che aveva la fobia per i barbieri e che si scoprì essere stato ucciso nella sua procedente vita proprio da un barbiere.

Viene poi riportato il caso di una bambina che subito dopo la nascita manifestava un'enorme paura di essere immersa nell'acqua. Urlava ogni qualvolta la mamma cercava di lavarla. Si scoprì poi in seguito al suo racconto, che la bambina era morta affogata nella sua vita precedente.

Ci sono poi bambini che sin dalla tenera età, raccontano di essere vissuti in una vita precedente nel corpo di persone di sesso opposto. Bambini che sin dalla giovane età si vestono parlano e giocano

---

[51] Esso si manifesterebbe sostanzialmente con il presunto movimento improvviso di oggetti: quadri che cadono, mobili che si spostano, elettrodomestici che si accendono e si spengono, pietre e sassi che volano con traiettorie insolite. https://it.wikipedia.org/wiki/Poltergeist

[52] Ian Stevenson, *Bambini che ricordano altre vite. Una conferma della reincarnazione*, Edizioni Mediterranee, Roma 1991

come se appartenessero all'altro sesso. Si manifestano quindi delle identità sessuali confuse che alcune volte permangono anche in età adulta.

Dalle ricerche fatte da questo psichiatra, è emerso anche che, generalmente, la reincarnazione avviene dopo circa tre anni ma ci sono delle eccezioni dove la nuova personalità, si è rincarnata dopo appena 6 mesi dalla morte della precedente.

Vi consiglio caldamente, se interessati al tema della reincarnazione nei bambini, di leggere il libro sopra citato poiché contiene un'analisi approfondita di casi di reincarnazione. Stevenson studiò il fenomeno dal punto di vista dello scienziato, ricordiamo infatti che era un medico e più precisamente uno psichiatra, un professore universitario. Utilizzò una metodologia di analisi scientifica, che lo portò a dedicare gran parte della sua vita allo studio del fenomeno della reincarnazione.

È anche grazie a questo medico che oggi conosciamo il fenomeno della reincarnazione nei bambini e tale conoscenza può darci una chiave di lettura in più per capire i nostri figli e alcuni loro comportamenti *"non consueti"*.

Il caso più riconosciuto e studiato di reincarnazione: Shanti Devi[53]

Uno dei casi più studiati e meglio documentati a sostegno della reincarnazione, è quello di Shanti Devi, analizzato dal giornalista svedese Sture Lonnerstrad nel suo libro *Il Ritorno di Shanti Devi*.

Shanti Devi nacque nel 1926, in un villaggio vicino a Delhi. Non parlò fino all'età di 4 anni e quando lo fece, raccontò di avere avuto un marito e dei figli. Shanti raccontava di una vita vissuta da un'altra persona.

Nei suoi racconti parlava di suo marito che si trovava a Mathura, città indiana distante circa 140 chilometri da Delhi. Suo marito era proprietario di un negozio di vestiario, ed avevano dei figli. Shanti parlava di sé stessa utilizzando il nome Chaubine. Durante i discorsi, parlava della sua morte avvenuta mentre stava partorendo il terzo figlio.

In un primo momento i suoi genitori non diedero tanto peso a quanto la bambina raccontava, attribuendo questi suoi racconti a storie che i bambini raccontano per gioco. Mentre Shanti mangiava con la sua famiglia era solita parlare del cibo che mangiava nella sua vecchia famiglia, parlava di "dolci differenti". Insisteva che i genitori la portassero a Mathura in modo da poter incontrare nuovamente la sua vecchia famiglia. Incuriosito dalla storia, un suo insegnate delle superiori, decise di mandare una lettera al presunto marito di Shanti nella sua vita precedente: Pandit Kedarnath Chaube. L'analisi dei dati portò ad asserire che tutto quello che la bambina andava dicendo corrispondeva a realtà.

Shanti incontrò poi il cugino del marito che riconobbe senza esitazione e rivelò dettagli estremamente precisi della casa dove aveva vissuto a Mathura, rivelando addirittura il luogo esatto dove lei

---

[53] Un video interessante potete trovarlo a questo indirizzo:
https://www.youtube.com/watch?v=41fSd0-8yY4

stessa aveva sotterrato dei soldi.

Le fecero quindi visitare Mathura e lei non ebbe nessuna esitazione ad individuare e riconoscere subito la sua vecchia casa.

Per depistare Shanti Devi, e cercare di capire se la bambina stesse veramente ricordando i fatti del passato, Knajimal, il cugino del marito, le presentò Kedarnath, suo marito nella vita precedente, come suo fratello, ma lei affermò con sicurezza, lasciando tutti attoniti, che quello non era affatto il fratello più anziano di Knajimal, ma che era suo marito.

Durante l'incontro, Kedarnath chiese a Shanti Devi una prova che potesse testimoniare il loro vecchio legame nella vita precedente e Shanti gli rispose *"Si, c'è un pozzo nel cortile dietro casa, dove di solito mi bagnavo"*.

Shanti incontrò poi Navneet, il figlio che aveva avuto nella vita precedente. La bambina si mise a piangere dall'emozione e chiese a sua madre di donargli tutti i suoi giocattoli. Shanti disse di avere riconosciuto suo figlio perché era parte della sua anima e che *l'anima facilmente riconosce sé stessa.*

Nei viaggi successivi fatti a Mathura, Shanti Devi riconobbe, senza esitazione, persone e luoghi dove non era mai stata prima, ma che appartenevano alla sua precedente incarnazione. Il caso di Shanti Devi, è considerato il caso di reincarnazione più studiato, indagato e documentato della storia moderna della reincarnazione. Perfino Mahatma Gandhi e altri membri del parlamento Indiano, si interessarono al caso andando a costituire nel 1935, un'apposita commissione di studio. Shanti Devi è morta il 27 dicembre del 1987. Oltre a raccontare con dovizia di particolari le sue esperienze della vita precedente, Shanti, descrisse anche il periodo di transizione tra una vita e l'altra. Proprio di questo aspetto, si parlerà nel prossimo paragrafo.

Le regressioni alla vita fra le vite[54]

Se la morte fosse la fine di tutto ciò che siamo, allora la vita stessa sarebbe senza significato. Tuttavia, un'energia dentro di noi rende gli umani capaci di concepire un oltre e di percepire una connessione con una forza più elevata ed anche un'anima eterna.

Michael Newton

Oltre alle esperienze sopra descritte di *vita oltre la vita*, esiste un'altra categoria di esperienze che possono essere rivissute sotto ipnosi regressiva: le esperienze di *vita fra le vite*.

Si tratta di quelle esperienze che vengono vissute non in una vita passata ma in quello *spazio spirituale* che precede temporalmente una futura reincarnazione.

Ma andiamo per gradi e vediamo di chiarire e spiegare meglio cosa siano tali esperienze.

Il massimo esperto di vita tra le vite è stato il Dott. Michael Newton ((9 Dicembre 1931 – 22 Settembre 2016), psicologo e consulente, esperto di ipnoterapia, ha dedicato più di quarant'anni allo studio e all'insegnamento delle tecniche di regressione alla vita fra le vite.

Ha fondato la *Society for Spiritual Regression*, una società nata al fine di istruire i futuri terapisti nell'utilizzo delle sue tecniche di regressione alla vita tra le vite.

Ha partecipato a diversi programmi televisivi fra i quali Discovery Channel.

Il Dott. Newton, nel suo libro *Ipnosi Regressiva*, spiega come, a prescindere dai preconcetti ideologici della mente conscia (credenti,

---

[54] Dove non presenti altre note, per questo paragrafo si è fatto costante rifermento alle informazioni contenute nel libro del Dott. Michael Newton, *Ipnosi regressiva. La guida innovativa alla vita tra le vite*, Edizioni Mediterranee, Roma 2011.

atei, ecc.), attraverso l'ipnosi profonda, ci si può ritrovare in uno stato di trance superconscia sperimentando gli stessi *ricordi animici* della vita fra le vite.

Per dirla con le parole dello stesso Dott. Newton: *tutto ciò che noi abbiamo bisogno di sapere si trova già nella nostra mente.*

Una delle prime difficoltà che possono incontrarsi durante la regressione alla vita tra le vite e alla regressione alle vite passate, è la simultanea interazione fra l'anima immortale e i processi mentali del cervello umano.

Questi due protagonisti rappresentano due "ego" che possono trovarsi in conflitto a causa di un'interazione interrotta[55].

La complessità di tale interazione, deriva dal fatto che mentre la persona sotto ipnosi parla della sua "vita spirituale", lo fa attraverso il suo attuale corpo e questo potrebbe creare confusione.

Quando si lavora con la *vita tra le vite*, è necessario effettuare una transizione dalla *mente subconscia* alla *mente superconscia* raggiungendo in questo modo i ricordi immortali dell'anima.

Ma cerchiamo di spiegare meglio questo concetto.

Immaginiamo che la nostra mente sia formata da tre cerchi concentrici (i tre cerchi hanno tutti lo stesso centro e sono contenuti uno dentro l'altro). Il cerchio più grande, quello più esterno, rappresenta la *mente conscia*, la parte di mente che utilizziamo nel quotidiano e che è preposta al ragionamento analitico e critico.

Il cerchio intermedio, ancora più piccolo, rappresenta la nostra *mente subconscia*. Al suo interno sono conservati tutti i ricordi fisici, compresi quelli relativi alle nostre *vite precedenti* e di cui abbiamo già parlato nei paragrafi precedenti.

Nel cerchio più piccolo e più centrale, ancora più in profondità, troviamo la nostra *mente superconscia* che ospita i *ricordi divini dell'anima*[56].

---

[55] Michael Newton, *Ipnosi regressiva. La guida innovativa alla vita tra le vite,* Edizioni Mediterranee, Roma 2011, p. 23.
[56] Michael Newton, *Ipnosi regressiva. La guida innovativa alla vita tra le vite*, Edizioni Mediterranee, Roma 2011, p. 44.

Grazie all'ipnosi, siamo in grado di passare attraverso i tre livelli descritti in modo da poter rivivere i nostri ricordi consci, immortali e divini.

Scrive Michel Newton "la *nostra eterna mente-anima, si è evoluta da una fonte energetica di pensiero concettuale superiore molto al di là di quanto possiamo immaginare. La mente superconscia, rivela il nostro carattere immortale e la sua lunga storia [...] acquisiamo una prospettiva delle nostre origini, di tutte le vite passate, della vita fra le vite e degli esseri che ci hanno aiutato a progredire. L'esperienza è sublime*"[57].

Le esperienze di vita tra le vite vengono vissute dopo aver regredito prima ad una vita precedente e avere poi sperimentato la morte in quella vita.

Dopo questa fase di morte e prima della prossima reincarnazione, si entra in quel regno chiamato "*vita tra le vite*". È importante prima rivivere una vita precedente, i cui racconti si trovano immagazzinati nella mente subconscia e successivamente si passa allo strato più interno di mente superconscia dove invece vengono immagazzinati i ricordi immortali spirituali, di pura anima nel *regno degli spiriti.*

Quando il soggetto si trova nel *mondo degli spiriti* e quindi nella parte più interna della sua mente, la mente superconscia appunto, si trova in uno stato per cui le interazioni con la sua mente conscia sono quasi completamente assenti, sono più presenti infatti durante la regressione alle vite passate.

È sicuramente più facile per un soggetto, vivere l'esperienza di una vita passata, anche in virtù del fatto che, comunque sia, si trova a dover rivivere un'esperienza all'interno di un corpo.

Più difficile può risultare, soprattutto nelle primissime fasi di ingresso nel mondo degli spiriti, rivivere esperienze senza un corpo.

Ricordiamo infatti che le esperienze di vita fra le vite, sono rivissute dal soggetto solamente attraverso il suo stato animico e

---

[57] Michael Newton, *Ipnosi regressiva. La guida innovativa alla vita tra le vite*, Edizioni Mediterranee, Roma 2011, pp. 44-45.

quindi privi del supporto "fisico".

Una volta raggiunto il mondo degli spiriti, dopo la morte ed il buio si entra in un'atmosfera luminosa ed il soggetto incontra quasi immediatamente delle *guide* ed *il proprio gruppo animico,* ossia le anime di familiari, parenti e amici, che di vita in vita si rincontrano sempre.

La loro guida, li porterà successivamente davanti a quello che il Dott. Newton definisce *"il Consiglio"*, un *gruppo di anime anziane* in grado di poter fare insieme al soggetto o meglio alla sua anima, la revisione della propria vita, prima della prossima reincarnazione.

In questo spazio delle anime, è facile rivedere ed interagire con anime già incontrate in altre vite e che magari fanno parte dell'attuale vita del soggetto.

Oltre alle anime di familiari, parenti, amici e conoscenti, è possibile ritrovare le proprie anime gemelle di questa vita o di altre vite. L'incontro con la/le propria/e anima/e gemella/e è generalmente molto intenso proprio in virtù del fatto che riconnette, ancora una volta, due anime che hanno avuto delle forti interazioni in altre vite.

Dopo il Consiglio e la revisione della propria vita, si passa alla fase finale che è quella di scelta del nuovo corpo e della nuova esperienza da fare sulla terra.

Come dice Michel Newton *"la scelta di ciascun corpo in ogni vita, è in realtà la somma psicologica di tutte le scelte di corpi precedenti, qui e su altri pianeti"*[58].

Cosa dire però di chi si ritrova in un corpo da disabile?

Il Dott. Newton afferma che le anime si offrono volentieri ad unirsi ad un corpo disabile, anche seguendo le indicazioni delle proprie guide.

Scrive il Dott. Michael Newton *"È difficile convincere una persona che ha da poco subito un danno fisico a considerare la propria disabilità come un'opportunità di avanzamento più rapida rispetto*

---

[58] Michael Newton Michael Newton, *Ipnosi regressiva. La guida innovativa alla vita tra le vite*, Edizioni Mediterranee, Roma 2011, p. 152.

a chi vive in un corpo e in una mente sani. Questa consapevolezza è il frutto di un percorso di scoperta individuale. Le storie dei miei pazienti hanno confermato la mia convinzione che gli sforzi necessari al superamento di un handicap fisico accelerano il processo di avanzamento dell'anima"[59].

Continua il Dott. Newton: *"La mente spirituale è tutt'altro che infallibile quando lavora in connessione con un cervello biologico. A prescindere dal nostro livello di crescita spirituale, essere umani significa commettere errori e trovarsi a dover correggere il tiro a metà strada. Ciò vale per qualunque corpo si scelga di occupare"*[60].

Si conoscono in anticipo le lezioni karmiche che dovranno essere affrontate ed i benefici che si potranno ottenere da una vita onerosa.

Ci sono disegni superiori che non possono essere compresi con la mente razionale e che servono, a livello animico, a sperimentare delle condizioni, anche difficilissime, che portano comunque ad un'evoluzione di quell'anima e delle anime ad essa vicine (pensate ad esempio ad un bambino disabile e ai suoi genitori).

Continua il Dott. Newton: *"Sebbene l'anima sappia in anticipo quale sarà il suo aspetto esteriore, un sondaggio nazionale condotto negli Stati Uniti rivela che il 90% delle persone di ambo i sessi non è soddisfatto delle caratteristiche del proprio corpo. Ciò per effetto dell'amnesia*[61] *che colpisce la nostra mente conscia. L'insoddisfazione è in realtà l'esito dei modelli e degli stereotipi imposti dalla società, ma anche questo rientra nel percorso di crescita dell'anima."*[62].

---

[59] Michael Newton, *Il viaggio delle anime. Uno studio sulla vita tra le vite,* Canali di Venezia, Roma 2016, p. 247.
[60] Michael Newton, *Il viaggio delle anime. Uno studio sulla vita tra le vite,* Canali di Venezia, Roma 2016, p. 246.
[61] *"L'oblio delle vite precedenti, infatti, fa sì che il passato non intralci il lavoro di ricerca e scoperta nel presente"* Michael Newton, Il viaggio delle anime. Uno studio sulla vita tra le vite, Canali di Venezia, Roma 2016, p. 236.
[62] Michael Newton, *Il viaggio delle anime. Uno studio sulla vita tra le vite*, Canali di Venezia,

Libero arbitrio

A proposito di libero arbitrio, sembrerebbe che per l'Anima vi sia un destino già predeterminato deciso a priori e che nulla possa essere cambiato. In realtà Il Dott. Newton chiarisce che: *"Le vite a venire non sono già programmate e il tempo lineare è ricreato ad arte per metterci alla prova. I coordinatori non ci mostrano tutte le possibili conseguenze di un evento, ci sono parti dell'esistenza che rimangono invisibili"*[63]. La nostra Anima arriva sulla Terra con un *progetto animico* ben determinato, scelto prima della nostra prossima incarnazione e con il supporto delle nostre guide. Il campo mentale, e quindi il nostro libero arbitrio, può farci divergere dal progetto dell'Anima (vettore Amore[64]). Non è solo il campo animico che agisce su di noi ma dobbiamo tener presente anche l'interazione che hanno tutti gli altri campi (famiglia, avi, vite precedenti, campo mentale, ecc).

Il Dott. Newton riporta il racconto di un suo paziente sotto ipnosi che asserisce: "[...] *le anime che si sono macchiate di gravi colpe tornano al punto di partenza per essere sottoposte a una specie di lobotomia frontale, un po' come merci difettose rispedite al mittente"*[65]. Scrive ancora: *"L'anima che al momento della sua creazione reca impressi su di sé il puro amore e la sapienza perfetta della fonte che l'ha generata, sperimenta un trauma violento quando si incarna in uno degli esseri fisici e imperfetti che abitano la Terra. Gli esseri umani sono animati da sentimenti primitivi di rabbia e odio, frutto della loro lotta per la sopravvivenza dall'Età della Pietra a oggi"*[66].

Roma 2016, p. 246.
[63] Michael Newton, *Il viaggio delle anime. Uno studio sulla vita tra le vite*, Canali di Venezia, Roma 2016, p. 234.
[64] Vedere la pausa caffè chiamata Vettore Amore.
[65] Michael Newton, *Il viaggio delle anime. Uno studio sulla vita tra le vite*, Canali di Venezia, Roma 2016, pp.175-176.
[66] Michael Newton, *Il viaggio delle anime. Uno studio sulla vita tra le vite*, Canali di Venezia,

E ancora: "*Ho avuto pazienti che dopo una vita traviata dal male, hanno vissuto periodi di isolamento nel mondo spirituale senza entrare in contatto con altre entità. Al termine del loro isolamento, tutte queste anime si riuniscono sotto la guida di entità superiori per trarre insegnamento dai rispettivi errori*"[67].

È come se, per chi si è macchiato di "colpe" gravissime, vi fosse una specie di periodo di isolamento e purificazione prima della prossima incarnazione.

La consapevolezza di essere "esseri immortali", però, ci dà una visione nuova, ci fa intravedere un disegno più grande non legato solo alla nostra parte puramente biologica e mentale. La morte allo stesso tempo ci spaventa di meno essendo assolutamente necessaria al fine di permettere il passaggio dell'anima in altre vite, in altre esistenze come descritto in questo paragrafo. Scrive il Dott. Newton: "[…] *la sorgente è eterna e le nostre anime non moriranno mai. All'aumentare della nostra conoscenza, aumenta anche la potenza della sorgente.* […] *Le anime aiutano il creatore a creare. La graduale elevazione e trasformazione delle anime dona linfa vitale al processo generativo*[68].

Roma 2016, p. 80.
[67] Michael Newton, *Il viaggio delle anime. Uno studio sulla vita tra le vite*, Canali di Venezia, Roma 2016, p. 58.
[68] Michael Newton, *Il viaggio delle anime. Uno studio sulla vita tra le vite*, Canali di Venezia, Roma 2016, p. 220.

Riassumendo

- *Reymond Moody, Brian Weiss, Ian Stevenson, psichiatri, si sono occupati, dal punto di vista medico e scientifico, di reincarnazione e di esperienze di pre-morte*
- *I pazienti descrivono le stesse esperienze vissute attraverso i tunnel, la luce e l'incontro con altre anime a loro note*
- *Il fenomeno della xenoglossia, risulta inspiegabile con le attuali teorie, ma trova un valido supporto nella reincarnazione*
- *Lo psichiatra Ian Stevenson ha dedicato gran parte della sua vita allo studio della reincarnazione nei bambini*
- *Il Dott. Michael Newton, psicologo e psicoterapeuta, si è occupato delle esperienze di vita fra le vite, memorizzate nella nostra mente superconscia*

*L'anima è come un dischetto magnetico
fatto di particelle.
Esso registra tutte le esperienze e tutte
le informazioni della nostra vita.
Quando il corpo muore, l'anima si scorpora
dalla materia.
Poi, nel momento del nuovo concepimento,
quando ovulo e spermatozoo si incontrano,
questo dischetto formatta l'ovulo fecondato
che porta quindi con sé
sia le informazioni genetiche
sia le memorie della sua anima".*

(Dalai Lama)

Capitolo 4

Io credo che tutte le reincarnazioni di una monade quantica siano connesse in modo non locale oltre il tempo e lo spazio, correlate in virtù di un'intenzione cosciente...Morendo, possiamo condividere una relazione non locale con la nostra nuova incarnazione nascitura, in modo che tutte le storie che ricordiamo divengono parte del suo bagaglio di storie, arricchendo i loro ricordi di infanzia. Questi ricordi in seguito possono venire richiamati con l'ipnosi.

Amit Goswami – fisico nucleare e teorico

Il cloud delle Anime

In questo capitolo vi presenterò una teoria che fornisce un interessante modello di funzionamento della mente, della coscienza e di come sia possibile ricordare altre vite attraverso la nostra mente ed il nostro cervello.

Per poter procedere nella trattazione, possiamo pensare al nostro cervello come ad un ricevitore di segnale, che raccoglie, finché il nostro corpo biologico è in vita, tutte le informazioni provenienti dal campo di energia informato che è il nostro universo. Il cervello, quindi, rappresenterebbe un mezzo fisico di ricezione. Esso è la sede della nostra mente, la quale contiene, ai fini della nostra discussione, tre parti fondamentali: *il conscio, l'inconscio e il superconscio*.

Per capire meglio la trattazione, ci occorre prima definire i componenti fondamentali di questo sistema.

Cervello: Il cervello è l'organo principale del sistema nervoso centrale, presente nei vertebrati e in tutti gli animali a simmetria bilaterale, compreso l'uomo. Si occupa, insieme al sistema endocrino, di parte della regolazione delle funzioni vitali ed è sede delle regolazioni omeostatiche e delle funzioni cerebrali superiori. Nell'uomo l'attività del cervello, studiata dalle neuroscienze, dà vita alla mente con le sue funzioni cognitive superiori e più in generale alla psiche con le sue funzioni psichiche, studiate nell'ambito della psichiatria[69].

Mente: Il termine mente è comunemente utilizzato per descrivere l'insieme delle funzioni superiori del cervello e, in particolare, quelle di cui si può avere soggettivamente coscienza in diverso grado, quali la sensazione, il pensiero, l'intuizione, la ragione, la memoria, la volontà. Molte di queste facoltà, rintracciabili a livello neurofisiologico nell'attività della corteccia cerebrale, danno forma nel complesso all'intelligenza[70].

Coscienza: Il termine coscienza indica quel momento della presenza alla mente della realtà oggettiva sulla quale interviene la "consapevolezza" che le dà senso e significato, raggiungendo quello stato di "conosciuta unità" di ciò che è nell'intelletto. Il termine deriva dal latino *conscientia*, a sua volta derivato di *conscire*, cioè "essere consapevole, conoscere" (composto da *cum* e *scire*, "sapere, conoscere") e indica la consapevolezza che la persona ha di sé e dei propri contenuti mentali. In questo senso il termine "coscienza" viene genericamente assunto non come primo stadio di apprensione immediata di una realtà oggettiva, ma come sinonimo di "consapevolezza" nel suo riferimento "alla totalità delle esperienze vissute, ad un dato momento o per un certo periodo di tempo"[71].

Conscio: Secondo la teoria psicoanalitica freudiana, il conscio, è il substrato mentale superiore, ovvero quello che fa avere la consapevolezza di sé stessi e del proprio rapporto con l'ambiente circostante. Per comprendere meglio quanto detto si deve rapportare il conscio all'inconscio, ovvero alla sua controparte più nascosta; tutto ciò che conosciamo e ricordiamo con consapevolezza è dominio del

---

[69] https://it.wikipedia.org/wiki/Cervello
[70] https://it.wikipedia.org/wiki/Mente
[71] https://it.wikipedia.org/wiki/Coscienza

conscio, mentre eventuali esperienze rimosse sono relegate all'inconscio, dove comunque restano attive[72].

Inconscio: Il termine indica genericamente tutte le attività mentali che non sono presenti alla coscienza di un individuo. In senso più specifico, rappresenta quella dimensione psichica contenente pensieri, emozioni, istinti, rappresentazioni, modelli comportamentali, spesso alla base dell'agire umano, ma di cui il soggetto non è consapevole[73].

Superconscio (Sé Superiore): con questo termine possiamo identificare la parte più nobile e più saggia dell'essere umano. Il superconscio, come descritto in altre parti del libro, rappresenta quel cerchio più interno che ci mette in connessione con lo *spazio delle anime* e che permette la connessione con il Divino, quel campo informato, contenete tutte le esperienze vissute dalla nostra Anima (Coscienza) e che non muore dopo la morte.

Quando siamo connessi al nostro superconscio, riusciamo a veicolare i più nobili sentimenti quali l'amore, la compassione, la generosità, la pace, la fede, il perdono e quel senso di unità che ci fa sentire connessi a tutti e a tutto. Se riusciamo ad essere veramente connessi al nostro superconscio, allora è molto probabile che arrivino a noi quelle che vengono definite "*ispirazioni*" (l'azione dello spirito divino che entra nell'uomo).

Una precisazione: *le intuizioni* sono costruite su processi mentali basati su memorie del passato e del presente mentre *le ispirazioni* sono basate sulle informazioni veicolate direttamente dal campo informato che è l'universo e non sono basate direttamente su processi mentali ma rappresentano *informazioni pure*.

Le ispirazioni ci guidano alla realizzazione dei progetti di vita, delle svolte importanti della nostra esistenza, alla realizzazione delle opere d'arte degli artisti, alla composizione dei capolavori della musica e della poesia.

---

[72] https://it.wikipedia.org/wiki/Conscio
[73] https://it.wikipedia.org/wiki/Inconscio

Il superconscio ci mostra chi realmente siamo e cosa possiamo realizzare se solo ci fidiamo delle ispirazioni che arrivano a noi. Rappresenta la nostra connessione diretta con lo spazio delle Anime. *Ci connette con quell'immagine della nostra Anima che rimane, come una copia, nello spazio delle anime e che permette la connessione con la nostra Anima ospitata dalla nostra macchina biologica: il nostro corpo.*

A molti, sarà capitato di sperimentare, almeno una volta nella vita, la presenza di qualcosa che si trova oltre la nostra coscienza ordinaria, qualcosa che ci riconnette ad uno spazio divino, infinito.

Anche la vista di un tramonto, della volta celeste stellata, ci mettono in connessione con il nostro superconscio. Se teniamo la mente vuota, libera da ogni pensiero, possiamo connetterci al nostro superconscio e rimanere a bocca aperta di fronte alle meraviglie della natura e del nostro universo.

Mi viene da pensare ai mistici che entrano in connessione con quella parte saggia e antica e nella quale trovano l'illuminazione, la gioia di vivere.

Quando siamo connessi a questo spazio, siamo connessi a quel campo energetico contenente tutte le informazioni (Il Campo del Punto Zero)[74] e che, se lo permettiamo, ci guida verso la realizzazione della nostra missione animica su questa terra.

Campo: Il caso più comune di campo che conosciamo tutti e di cui abbiamo almeno sentito parlare, è quello del *campo gravitazionale*. Il concetto di *campo* ha però carattere generale, lo ritroviamo ogni volta che si parla di forze che agiscono a distanza, per esempio nel caso delle forze elettriche o delle forze magnetiche. Possiamo affermare che un campo è ciò che influisce in ogni zona di una porzione di spazio in cui sia presente una perturbazione generata da una massa, da una carica elettrica o da qualsiasi altra cosa la cui azione si possa rilevare nello spazio circostante[75].

---

[74] Lynne McTaggart, *The Field. Il campo Quantico,* MyLife 2017
[75] http://www.mineman.org/fisica/dinamica/campo1.php

Il campo può, in altri termini, ed in maniera semplificata, essere visto come uno spazio all'interno del quale sono contenute delle informazioni.

In maniera ancora più semplificata, un palloncino pieno d'aria potrebbe rappresentare un campo all'interno del quale l'informazione è costituita dal gas che lo ha fatto gonfiare e lo tiene espanso. Nella realtà il campo non ha un'area così delimitata, i suoi confini non sono netti.

Si potrebbe pensare, ad esempio, ad una nuvola come ad un campo che non ha una forma definita ma contiene in sé tutte le informazioni fisiche che le danno forma (percentuale di umidità, temperatura, posizione, ecc).

Allo stesso modo, nella nostra Anima, o meglio in quella capsula di informazioni (Campo) che definiamo Anima, sono memorizzate tutte le informazioni di questa vita e delle nostre vite precedenti.

Secondo Stuart Hameroff (medico anestesista statunitense e professore presso l'Università dell'Arizona noto per gli studi scientifici sulla coscienza) e Roger Penrose (matematico, fisico e cosmologo britannico, noto per il suo lavoro nel campo della fisica matematica), *l'Anima o la Coscienza sarebbe composta da vibrazioni quantistiche che, nel momento della morte, lasciano il nostro sistema nervoso per far parte nuovamente dell'universo*[76]. La Coscienza potrebbe essere quindi una sorta di *software quantistico* che sopravvive anche dopo la morte fisica della persona che la ospita, mentre il nostro cervello sarebbe il supporto fisico che la ospita. La Coscienza sarebbe composta dalla stessa sostanza dell'universo ed esisterebbe da sempre.

Essa si legherebbe al cervello attraverso i microtubuli (strutture intracellulari costituite da una classe di proteine chiamate tubuline)[77].

---

[76] http://www.ilsole24ore.com/art/tecnologie/2014-01-17/la-coscienza-e-effetto-quantistico-roger-penrose-rilancia-sua-teoria-154127.shtml?uuid=AB9RwSq
[77] http://www.ilsole24ore.com/art/tecnologie/2014-01-17/la-coscienza-e-effetto-quantistico-roger-penrose-rilancia-sua-teoria-154127.shtml?uuid=AB9RwSq

In caso di morte, questa *informazione quantistica* non può essere distrutta ma si ridistribuisce nell'universo.

Nel momento in cui veniamo concepiti, questa capsula di informazioni (Anima) entra nel corpo materno e inizia a legarsi all'embrione. La connessione completa dell'Anima e del corpo biologico avviene fra il quarto mese e la nascita. Nel lasso di tempo che precede la nascita, è possibile per l'Anima vedere e registrare quanto sta accadendo alla propria madre. È come se fossimo già presenti ma non ancora intimamente legati al corpo di nostra madre e questo ci dà la possibilità, come anime, di osservare la scena anche dall'esterno del grembo materno. Ci sono persone, infatti, che sotto ipnosi, possono ricordare questi primi mesi in cui capitava di vedere la propria madre, dall'esterno, intenta ad esempio a svolgere le faccende domestiche. Dal quarto mese in poi ci leghiamo intimamente al corpo e iniziamo a registrare le esperienze che facciamo durante la nostra vita intrauterina.

L'embrione si svilupperà attraverso l'interazione fra le informazioni contenute nel DNA ed ereditate da entrambi i genitori e dalla loro storia familiare e da tutte le informazioni memorizzate dall'Anima in altre vite e altre dimensioni. Il DNA a sua volta risulterà influenzato dal *Campo Morfogenetico* ossia un campo di informazione che contiene tutte le istruzioni per poter dare forma al nostro DNA e al nostro corpo fisico in generale.

Rupert Sheldrake, biologo britannico, ha scoperto che ogni essere umano, ma anche ogni animale o ogni specie vegetale, è connesso al proprio campo morfogenetico. Questi campi hanno avuto origine nel passato e si sono evoluti poi nel corso degli anni e dei secoli in seguito agli eventi e ai fatti che hanno vissuto i nostri antenati e in base alle loro scelte di vita (pensate all'esempio della nuvola di informazioni di cui abbiamo parlato prima).

Il *campo morfogenetico* è quindi influenzato dalla storia familiare di ogni singolo individuo e dall'energia degli avi.

Rupert Sheldrake, sostiene che i campi morfogenetici, sono aree immateriali di influenza che si estendono nello spazio e nel tempo.

Essi risultano essere localizzati dentro e attorno ai sistemi che organizzano. Quando un particolare sistema organizzato, ad esempio un atomo, si scinde, un fioco di neve si fonde, o un animale muore, il suo campo organizzativo scompare in quel luogo. In realtà il campo non scompare, può riapparire fisicamente in altri momenti e altri luoghi dove trova le condizioni adatte per la sua manifestazione successiva (l'esempio della nuvola di prima). *Questo comportamento è possibile perché i campi morfici contengono al loro interno la memoria delle loro precedenti esistenze fisiche*[78].

I campi morfogenetici sarebbero alla base di alcuni comportamenti acquisiti degli animali, come ad esempio i branchi di pesci che si spostano tutti nello stesso momento senza un'apparente comunicazione fra loro. Sono state anche applicate delle particolari lenti scure sugli occhi dei pesci rendendoli ciechi, ma questi hanno comunque deviato istantaneamente seguendo il branco.

Lo stesso comportamento dei campi morfogenetici si osserva fra le colonie di termiti che continuano a realizzare in modo speculare il loro nido anche se separate da una lastra di acciaio di 3 metri. Il campo morfogenetico guiderebbe da entrambi i lati del nido le termiti, affinché la realizzazione del nido, sia simmetrica ed armonica come se la lastra d'acciaio non fosse presente.

Altri esempi sono rappresentati dagli esperimenti sui topi da laboratorio che cercano la via d'uscita dai labirinti. Le prime volte impiegano centinaia di tentativi per uscire dal labirinto. Le volte successive i tentativi diminuiscono. La cosa sconvolgente è che le generazioni successive di topi impiegano molti meno tentativi dei loro predecessori. Ma ancora più sconvolgente è che nelle stesse tipologie di labirinti, topi presenti in altri laboratori dislocati in diverse parti del mondo, anche a distanza di mesi o anni dal primo esperimento, arrivano ad impiegare solo poche decine di tentativi per uscire dal labirinto. È come se l'informazione acquisita dai topi durante i loro precedenti tentativi, venisse "scritta" nel campo

---

[78] Leonardo Boff, Mark Hathaway, *Il tao della liberazione*, Fazi Editore, Roma 2014

morfogenetico (nuvola) e questa guidasse poi le generazioni future dei topi che vi fanno accesso. Lo stesso comportamento sembrerebbe influenzare gli esseri umani, è infatti noto che quando viene effettuata una scoperta importante ad esempio nell'ambito scientifico, nelle settimane successive in vari laboratori del mondo, si pervenga allo stesso risultato. *È come se la scoperta fatta dagli studiosi, fosse poi disponibile a tutti gli altri studiosi perché presente, da quel momento in poi, nella memoria del campo morfogenetico.*

Tornando al nostro discorso, sembrerebbe che l'interazione fra DNA (influenzato dal campo morfogenetico) e le informazioni contenute nell'Anima, contribuisca, insieme all'ambiente, a dar vita alla personalità del nascituro. *In verità il biologo cellulare Bruce Lipton, ha scoperto che i nostri geni sono sotto il controllo di influenze ambientali al di fuori delle cellule, inclusi i pensieri e le nostre credenze. Da qui il concetto che non dobbiamo sentirci delle vittime delle eredità biologiche dei nostri antenati. Siamo, invece, co-creatori della nostra vita e della nostra biologia.* Lipton ha scoperto che le nostre cellule possono vivere e funzionare molto bene anche senza i loro nuclei. Il vero "cervello" della cellula è la sua membrana, che reagisce e risponde alle influenze esterne, adattandosi dinamicamente ad un ambiente in perpetuo cambiamento[79].

Il bambino è quindi governato da una combinazione di informazioni che arrivano dalla propria famiglia, dai propri avi e da tutte le esperienze dell'Anima che si è legata ad esso, oltre che dall'interazione costante con l'ambiente che lo circonda (campi morfogenetici). A mano a mano che il bambino cresce e fa esperienza della vita attraverso i sensi, tutte le nuove informazioni vengono memorizzate prima nella parte conscia (memoria a breve termine) e poi, una volta assodate, nella parte inconscia. Pensiamo ad esempio alle prime volte che siamo andati in bicicletta e che abbiamo avuto la necessità di controllare tutti i nostri movimenti, il nostro equilibrio, le distanze ecc. A mano a mano che l'esperienza si ripeteva e veniva

---

[79] https://www.gruppomacro.com/blog/nuove-scienze/epigenetica_lipton

concretizzata, tutte queste informazioni venivano poi trasferite nella nostra parte inconscia per poi essere recuperate nel momento opportuno.

Una copia di tutte le informazioni viene anche costantemente memorizzata all'interno dell'Anima (capsula di informazione o campo). L'Anima, cioè, porta in questa vita tutte le informazioni vissute nelle precedenti esperienze e registra le nuove informazioni, frutto della vita vissuta in questa terra. La nostra mente ed il nostro corpo, intimamente legati fra loro, sono dunque influenzati anche dalle informazioni contenute nella nostra Anima. Esiste quindi un'interazione costante fra corpo, mente e anima.

Ecco che quando parliamo di visione globale dell'essere umano non possiamo concentrarci su uno solo di questi aspetti ma dobbiamo necessariamente prenderli in considerazioni tutti.

Tornando all'esempio della bicicletta, con un po' di esperienza, infatti, possiamo poi utilizzarla con disinvoltura senza più pensare a come si pedala e a come si mantiene l'equilibrio, poiché le informazioni, contenute nel nostro inconscio, ci guidano in maniera autonoma.

Nell'inconscio però sono anche presenti informazioni che arrivano dai nostri avi (un libro molto interessante che parla di questo è *La sindrome degli antenati* di Anne Ancelin Schützenberger). Oltre alle informazioni che ci giungono dai nostri avi, nell'inconscio sono presenti *aree di memoria ad accesso riservato* (non ad accesso diretto) contenenti, ad esempio, informazioni censurate ed informazioni appartenenti alle nostre vite passate. *Con tecniche di rilassamento o meditazione profonda o attraverso l'utilizzo dell'ipnosi regressiva, è possibile rivivere alcuni di questi ricordi e quindi di queste vite.*

Non ci è però permesso di scegliere quale vita rivivere, poiché la nostra Anima molto saggia e antica, sceglie cosa far emergere in base al nostro grado di evoluzione. Ci è permesso di riviere solo ciò che possiamo comprendere e che ci occorre per integrare le informazioni della nostra vita attuale. Rivivere questi ricordi, ci consente di comprendere qualcosa che non era stato compreso o rivivere un'esperienza interrotta. Integrare queste nuove informazioni, consente di evolverci, di crescere spiritualmente. Le nostre vite passate però risiedono sia nel nostro inconscio, sia nella capsula informativa chiamata Anima (nell'Anima esiste cioè una copia di tutte le informazioni presenti nell'inconscio). *L'inconscio rappresenta quindi una memoria temporanea, attiva fino a quando il cervello rimane in vita, mentre l'Anima rappresenta una memoria permanente ed eterna.*

Facciamo ora un esempio per spiegare meglio questo concetto.

Prendiamo uno smartphone e pensiamo al processo di memorizzazione, ad esempio, di una foto che scattiamo. Possiamo decidere di salvare quest'immagine o sulla memoria del cellulare, o anche su una memoria remota (cloud) non presente sul nostro dispositivo e che sta, ad esempio, negli Stati Uniti o in altre parti del mondo. Un esempio di questi spazi di memoria remota sono *OneDrive* di Microsoft o *Google Drive* di Google.

Se per caso il nostro cellulare viene distrutto o addirittura bruciato, tutte le immagini contenute al suo interno vengono irrimediabilmente perse. Ma se abbiamo fatto una copia di tutte le nostre immagini nel cloud (computer remoti dotati di grandi memorie), quando compriamo un nuovo cellulare, semplicemente connettendolo al cloud, tutte le immagini precedentemente salvate saranno nuovamente disponibili sul nostro cellulare. Una copia delle immagini salvate nel cloud, viene scaricata all'interno della memoria del nostro nuovo cellulare.

Nessuna informazione andrà in questo modo persa.

Le informazioni contenute nella nostra Anima, funzionano esattamente nello stesso modo. Quando l'Anima si unisce al feto, le informazioni in essa contenute, possono essere rese disponibili, recuperate ed utilizzate dalla mente (contenente conscio, inconscio e superconscio).

In realtà non abbiamo accesso a tutte le informazioni contenute nell'Anima, un sistema di protezione ci permette di accedere alle sole informazioni funzionali alla nostra evoluzione.

Quando moriamo, la nostra Coscienza abbandona il corpo ma una copia di tutte le esperienze fatte durante la vita è già stata salvata nello spazio delle Anime o meglio in quello che possiamo definire il *"Cloud delle Anime"*.

L'anima si lega al feto con una percentuale della propria energia che varia fra il 50 e il 70 %, (la percentuale varia a seconda della scelta del corpo e dal grado di evoluzione). Troppa energia incarnata in percentuale superiore al 90%, rischierebbe di sovraccaricare il cervello ostacolandone le funzioni[80]. Quindi, la nostra Anima, è formata da due parti di energia: una parte dal 50 al 70 % viene ospitata dal corpo al momento del concepimento e contiene tutte le informazioni memorizzate in tutte le vite o esistenze precedenti, per comodità chiamiamola parte A, l'altra parte, in una percentuale che varia fra il 20 e il 30 %, rimane nello spazio delle Anime (parte B).

Ma prestate ora attenzione: le due parti di energia animica, quella momentaneamente incarnata (A) e quella presente nello spazio delle anime (B), risultano essere intimamente legate, *sono esattamente la stessa cosa*, sono composte dalla stessa energia, *l'Anima è una*. Se ricordate il teorema di Bell, le due parti animiche (A e B) sono legate dalla stessa funzione d'onda, possono cioè comunicare istantaneamente al di là del tempo e dello spazio, vi è fra loro una connessione diretta, indistruttibile che durerà per sempre. È come se, nello spazio delle anime, rimanesse l'immagine speculare dell'anima incarnata, della capsula di informazione che si è legata al corpo.

Tornando all'esempio del cellulare, tutte le immagini presenti nella memoria, saranno contemporaneamente presenti anche nel cloud (la parte di energia animica presente nello spazio delle anime che abbiamo chiamato B). Alla morte del telefono tutte le informazioni sono comunque salve.

Allo stesso modo noi memorizziamo le informazioni sia nella parte conscia e inconscia (memoria interna del cellulare), come

---

[80] Michael Newton, *Ipnosi regressiva*, Edizioni Mediterranee, Roma 2011, pp. 124-126

abbiamo già visto sopra, sia nella capsula animica (immaginiamo questa capsula animica come una schedina di memoria aggiuntiva che inseriamo dentro il cellulare al momento dell'acquisto). La capsula animica (parte A dell'Anima) però risulta essere costantemente connessa alla parte di energia animica presente nello spazio delle anime/cloud delle anime (parte B dell'anima) e le due possono comunicare istantaneamente e per sempre indipendentemente dallo spazio e dal tempo, d'altro canto le due parti di energia sono esattamente la stessa cosa.

Non esiste separazione, la separazione è una nostra illusione; le due parti di anima, che sono state in contatto una volta (prima della reincarnazione), lo sono ancora e lo saranno per sempre. I loro campi di energia si estendono all'infinito e, proprio per questo, risultano essere intimamente legati andando a costituire un'unica Anima. La fisica quantistica ci insegna che la separazione è solo un'illusione dell'uomo, dei suoi sensi limitati. In effetti nell'infinitamente piccolo (si è dimostrato poi che lo stesso effetto è osservabile anche nel nostro mondo reale), due particelle che sono state a contatto almeno una volta, realizzano una connessione istantanea che durerà per sempre e che va al di là del senso di separazione che ci fa così paura. Le due paure più grandi dell'uomo sono, infatti, la separazione (sentirsi soli) e la morte.

Ma la fisica quantistica ci insegna che non esiste nessuna separazione, tutti noi siamo legati insieme grazie ai nostri campi personali che si estendono all'infinito nell'universo, realizzando una connessione permanente con tutto e con tutti. Tale connessione ci unisce a persone, fatti, eventi luoghi, cose del passato e così sarà anche in futuro.

Se il nostro corpo muore, tutte le informazioni contenute nella nostra memoria conscia e nella nostra memoria inconscia (memoria interna dell'esempio del cellulare), vengono perse per sempre, mentre quelle presenti nella parte di anima presente nel corpo (parte A equivalente, nel nostro esempio, alla schedina di memoria aggiuntiva inserita nel cellulare al momento dell'acquisto), permangono per sempre. La Coscienza infatti non muore con il corpo biologico ma continua a vivere non essendo un prodotto del nostro cervello. Poniamo anche il caso che la percentuale di energia animica incarnata (parte A) venga distrutta (non è possibile per la legge della conservazione della massa) ma grazie alla connessione che esiste con la percentuale animica presente nello spazio delle anime (parte B), tutte le informazioni sono comunque sempre disponibili e nuovamente utilizzabili: non abbiamo perso nulla.

Le due parti di anima (A e B), funzionano quindi come un ologramma. Ogni parte dell'ologramma contiene dunque l'intera informazione. Se tagliamo in due parti l'ologramma entrambe mostreranno sempre l'oggetto per intero. Nello stesso modo, se "tagliamo" in due l'anima, entrambe le parti conterranno sempre la totalità delle informazioni contenute nelle singole parti.

Non esiste dualità, le due parti sono "UNO".

Se ampliamo la nostra visione si perde il senso anche dei concetti di bene o male.

La storia, le religioni, i sistemi politici, hanno creato, nel nostro pianeta, i concetti di bene e male: se faccio così verrò premiato, se invece faccio cosà verrò punito. Ci troviamo di fronte però ad una descrizione veramente molto povera della vita se ci fermiamo a questa dualità. Non esistono il bene e il male in senso assoluto. Posso vedere le cose in un altro modo, *posso fare cose che mi fanno evolvere o posso fare cose che non mi faranno evolvere*. Ma non esiste un buono o cattivo, non esiste un Dio pronto a punirci perché abbiamo scelto di fare una cosa o un'altra. Dio, invece, potrebbe essere paragonato ad un campo quantistico dalle infinite possibilità che aspetta solo le scelte della nostra coscienza per potersi determinare in uno dei miliardi di stati possibili, visto che viviamo in una realtà fatta di stati di probabilità. Siamo gli artefici della nostra vita e siamo noi che, attraverso i nostri pensieri, determiniamo la realtà che poi andremo a vivere. Il libero arbitrio ci offre la possibilità di generare nuove scelte e nuovi pensieri e, come abbiamo argomentato sopra, sono i nostri pensieri a creare la nostra realtà ed in definitiva la nostra vita (nuovi collassi della funzione d'onda). I nostri nuovi pensieri fanno collassare la funzione d'onda e queste nuove informazioni saranno poi memorizzate nella nostra coscienza che le renderà disponibili per le nostre future esistenze. L'arricchimento da parte della nostra Anima di nuove esperienze, di nuove realtà, automaticamente genera nuove possibilità, genera evoluzione nell'universo. La prossima volta che la nostra Anima si incarnerà, potrà una volta che si è legata al nuovo corpo, scaricare tutte le esperienze, fatte in altre vite e in altre esistenze, nella mente del nuovo essere umano che andrà ad abitare. Da qui l'importanza di generare informazioni costruttive in questa vita in modo da iniziare a preparare il terreno per la nostra nuova esistenza. È come se le buone azioni che facciamo, i buoni pensieri, i nuovi progetti, i pensieri di pace e di salute, di prosperità, venissero depositati nella banca dell'universo attraverso la nostra Anima e fossero poi nuovamente disponibili per la nostra prossima vita.

Pausa Caffè: bruciare l'Anima

Riflettendo sui concetti appena presentati, in particolare sulla nozione di cloud delle anime, ovvero la possibilità di memorizzare sempre in remoto tutte le esperienze che l'Anima vive, mi sono posto una domanda: cosa succederebbe se un corpo umano venisse bruciato?

Cosa ne sarebbe dell'Anima?

Verrebbe anch'essa bruciata perdendo tutte le informazioni memorizzate?

Se il nostro corpo muore di morte naturale o per un incidente, l'Amina avrebbe sempre il tempo di staccarsi e di riportare tutta la sua energia (informazione) nello spazio delle anime. Tutte le esperienze vissute sarebbero salve. Ma se il corpo venisse bruciato, pensate ad esempio alle streghe nel Medioevo, l'Anima non verrebbe bruciata in quanto per il principio della conservazione della massa, nulla si crea, nulla si distrugge, tutto si trasforma.

Ma se per assurdo l'Anima potesse bruciare insieme al corpo, le informazioni andrebbero perse per sempre?

La risposta è negativa poiché come abbiamo visto sopra, le "due parti" di Anima, sono costantemente in contatto e costantemente legate attraverso il teorema di Bell.

Dunque, se anche per assurdo l'Anima venisse bruciata, la copia esatta di tutte le informazioni in essa contenute, sarebbe già stata salvata nel cloud delle anime.

L'universo è talmente ben organizzato che sarebbe un peccato disperdere tutte le informazioni che contribuiscono alla sua stessa evoluzione.

Non dimentichiamoci che l'evoluzione di ogni singola Anima, contribuisce all'evoluzione dello stesso universo.

Buon caffè!

Riassumendo

- *Ai fini della nostra trattazione, la mente è formata da tre parti principali che possiamo identificare con i termini di conscio, inconscio e superconscio*
- *L'essere umano è influenzato da diversi campi di informazione, come ad esempio, il campo morfogenetico, il campo famigliare, il campo dei nostri avi, il campo mentale, il campo animico, ecc.*
- *L'Anima può essere concepita come una capsula di informazione contenente tutte le esperienze fatte di vita in vita*
- *L'Anima può essere pensata come "divisa" in due parti. Una parte si unisce al feto e l'altra parte rimane nel Cloud delle Anime: una copia esatta di tutte le esperienze terrene, viene costantemente memorizzata nel Cloud*
- *L'Anima non può essere distrutta, nessuna informazione va mai persa*

Capitolo 5

a cura di

Massimiliano Perra

e della

Dott.ssa M. Elisabetta Bianco

Una volta entrato dentro, inizia la meditazione. Meditare è la capacità di essere solo con gioia, di essere felice con te stesso, di essere in tua compagnia, di essere in meditazione con te. Quando sei in meditazione non hai bisogno degli altri: la gioia d'essere soli, non la miseria della solitudine, è meditazione ... La meditazione in oriente non è ciò che viene inteso in occidente, in occidente meditazione significa contemplazione: meditare su Dio, sulla verità, sull'amore... In oriente la meditazione ha un'implicazione totalmente diversa, l'opposto di quello che ha in occidente. In oriente indica la mancanza d'oggetti, l'assenza di contenuto nella mente, non è meditare su qualcosa ma lasciar cadere tutto: neti,neti, né questo né quello. Meditare è svuotarsi totalmente da tutti i contenuti. Quando non ci sono pensieri che si muovono dentro allora c'è immobilità: questa è meditazione. Nemmeno una piccola increspatura esiste nel lago della tua consapevolezza, è silenzioso, assolutamente fermo: quella è meditazione.
Allora saprai cos'è la verità, l'amore, la divinità."

Osho, *The Dhammapada: The Way of the Buddha*

La potenza della meditazione: migliorare la propria vita con la meditazione

In questo capitolo si parlerà di cosa è la meditazione e di come possa essere utile ai fini del miglioramento del nostro benessere psicofisico.

La meditazione rallenta i nostri pensieri, tiene calma la mente e ci permette di iniziare il cammino che dal rilassamento ci porta allo stato di pre-trance e poi di trance profonda.

In questo stato è possibile, ad esempio, anche rivivere le nostre vite passate con la possibilità di comprendere, a livello profondo, chi realmente siamo e da dove veniamo.

Il rilassamento si ottiene attraverso tecniche in grado di calmare la nostra mente in modo da abbassare il volume del nostro chiacchierio mentale che tiene attiva la nostra coscienza. Con le tecniche di rilassamento (meditazione) si riesce a raggiungere uno stato distaccato dove diventiamo gli osservatori della nostra mente raggiungendo in questo modo uno stato di coscienza superiore. In questo stato diventiamo consapevoli di essere più del nostro corpo e più della nostra mente, diventiamo consapevoli di essere *esseri spirituali* che stanno facendo un'esperienza terrestre per imparare valori come l'amore, la compassione e il perdono.

La meditazione è un ottimo modo di allentare la presa dal mondo frenetico in cui viviamo e, soprattutto, ci permette di abbassare i livelli di stress nel nostro corpo.

Ho parlato degli effetti dello stress nel mio primo libro *Mi Amo e mi Accetto* in cui ne descrivo gli effetti deleteri per il corpo e la mente.

Per meditare non occorre sforzarsi, dobbiamo metterci nella condizione di osservare i nostri pensieri senza giudicare, osservarli e lasciarli scorrere nella nostra mente. È sufficiente assumere una posizione comoda, chiudere gli occhi e iniziare ad ascoltare il proprio respiro, l'aria che entra e che esce, il nostro battito cardiaco, sentire le varie parti del nostro corpo che si rilassano che lasciano andare le tensioni accumulate. Ci si sente sempre più rilassati, sempre più sereni, sempre più in pace con sé stessi.

Jon Kabat-Zinn, biologo molecolare, negli anni Settanta introdusse la meditazione in ambito clinico ottenendo dei risultati straordinari. Sviluppò un programma chiamato *Stress Reduction and Relaxation Program* (Programma per la Riduzione dello Stress e per il Rilassamento) attraverso il quale ottenne risultati rilevanti nella riduzione dei sintomi legati allo stress, alla depressione, all'ansia e agli attacchi di panico.

La società occidentale vive una condizione di stress costante, le parole d'ordine sono: produttività, efficienza, multitasking, frenesia. Questo modo di vivere, genera nella nostra mente, talvolta senza accorgersene, ansie e stress, spostando la mente o nel passato o nel futuro. Tale condizione genera malesseri esistenziali, legati all'impossibilità profonda di vivere e di esserci nel proprio presente.

Attraverso la meditazione capiamo che noi non siamo le nostre paure, la nostra rabbia, né il nostro passato, né tantomeno il nostro futuro, siamo energia pura che va oltre i nostri pensieri e con la meditazione raggiungiamo questa nuova dimensione di coscienza dove esiste solo il momento presente, il *qui ed ora*. La meditazione lavora direttamente sulle sinapsi cerebrali e permette al nostro cervello di produrre endorfine benefiche per mente e corpo. Più meditiamo, più diventiamo consapevoli e felici semplicemente riconoscendo quello che siamo e vivendo il più possibile il momento presente. Se ci fate caso, in questo momento presente, mentre state leggendo questo libro, non esiste nessun tipo di preoccupazione. Non esistono paure, emozioni negative, pensieri distruttivi. Esistiamo solo noi ed il libro che stiamo leggendo. In questo stato di totale presenza, diventiamo amore puro, ossia veniamo direttamente in contatto con l'energia che ci ha creato.

Dice Osho: "...Amore e meditazione sono due aspetti della stessa medaglia, se hai raggiunto un aspetto, l'altro segue sempre.

Se mediti, l'amore seguirà. Se ami, la meditazione seguirà…"[81].

Le onde cerebrali

Gli effetti della meditazione sul nostro cervello possono essere facilmente misurati attraverso un EEG (elettroencefalogramma), il cui grafico registra i fenomeni elettrici legati all'attività cerebrale. Si può osservare che quando siamo in stato di veglia cosciente l'EEG mostra onde che vanno dai 30 Hz ai 14 Hz (*Onde Beta*). Se si utilizzano tecniche di meditazione, si passa dallo stato di veglia cosciente allo stato di veglia rilassata, con onde cerebrali che vanno dai 14 Hz agli 8 Hz (*onde Alfa*). Se si prosegue con la tecnica di meditazione e si scende ancora più in profondità, si arriva ad uno stato di pre-trance e successivamente ad uno stato di vera e propria trance. In questa fase la frequenza delle onde cerebrali si attesta fra gli 8 Hz e i 4 Hz (*Onde Theta*)

Siamo nel pieno di quello che viene definito stato ipnotico.

In questo stato siamo in grado di ricordare eventi del nostro passato, di quando eravamo bambini, o ancora di più, ricordare le nostre vite passate.

Il nostro cervello è in grado di permanere in questo stato per un tempo limitato (circa 90 minuti) dopodiché o si torna in Alfa o Beta o ci si addormenta passando nello stato Delta (frequenze delle onde cerebrali comprese fra i 4 Hz e gli 0,5 Hz). La meditazione, la pre-trance, la trance, ed il sonno profondo, sono dunque degli stati perfettamente misurabili da strumenti medici, non sono il frutto dell'immaginazione della persona. Nei vari stati descritti, il nostro cervello modifica quindi la propria attività e si riscontrano anche modificazioni sul nostro corpo e sulla nostra fisiologia. Ricordiamo che esiste infatti una connessione fortissima fra mente e corpo e che

---

[81] Osho, *Returning to the Source*

questi si influenzano a vicenda costantemente.

Nel prossimo paragrafo verrà presentata una meditazione pratica che vi permetterà di rilassarvi sempre di più ed entrare in uno stato di non-mente, di osservatori dei vostri pensieri.

Meditazione del luogo sicuro

Create intorno a voi un'atmosfera tranquilla ed accogliente, una luce soffusa una musica rilassante o se siete all'aperto, individuate un luogo tranquillo dove sono presenti dei suoni naturali rilassanti: il suono del mare, il cinguettio degli uccelli, la brezza del vento, ecc.

Attivate i vostri sensi, quindi, diffondete nell'ambiente dell'olio essenziale di lavanda, oppure un incenso o, se siete all'aria aperta, ci penserà Madre Natura con i suoi profumi, ad attivare il vostro senso olfattivo.

Sdraiatevi su una superficie comoda e confortevole, può essere un materasso, un prato, la sabbia di una spiaggia, e sistematevi supini il più comodamente possibile.

La testa ben appoggiata, spalle rilassate, le braccia lungo il corpo e le mani rivolte verso l'alto, bacino rilassato e comodamente appoggiato sulla superficie, le gambe leggermente divaricate e i piedi abbandonati e rilassati.

Il mio corpo è completamente rilassato....

Se vorrete potete registrare la vostra voce mentre leggete questa meditazione, vi sentirete più guidati, leggete lentamente con un tono di voce sicuro e rassicurante, ma allo stesso tempo rilassante e rispettate la punteggiatura e le esitazioni, fondamentali per entrare in un profondo stato di rilassamento.

Buona meditazione.

Inizio meditazione:

Inizio a respirare profondamente e in modo consapevole…
Presto attenzione al mio respiro……
L'aria che entra e che esce….
La pancia che si gonfia e che si sgonfia…..
Ogni volta che l'aria entra, la pancia si gonfia…. E ogni volta che l'aria esce, la pancia si sgonfia…..
L'aria che entra dal naso e la pancia si gonfia….. l'aria che esce dalla bocca e la pancia si sgonfia…
L'aria che entra e che esce…...entra…….. ed esce…….
E mentre respiro profondamente, appena me la sento, posso chiudere gli occhi….
Continuo a respirare profondamente e porto la mia attenzione solo al mio respiro, come se non esistesse nient'altro….
L'aria che entra e che esce dal mio corpo…..
Potrò sentire dei rumori intorno a me (in base al luogo in cui mi trovo, rumori che provengono dalla stanza stessa o dall'ambiente esterno),
rumori sui quali né io e né te possiamo intervenire, ma mentre continui a respirare profondamente…...puoi divertirti a immaginare da dove provengano……….
E poi lasciarli andare…..
Potranno arrivare dei pensieri…… non preoccuparti….. lascia che attraversino la tua mente, senza trattenerli….. respiri profondamente e, nell'espirazione, li lascerai andare….
Continua sempre con la respirazione consapevole….
L'aria che entra e che esce…….e ogni volta che l'aria esce, il tuo corpo si rilassa sempre di più…….
Ogni volta che butto fuori l'aria, lascio andare i pensieri….le preoccupazioni…le tensioni….
Ogni volta che butto fuori l'aria il mio corpo si appoggia sempre di più sulla superficie che mi accoglie….

Inspiro……ed espiro………..
e quando butto fuori l'aria, mi abbandono sempre di più…. sempre di più, sempre di più…

Porto la mia attenzione, ora, al mio corpo sdraiato, sostenuto e accolto da questa superficie…. e alle parti del mio corpo più tese e irrigidite (il collo, le spalle, la schiena, il bacino, la fronte, la mandibola ecc.)
e, ogni volta che butto fuori l'aria… lascio andare sempre di più la tensione in quella parte del corpo…..
Ogni volta che butto fuori l'aria…… quella parte del mio corpo…. si distende e si rilassa sempre di più…..
Porto ora la mia attenzione alla mia nuca… la percepisco appoggiata alla superficie,
ascolto come sta questa parte del mio corpo….. e continuo a respirare profondamente… l'aria che entra e che esce….
Anche la mia nuca respira….. anche la mia testa respira….. segue il movimento del mio respiro….. e quando butto fuori l'aria…. la mia nuca si distende, e si abbandona morbidamente sulla superficie…
(continuo per 3-4 respirazioni o di più se necessario, a rilassare la nuca/testa con l'aiuto del respiro)

Passo ora alle mie spalle…. E anche qui ascolto se sono tese, contratte….. e ad ogni espirazione profonda… le lascio andare sempre di più….
E se voglio amplificare questa piacevole sensazione di rilassamento delle mie spalle, porto la mia attenzione alle mie braccia…..
Lascio che ad ogni espirazione le mie braccia cadano a peso morto sulla superficie che mi accoglie…. Ogni volta che butto fuori l'aria, le mie braccia si rilassano sempre di più… sempre di più…
Inspiro…….. ed espirando lascio andare…..

Porto ora la mia attenzione al mio bacino... percepisco i glutei ben appoggiati....
e ad ogni respiro, lascio che anche questa parte del mio corpo si distenda e si rilassi sempre di più....

Porto ora la mia attenzione alle mie gambe... percepisco le mie cosce.... i miei polpacci.... lascio andare le tensioni dei piedi che cadono a peso morto...
e ad ogni respiro le mie gambe si rilassano sempre di più....
Ad ogni espirazione le mie gambe si abbandonano sempre di più su questa superficie...

Tutto il mio corpo è, ora, completamente disteso e rilassato.....
disteso e rilassato........ disteso e rilassato...

Lascia ora che, lentamente, si formi, nella tua mente, un'immagine...... l'immagine di una Porta....
Avvicinati....... puoi aprirla......
Oltre la porta, c'è il tuo luogo sicuro.......
Non importa quale, non importa come... il tuo luogo sicuro.....
il tuo spazio, dove puoi essere quello che sei veramente....
E' il tuo luogo sicuro.... In cui ti senti accolto/a e protetto/a..

È un luogo in cui non c'è spazio per i pensieri, per le preoccupazioni...
È il tuo luogo sicuro, in cui ti senti tranquillo/a e rilassato/a....
Guardati attorno...... prenditi il tempo necessario per esplorarlo lentamente......

Ti accorgi che c'è un punto di questo spazio che ti colpisce particolarmente......

Avvicinati verso quel punto…. siediti o se preferisci sdraiati……..
Provi una piacevole sensazione di accoglimento…... di conforto…. di sicurezza……
Il tuo respiro è profondo e regolare….
Il tuo corpo è completamente rilassato…..
La tua mente è sgombra….
Il tuo cuore batte il ritmo della vita….
E stai qualche minuto o il tempo necessario per te, in questa sensazione di piacevole benessere………………

Ti prepari ora ad uscire dal tuo luogo sicuro, ma ricorda che potrai tornare in questo spazio ogni volta che lo vorrai…... ogni volta che ne avrei bisogno…. perché questo, è il tuo luogo sicuro….

Ti alzi e vai verso la porta da cui sei entrato…… richiudila, lasciando il tuo luogo sicuro alle tue spalle…
Lascia che nella tua mente si sfumi l'immagine della porta alle tue spalle……..

Riprendi il contatto con il tuo respiro,
il tuo respiro profondo…
l'aria che entra e che esce…
la pancia che si gonfia e che si sgonfia….
Riprendi il contatto con il tuo corpo…
Muovi le dita delle mani…….. i piedi……..
Stringi le mani a pugno…. e lascia….
Piega i piedi a martello……. e lascia….
Stiracchi le braccia… e le gambe…... e lasci
lentamente puoi metterti su un fianco e stare in questa posizione tutto il tempo che vuoi…..
e appena te la senti, puoi riaprire gli occhi e ritornare alla tua giornata...

Riassumendo

- *La meditazione rallenta i nostri pensieri, tiene calma la mente e ci può accompagnare anche verso lo stato di trance*
- *Per meditare non occorre sforzarsi, dobbiamo metterci nella condizione di osservare i nostri pensieri senza giudicare*
- *Jon Kabat-Zinn, biologo molecolare, negli anni Settanta introdusse la meditazione in ambito clinico ottenendo risultati rilevanti nella riduzione dei sintomi legati allo stress, alla depressione, all'ansia e agli attacchi di panico.*
- *La meditazione lavora direttamente sulle sinapsi cerebrali e permette al nostro cervello di produrre endorfine benefiche per mente e corpo*
- *Gli effetti della meditazione sul nostro cervello possono essere facilmente misurati attraverso un EEG (elettroencefalogramma)*

In verità l'anima non conosce né nascita, né morte, né principio, né fine; il peccato non la può toccare, né la virtù esaltare; essa è sempre stata, e sempre sarà; e tutto il resto è un involucro, come un globo intorno alla fiamma.

(Hazrat Inayat Khan)

Capitolo 6

L'ipnosi non esiste, tutto è ipnosi
(Milton Erickson)

L'ipnosi regressiva alle vite precedenti

L'ipnosi regressiva alle vite precedenti è un meraviglioso strumento di conoscenza del Sé. È un metodo che permette di intraprendere un percorso di crescita personale e spirituale; *si differenzia per metodologia e finalità dall'ipnosi classica in quanto lo stato di trance è utilizzato esclusivamente come induzione e non come terapia. Le sedute di ipnosi regressiva alle vite precedenti, infatti, non hanno e non possono avere nessuna finalità clinica, diagnostica o terapeutica, ma vengono utilizzate, dall'ipnologo abilitato, esclusivamente ai fini della crescita personale e spirituale del cliente.*

Eventi traumatici e situazioni tragiche del passato, vissute dalla nostra coscienza in altre esistenze, possono determinare una forte interazione con la nostra vita attuale. Essa, infatti, è legata da un sottile filo che, se percorso a ritroso, ci permette di "comprendere" una determinata situazione.

A tal proposito abbiamo già parlato del Teorema di Bell e di come il venire in contatto con una persona, situazione, evento, determina la creazione di un legame, di una relazione destinata a durare per sempre. Due particelle, o ancora meglio due coscienze (Anime) che si sono incontrate nel passato ed hanno avuto una qualche forma di interazione, rimangono legate, intrecciate (entanglement) per sempre. Una variazione del sistema fisico A, determina una variazione istantanea del sistema fisico B al di là del tempo e dello spazio.

Mi è capitato come Coach, di lavorare con clienti che non riuscivano a vivere la loro vita con serenità poiché si sentivano attratti da qualcosa di "inspiegabile" che li teneva legati al passato. Con l'ipnosi regressiva e un lavoro mirato di Coaching si può ampliare la consapevolezza sui fatti del passato e lasciarli andare. Comprendere ci permette di spezzare quel filo che ci tiene ancora legati al passato e poter finalmente vivere la nostra vita.

Cosa è l'ipnosi

Il termine ipnosi deriva dal greco "*hypnos*", sonno. I non addetti ai lavori associano l'ipnosi ad uno stato di sonno e di totale mancanza di autocontrollo. *L'ipnosi regressiva alle vite precedenti non ha nulla a che fare con l'ipnosi da palcoscenico che siamo abituati a vedere negli show televisivi.*

Come dice Brian Weiss, *l'ipnosi è uno stato semplice e naturale di concentrazione rilassata.*

È paragonabile alle esperienze che facciamo in diverse occasioni della nostra vita quotidiana in maniera del tutto inconsapevole. È come vivere un sogno ad occhi aperti, come quando si osservano le nuvole passare sopra la nostra testa, oppure durante la lettura di un libro particolarmente interessante in cui ci "perdiamo" attraverso le pagine. Non sentiamo più alcun suono esterno poiché siamo completamente immersi nella nostra lettura.

Un fenomeno simile avviene anche quando siamo assorti nella guida della nostra auto e, senza rendercene conto, ci ritroviamo a casa. Non abbiamo "consciamente" prestato attenzione a quanto ci circondava, tuttavia la nostra parte inconscia era costantemente al lavoro.

Le esperienze quotidiane descritte sopra ci fanno, quindi, entrare in uno speciale stato di consapevolezza chiamata ipnosi, per esattezza, viviamo stati di ipnosi quotidianamente, senza prestarci attenzione, ogni 90 minuti circa.

Il sistema mente-corpo, infatti, ha delle necessità fisiologiche che permettono attraverso gli stati di trance spontanea, di rigenerarci attuando una sorta di autoguarigione.

Le trance spontanee rappresentano dunque delle interruzioni del flusso ordinario della coscienza che permettono al sistema mente-corpo di lavorare in maniera naturale.

Si pensa che l'alterazione di questi cicli spontanei che avvengono più volte al giorno (cicli ultradiani), possa portare alla comparsa di vari tipi di malattie psicosomatiche.

In molti posti di lavoro si tende a dimenticare, forse per ignoranza, che è naturale e fisiologico inserire una pausa di circa 15 minuti ogni ora e mezza di lavoro, al fine di ripristinare le giuste energie all'interno del sistema mente-corpo.

L'ipnosi, pertanto, non è perdita di controllo o di coscienza, non è sonno, non è amnesia al termine dell'esperienza vissuta, non permette di dire o fare cose che non si vogliono fare, non altera i valori ed il codice etico di una persona, non rappresenta controllo da parte dell'ipnologo.

Il cliente è invece il protagonista indiscusso della seduta di ipnosi regressiva alle vite precedenti, ha la facoltà se lo desidera, di uscire dallo stato ipnotico in ogni momento. L'ipnologo funge esclusivamente da Coach in grado di guidare e sostenere il cliente attraverso delle tecniche che portino lo stesso in uno stato di concentrazione rilassata permettendogli l'accesso anche ad informazioni riguardanti altre vite, altre esistenze.

Il nostro inconscio funge quindi da porta in grado di connetterci all'esperienza passata archiviata dalla nostra coscienza.

Durante una seduta di ipnosi regressiva alle vite precedenti, non è possibile rivelare segreti o fatti se non si vuole. Una persona sotto ipnosi è capace di mentire o di non rispondere ad una precisa domanda formulata dall'ipnologo, se non lo desidera, non può in nessun modo essere indotto a compiere gesti o azioni che non vuole compiere.

L'ipnosi, infatti, funziona solo se vi è il consenso e la collaborazione del cliente o meglio la collaborazione della sua parte inconscia.

Non c'è mai il pericolo di rimanere "intrappolati" all'interno di una seduta di ipnosi regressiva poiché il cliente, dopo un certo periodo di tempo, o si addormenta o esce spontaneamente dallo stato ipnotico.

A cosa serve l'ipnosi

L'ipnosi regressiva alle vite precedenti rappresenta uno strumento pratico per poter accedere ad informazioni legate ad altre esistenze. Il metodo permette di recuperare delle memorie del passato di cui non si ha consapevolezza, per attuare una comprensione profonda di eventi, fatti, e situazioni che stiamo vivendo nella nostra vita attuale.

L'ipnosi permette di intraprendere un vero e proprio percorso di crescita personale attraverso la trasformazione e l'evoluzione della nostra Coscienza. Comprendere un evento del passato, vissuto in altre vite, in altre esistenze, ci consente di affrontare meglio la nostra vita, di superare un ostacolo o una situazione particolarmente importante che stiamo vivendo. In oltre 13 anni di lavoro da Coach, mi sono accorto che, tantissime volte, i fatti o gli eventi sui quali lavorare per raggiungere un determinato obiettivo con i clienti, non appartenevano alla vita che stavano vivendo, nella maggior parte dei casi, appartenevano a fatti, eventi, persone, legati alla loro famiglia e al loro albero genealogico. *Tantissime altre volte tali fatti, appartengono, invece, a vite precedenti e ad altre esistenze vissute in tempi remoti in corpi diversi.*

Una seduta di ipnosi regressiva alle vite precedenti è in grado di promuovere un naturale miglioramento personale che ci può portare a vivere la nostra vita attuale in maniera più intensa, più vicina al nostro *Progetto Animico.*

Con Progetto Animico intendo quella missione per la quale la nostra Anima si è reincarnata in questa vita, con questa famiglia, in questo paese.

Le memorie del passato (di questa vita e delle nostre vite precedenti) ed il libero arbitrio, ci possono allontanare da quel Progetto Animico (vettore Amore), anzi possono farci deviare completamente; la responsabilità è al 100% nostra, e se vogliamo, attraverso tecniche di crescita personale e spirituale, possiamo liberaci da quei legami non più necessari che ci tengono ancora legati al passato.

La felicità si incontra quando si riesce da essere al proprio posto all'interno del proprio percorso personale, altrimenti si rischia di dovere rimandare quell'esperienza ad una vita futura.

Brian Weiss paragona la nostra permanenza sulla Terra ad una lezione che dobbiamo imparare. Se andiamo a scuola e studiamo, dice, possiamo passare alla classe successiva, se mariniamo la scuola, dovremo ripetere l'anno.

L'ipnosi regressiva ci permette di comprendere un fatto del passato, di lasciarlo andare attraverso una nuova consapevolezza ed integrazione che affiora durante la sessione, migliorando il rapporto con noi stessi e con gli altri. Attraverso questo strumento possiamo lasciar andare paure irrazionali, difficoltà di scelta, abitudini o comportamenti errati e disfunzionali. Possiamo migliorare i nostri rapporti, la nostra situazione lavorativa o finanziaria bloccata, migliorare un nostro comportamento. La seduta ci permette, inoltre, di comprendere alcuni tratti del nostro carattere, le nostre peculiarità, le nostre inclinazioni o preferenze personali, i nostri talenti. Ci consente inoltre di comprendere meglio i temi legati all'amore e alla compassione, all'amicizia e alla famiglia.

Scrive Paolo Crimaldi nel suo libro *Terapia Karmica "Ripercorrere all'indietro il percorso evolutivo della propria anima, può riservare sorprese davvero inaspettate, ma aiuta anche molto a comprendere perché si continua, reiteratamente, a commettere gli stessi errori nonostante si abbia il più delle volte la consapevolezza del modello errato al quale ci si attiene quasi ossessivamente. In altre parole, attraverso l'esperienza* [dell'ipnosi][82] *regressiva alle vite passate, si capisce il motivo per cui alcuni atteggiamenti, del tutto inspiegabili in base al vissuto di questa esistenza, sono presenti, ma ancora di più si vede la propria vita in una dimensione non strettamente limitata ad una asse di tempo ben definito, tipico di una visione temporale lineare, bensì si entra in una circolarità spazio-temporale, che aiuta a dare una visione differente del problema con il quale ci si confronta e a trovare una spiegazione che può andare oltre i tempi limitati dell'attuale esistenza"*[83]. Anche se non si crede nella reincarnazione è possibile comunque beneficiare delle informazioni presenti nella nostra parte inconscia, ma se si crede nella reincarnazione, l'esplorazione di una vita passata consente di imparare importanti lezioni, promuovendo un naturale processo di crescita spirituale e personale.

Pausa Caffè: intrappolati nell'ipnosi

Dopo la presentazione di cosa sia l'ipnosi, ora dovrebbe essere più chiara la differenza fra l'ipnosi utilizzata come induzione e l'ipnosi utilizzata come gioco da palcoscenico. Qualcuno potrebbe anche essere preoccupato di rimanere "bloccato nell'ipnosi" ma questo, come argomentato sopra, non può mai accadere.

Jean-Martin Charcot, noto principalmente per i suoi studi neuropsichiatrici sull'isteria e per l'utilizzo dell'ipnosi, parlava spesso della possibilità, per una persona in trance, di essere abusata, violentata, indotta a commettere atti moralmente deplorevoli. Si racconta, però, che egli stesso, durante una dimostrazione in pubblico,

---

[82] Nel testo citato si parla di *terapia*, termine utilizzabile in ambito medico e psicologico. L'ipnologo alle vite precedenti, utilizza esclusivamente l'ipnosi e nessuna forma di terapia.
[83] Paolo Crimaldi, *Terapia Karmica*, Edizioni Mediterranee, Roma 2011, p. 15

avesse chiesto ad una suora, capace nello stato di trance profonda di mantenere a mani nude una caffettiera bollente, di sollevare la gonna all'altezza del polpaccio. Immediatamente però, la suora uscì dalla trance riservandogli un vigoroso schiaffo in faccia!

Buon caffè!

Riassumendo

- *Le sedute di ipnosi regressiva alle vite precedenti non hanno e non possono avere nessuna finalità clinica, diagnostica o terapeutica, ma vengono utilizzate, dall'ipnologo abilitato, esclusivamente ai fini della crescita personale e spirituale del cliente*
- *Come dice Brian Weiss, l'ipnosi è uno stato semplice e naturale di concentrazione rilassata*
- *Viviamo stati di ipnosi quotidianamente, senza prestarci attenzione, ogni 90 minuti circa*
- *Un cliente sotto ipnosi non può in nessun modo essere indotto a compiere gesti o azioni che non vuole compiere*
- *L'ipnosi regressiva ci permette di comprendere un fatto del passato, di lasciarlo andare attraverso una nuova consapevolezza ed integrazione che affiora durante la sessione, migliorando il rapporto con noi stessi e con gli altri*

Il cervello si esprime mediante le parole; il cuore mediante lo sguardo degli occhi e l'anima mediante una radiazione che carica l'atmosfera e magnetizza tutto.

(Hazrat Inayat Khan)

Capitolo 7

Sebbene il karma controlli ogni aspetto della vita, è essenziale comprendere che si può cambiare il proprio karma e influenzare il modo in cui il passato si manifesta nel momento presente.

Hiroshi Motoyama

Karma e Perdono

Un aspetto fondamentale da tenere sempre presente quando si parla di vite precedenti e di crescita personale e spirituale, è quello del karma. Comprendere questo concetto ci permette di affrontare meglio la nostra vita attuale, le nostre scelte e le situazioni che viviamo. Il nostro presente è influenzato dal nostro karma passato, il nostro futuro è direttamente influenzato da ciò che facciamo ora nel nostro presente.

Il Karma

Il termine Karma in sanscrito significa "fare", "causare", "azione". Per karma si intende "agire per un fine", è l'energia che fa muovere il motore "causa-effetto".

È possibile generare karma attraverso le nostre azioni ed i nostri comportamenti, attraverso le nostre parole ed i nostri pensieri. Come ci comportiamo con gli altri, cosa diciamo e cosa pensiamo, ha un effetto nella costruzione del modello causa-effetto. Questo significa che generiamo Karma in qualsiasi momento.

Il concetto di karma è strettamente legato al concetto di

reincarnazione. Tutte le nostre azioni hanno quindi delle conseguenze che possono avere degli effetti immediati, come ad esempio una parola offensiva detta durante una discussione o un'azione fatta nei confronti di una donna (pensiamo ai maltrattamenti e alla violenza sulle donne).

Il karma oltre che avere delle conseguenze immediate, ha anche delle conseguenze legate alle nostre future incarnazioni. L'energia legata alle parole, ai pensieri o ai comportamenti determina quindi una modificazione del campo di energia della persona e con esso, ci ritroviamo ad avere a che fare in questa vita ma anche e soprattutto nelle nostre vite future.

È come se lanciamo un sasso in un lago la cui acqua è ferma e tranquilla andando a perturbare quel sistema con la creazione di onde che si spostano in tutte le direzioni, arrivando sin alle lontane sponde. Dal centro del lago, quella perturbazione si muove indietro ed in avanti determinando un effetto che si può ben misurare a distanza di tempo. Il concetto di karma è dunque legato al concetto di futura incarnazione ma anche al concetto di vita precedente.

Come per l'esempio del lago, le onde di perturbazione arrivano a noi anche dal passato influenzando il nostro presente. Non possiamo non tenerne conto, da una causa (lancio del sasso) si determina quindi un effetto (perturbazione ossia movimento di una massa d'acqua avanti ed indietro rispetto alla nostra posizione centrale nel presente).

Oggi viviamo, quindi, investiti da una perturbazione che arriva dal passato, dalle azioni, dalle parole, dai pensieri che abbiamo formulato in altre vite, in altre incarnazioni. Secondo il concetto di karma, la nostra felicità o infelicità è anche intimamente legata alle nostre azioni passate.

Le nostre azioni e le nostre emozioni attuali hanno un impatto significativo sulle nostre incarnazioni future. Nel presente, qui ed ora, possiamo modellare ciò che ci accadrà dopo la nostra morte. Le buone azioni determinano la creazione di Karma positivo nelle nostre future vite, mentre le cattive azioni determinano la generazione di karma negativo con il quale si dovrà fare i conti in futuro.

Ciò che siamo oggi è dunque il frutto delle nostre azioni passate e determina il nostro futuro. Spesso il karma viene inteso come punizione, con una connotazione negativa, o comunque ineluttabile (pensate nella religione cattolica a come si giustifica un evento drammatico o negativo parlando di "croce") invece è conseguenza di scelte fatte in maniera conscia o inconscia (moltissime volte siamo guidati da memorie del passato che ci spingono a compiere azioni completamente inconsapevoli). Secondo la legge del Karma, noi siamo ciò che abbiamo fatto e saremo ciò che facciamo.

Facciamo un esempio: se diamo un colpo di testa al muro, questo ci restituisce una forza uguale e contraria a quella della testata data (principio di azione-reazione). Se colpiamo con forza il muro con la nostra testa, il muro ci restituisce una forza uguale e contraria molto forte facendoci addirittura rompere la testa. Se invece diamo un colpo lieve, la forza che il muro ci restituirà sarà di lieve entità. *Non possiamo quindi accusare il muro di essere cattivo nei nostri confronti, il muro reagisce solo in relazione alla forza che gli arriva.*

Ritornando all'esempio del lago, il lancio della pietra determina onde in avanti e in dietro, in tutte le direzioni, questo significa che le nostre azioni, i nostri comportamenti, i nostri pensieri, le nostre parole, vanno a generare Karma futuro ma interagiscono anche con il Karma passato. Ad ogni nuovo "giro di giostra" delle nostre incarnazioni, ci viene data la possibilità di evolvere e di bruciare Karma negativo, è quindi possibile fare una vera e propria purificazione.

Rabbia, attaccamento, gelosia, ignoranza, determinano azioni negative ed in questo caso si parla di mente "impura". Le azioni positive, di contro, vengono invece generate da una mente "pura" attraverso l'amore, la compassione, la gentilezza, il non attaccamento, la saggezza ed il perdono. Possiamo bruciare karma attraverso l'aiuto ed il supporto verso i poveri, i malati, le persone che soffrono, possiamo utilizzare la gentilezza, la nostra generosità, la nostra pazienza nei confronti degli altri.

Queste azioni generano Karma positivo e vanno a bruciare il Karma negativo accumulato nel tempo. La meditazione, la preghiera, le pratiche spirituali in genere, generano anch'esse Karma positivo. Il pentimento sincero per aver commesso una determinata azione genera Karma positivo andando ad effettuare una purificazione. Dobbiamo anche essere disposti a non compiere più determinate azioni.

Le azioni quali il volontariato, le donazioni, il soccorso ai malati o a chi ne ha bisogno, la tutela degli animali e delle piante, l'amore verso gli altri, rappresentano alcuni dei più potenti purificatori di Karma negativo.

Il perdono è sicuramente il mezzo più potente per produrre buone azioni e purificare il Karma negativo.

Il Perdono[84]

Il Perdono rappresenta un'alchimia interiore che ci permette di lasciar andare in maniera consapevole ciò che ci è stato tolto in passato, rappresenta pertanto il cambiamento più profondo nella nostra vita. È un atto che permette all'energia bloccata di scorrere nuovamente e di accompagnarci verso un'evoluzione personale e spirituale. È un percorso in grado di redimere noi stessi, non gli altri. È una trasformazione che rende liberi e ci permette di attuare un cambiamento profondo che porta pace. Quando non riusciamo a perdonare, significa che siamo ancora attaccati a quella persona, a quell'evento, a quelle parole. Perdonare però non deve essere inteso come dimenticare tutto o rinunciare a far rispettare la giustizia. Perdonare è una trasformazione interiore in grado di farci evolvere e di

---

[84] La parte del testo sul perdono è già comparsa in un mio precedente lavoro all'interno del libro di Andrea Agostino *Icone della società* dedicato alle donne, edito dalla casa editrice Palumbi. Il testo è frutto di una rielaborazione di una parte del meraviglioso corso sul perdono che ho frequentato col Prof. Antonio Valmaggia.

prepararci a riconquistare il nostro posto nel presente.

Faccio porre l'attenzione dei miei clienti sul fatto che i sentimenti negativi che stanno vivendo, sono legati a ciò che è stato. Questa energia bloccata va liberata al fine di recuperare forza, salute, benessere.

Il karma, soprattutto quello negativo, determina una perdita costante di energia. Perdonare significa trasformare quell'energia, chiudere quel rubinetto aperto e potenziare il flusso generale a nostra disposizione. Quando perdoniamo noi stessi e gli altri ripristiniamo il corretto flusso energetico, acquisiamo forza e siamo in grado di vivere appieno la nostra vita.

Perdonare significa trasformarsi ed aprirsi al nuovo lasciando andare il vecchio. Perdonare significa anche accettare gli altri così come sono. Il Perdono però non va inteso nel senso di assolvere qualcuno, il Perdono è la rinuncia consapevole a ciò che ci è già stato tolto.

Perdonare e perdonarsi è paragonabile ad una carezza che non ci eravamo permessi ancora di concederci e che ci riconnette al presente. Quando perdoniamo trasformiamo quell'energia bloccata in un fiume che rivitalizza il nostro corpo, la nostra mente e la nostra anima.

L'evento traumatico, il fatto sgradevole può rimanere nella nostra memoria ma la sua carica emozionale non provoca più dolore in virtù della trasformazione che è avvenuta in noi.

Le tappe del perdono sono la consapevolezza e l'accettazione. Devo prima diventare consapevole di tutta l'energia bloccata e che spreco a livello conscio e soprattutto inconscio per far fronte all'offesa.

Dopo la consapevolezza viene l'accettazione ed inizia la vera pratica del perdono.

Maestro, quante volte dobbiamo perdonare? Domanda Pietro a Gesù "70 volte 7" (sempre) risponde Gesù.

L'esercizio del perdono

70 volte al giorno per 7 giorni consecutivi scrivo: io (il mio nome) perdono totalmente (il nome della persona che voglio perdonare).

Questo esercizio nella sua semplicità, racchiude in sé un'energia enorme, dirompente, in grado di liberarci dal passato e farci vivere appieno il presente, l'unico tempo reale.

Perdonare ha inoltre enormi effetti oggi riconosciuti dalla scienza: porta più serenità, più pace interiore, migliora il rilassamento psicofisico, migliora lo stato di depressione e di ansia, riduce i disturbi mentali causati dal ricordo ossessivo, diminuisce la pressione sanguigna, riduce il rischio di infarto. Il dottor Douglas Russell, cardiologo, in uno studio del 2003, ha documentato come dopo sole 10 ore di "corso di perdono" le funzionalità coronariche dei pazienti già migliorassero.

"Padre, perdona loro, perché non sanno quello che fanno!"

I carnefici di Gesù erano "innocenti", non perché non si macchiarono di sangue ma perché erano "ignoranti" dell'amore.

Tutti noi, in fondo, racchiudiamo un'Anima che ci unisce in un unico campo di energia, veniamo dallo stesso luogo e ci ritroveremo nello stesso luogo.

Pausa Caffè: la doccia

Un esempio che mi piace fare, a proposito del flusso di energia, è quello dell'acqua della doccia.

Vi sarà infatti capitato di essere nel bel mezzo di una doccia rilassante e di vedere il flusso dell'acqua ridursi ed alcune volte mancare quasi del tutto. L'apertura di uno o più rubinetti nella nostra abitazione, determina la riduzione del flusso d'acqua nel rosone della doccia. Quanti più rubinetti si aprono tanto più il flusso dell'acqua si divide nei vari rubinetti determinando un calo drastico della pressione e della portata.

Se invece, ad essere aperto è solo il rubinetto della nostra doccia, il flusso con il quale possiamo lavarci è quello massimo.

Ogni porta lasciata aperta, ogni storia non risolta, ogni trauma, evento negativo, ogni azione malvagia fatta, ogni pensiero negativo formulato, ogni persona non perdonata, determina l'apertura di un rubinetto nel nostro sistema energetico. Quanti più rubinetti aperti abbiamo, tanta più energia disperdiamo inutilmente per alimentare quel fatto, quell'idea errata, quella convinzione, quel sistema di credenze, ecc.

Pensate a quanti fatti, eventi negativi, traumi e problemi non risolti rimangono aperti inconsciamente dentro di noi per anni. Ognuno di questi "rubinetti" determina una riduzione del nostro flusso generale di energia non permettendoci di godere pienamente della nostra vita e togliendoci forza fisica e mentale.

Buon caffè!

Riassumendo

- *Per Karma si intende "agire per un fine", è l'energia che fa muovere il motore "causa-effetto".*
- *Il concetto di Karma è strettamente legato al concetto di reincarnazione*
- *Le onde di perturbazione karmica, arrivano a noi dal passato influenzando il nostro presente ed il nostro futuro. Non possiamo non tenerne conto: da una causa (azioni, pensieri, parole, ecc.) si determina un effetto*
- *Il Perdono è un atto che permette all'energia bloccata, di scorrere nuovamente e di accompagnarci verso un'evoluzione personale e spirituale*
- *Perdonare ha effetti oggi riconosciuti dalla scienza: porta più serenità e pace interiore, migliora il rilassamento psicofisico, lo stato di depressione e di ansia, riduce i disturbi mentali causati dal ricordo ossessivo, riduce il rischio di infarto*

Nel vero amore, è l'anima che abbraccia il corpo.

(Friedrich Nietzsche)

Capitolo 8

L'amore non ha nulla a che vedere con la biologia, la chimica o gli ormoni. L'amore è il volo della tua consapevolezza verso le dimensioni più elevate, al di là della materia e del corpo

(Osho, *I misteri della vita*)

L'amore, la forza più grande dell'universo

"Un'unica Forza, l'Amore, lega e dà vita a infiniti mondi", scriveva Giordano Bruno (1548-1600).

Nell'universo non esiste una forza più grande e duratura dell'amore. È una forza che nasce con l'Universo stesso che supera il tempo e lo spazio. L'amore fra madre e figlio o fra padre e figlio, o l'amore fra due amanti è una forza che viaggia nel tempo, è un'informazione che non si perde ma che rimane memorizzata nel tessuto stesso dell'Universo.

Rimane memorizzata in quella matrice che anche i fisici hanno più volte ipotizzato esistere e che raccoglie tutte le informazioni da sempre e per sempre. L'amore viaggia anche nel tempo, anche dopo centinaia di anni si manifesta nuovamente.

Come dice Osho, l'amore non ha nulla a che vedere con la biologia la chimica o gli ormoni. L'amore è legato alla nostra consapevolezza che viaggia nel tempo attraverso la Coscienza per poi manifestarsi nuovamente di vita in vita. Alcune volte capita infatti di incontrare qualcuno, guardarlo negli occhi e pensare di conoscere da sempre quella persona, di averla già incontrata, di avere un particolare feeling. È proprio vero che gli occhi sono lo specchio dell'Anima nel senso che permettono di scrutarvi dentro e ricordare…..

Possono passare centinaia d'anni ma l'energia che si sprigiona dallo sguardo, è legata all'amore che si è provato per quella persona. L'amore non conosce distanze, se pensiamo infatti a due amanti che devono stare per un periodo separati, ci accorgiamo che se il loro è Amore puro e non attaccamento, questo amore rimane invariato, inalterato.

L' Amore è una forza che trascende il corpo, che va al di là di tutto ciò che è misurabile; ci fa uscire dalla dimensione misurabile per farci entrare nell'incommensurabile, ciò permette di andare al di là della materia. Quando abbandoniamo i nostri corpi, infatti, l'Amore non muore, non è legato alla materia, al tempo, allo spazio, vive al di là di tutto, viaggia nel tempo di vita in vita. L'informazione "Amore", rimane inalterata, non viene corrosa dal tempo, è un'informazione "pura" non corruttibile. L'Amore è perfetto, non si può rendere migliore. Perfezione e Amore sono inseparabili.

Osho dice che: *"l'Amore è un'esperienza spirituale non ha nulla a che vedere con i sessi, con i corpi, ma tocca l'essere più intimo"*.

Ancora una volta dobbiamo ricordarci che incontreremo nuovamente i nostri cari, che i gruppi di anime si ritrovano sempre. La nostra famiglia d'origine, rappresenta un gruppo di anime che si incontrerà nuovamente di vita in vita.

Soffermiamoci a riflettere su questo punto.

Durante le regressioni, è frequente incontrare, di vita in vita, membri della propria famiglia. Nostro padre nella vita attuale, potrebbe essere stato nostro figlio in un'altra vita. Il ruolo che interpretano "gli attori" è cambiato mentre questi rimango gli stessi.

Sapere questo ci permette di lasciare andare sentimenti quali rabbia, odio, violenza nei confronti dei membri della nostra famiglia. Se guardiamo le cose da questa nuova prospettiva, possiamo capire che ci lega qualcosa che va al di là del tempo e, attraverso una sessione di ipnosi regressiva, possiamo rivivere una vita precedente che ci permette di risanare il rapporto attuale che abbiamo con un nostro genitore o nei conforti di nostro figlio.

Rivivere una vita precedente, amplifica la nostra

consapevolezza, ci fa comprendere, ci fa evolvere nel nostro personale percorso di crescita.

Comprendere significa anche perdonare, trasformare quell'energia bloccata e permettere all'Amore di scorrere nuovamente e di alimentare tutto il nostro essere.

L'amore sconfigge veramente ogni cosa, è una forza dirompete che nulla può fermare, è più forte di qualsiasi cosa si conosca.

Io credo che l'Universo stesso sia stato concepito da un atto d'Amore della Divinità o, meglio, che *l'Universo stesso sia Amore all'opera*.

Pausa Caffè: vettore Amore

In fisica, un qualsiasi corpo nello spazio, è sempre sottoposto ad un insieme di forze che agiscono su di esso. Se prendiamo un sasso, su di esso agisce la forza di gravità, la forza del terreno sul sasso, la forza del vento, ecc.

Anche per noi esseri umani vi è, costantemente in azione, un sistema di forze delle quali, il più delle volte, non siamo neppure consapevoli. Queste forze vengono generate da vari tipi di campi legati all'essere umano, come ad esempio il campo morfogenetico, il campo della nostra famiglia di origine (campo famigliare), il campo legato ai nostri avi, il campo legato all'ambiente in cui viviamo, il campo mentale, il campo animico, il campo delle vite passate, ecc.

Se pensiamo che l'essere umano, energeticamente, è la somma dell'interazione di tutti questi campi di energia, ci rendiamo conto che, in fondo, queste forze nascoste ci portano nella loro direzione a seconda dell'intensità. Per comprendere meglio questo concetto, immaginiamo di essere legati con dei fili sottili al centro del nostro corpo (vedere la figura nella pagina seguente). Ad esempio, immaginiamo un filo sottile legato alla vita che ci tira in basso a destra, un altro legato sempre alla vita che ci tira in basso a sinistra, un altro ancora che ci tira verso sinistra ed infine un filo che ci tira verso l'alto (vettore Amore). Non ci rendiamo conto, coscientemente, di queste forze che agiscono su di noi imprimendoci le loro direzioni, facendoci, il più delle volte, allontanare dal nostro vero progetto di vita. Ogni filo al quale siamo legati, ha una sua precisa intensità determinata da quanto è forte la forza generata da quel particolare campo della nostra vita. Più la forza è intensa, più ci costringe a spostarci verso la sua direzione. In fisica, la somma di tutte le forze applicate ad un corpo, si chiama **risultante.**

Vediamo attraverso un'immagine, quali sono alcune delle forze, generate dai campi, che possono agire su di noi e come si trova la risultante di tali forze.

Vettore Amore

153

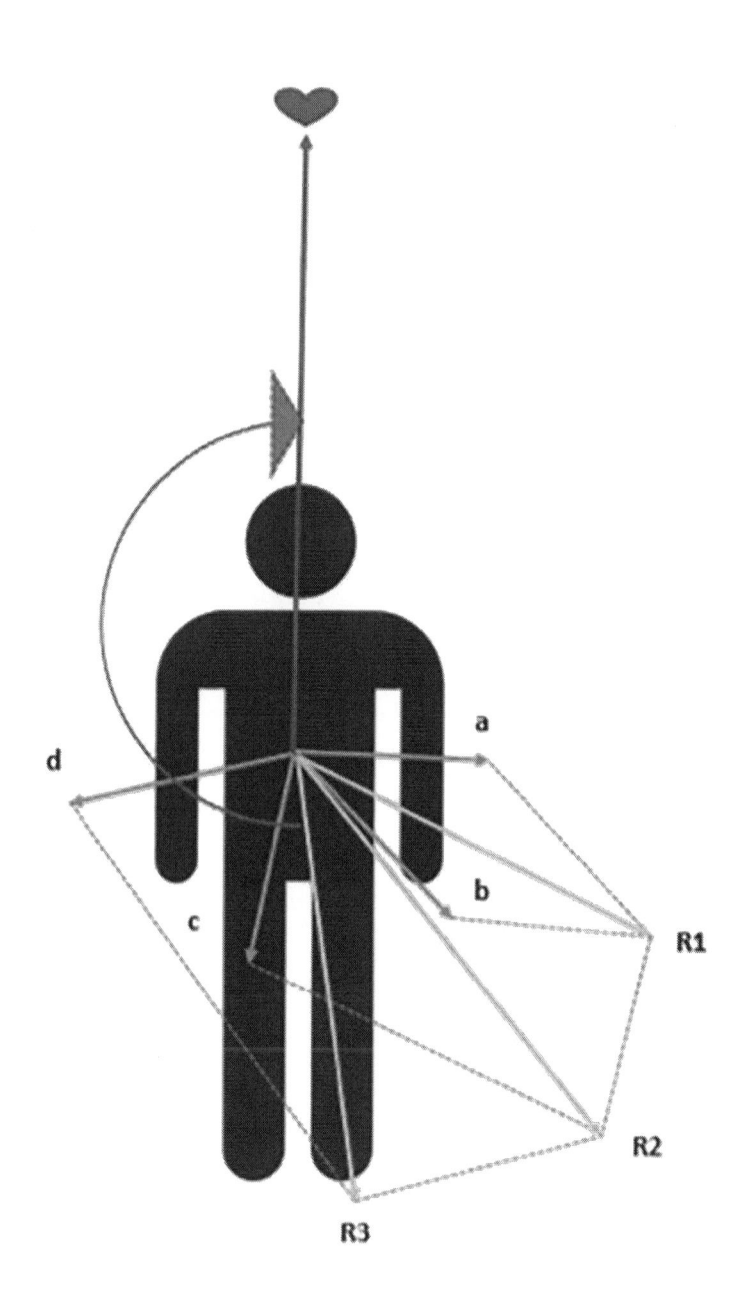

*Nella figura della pagina precedente, sono state inserite delle frecce (a, b, c, d), che in fisica si chiamano vettori, orientate secondo una certa direzione ed un certo verso, la cui lunghezza è proporzionale all'intensità di ciascuna delle forze in gioco. Tutte le forze, per semplicità, vengono applicate al centro del corpo. Con il simbolo del cuore è stato rappresentato in figura il **vettore Amore**, ossia quella forza orientata verso la sorgente o campo unificato, che rappresenta il **progetto animico** da realizzare in questa nostra esistenza. Le frecce R1, R2, R3, rappresentano invece le **risultanti** delle forze applicate al nostro essere umano. R1 risulta essere la forza risultante fra a e b, R2 la forza risultante fra R1 e c, R3 la forza risultante fra R2 e d.*

*R3, in sostanza, essendo la risultante di tutte le forze applicate all'essere umano, rappresenta la direzione verso la quale si sta muovendo l'essere umano in figura. La freccia che va da R3 verso il vettore Amore, invece, rappresenta **l'angolo di divergenza rispetto alla realizzazione del nostro progetto animico**. Tanto più questo angolo è grande, come in figura, quanto più ci allontaniamo dalla realizzazione del nostro **progetto animico**. Più l'angolo fra la risultante di forze R3 ed il **vettore Amore** è stretto, più siamo vicini alla realizzazione del nostro **progetto animico**. Proviamo ora a dare un nome alle forze a, b, c, d, ognuna delle quali è generata da un determinato campo (intendiamo per campo quell'insieme di informazioni che agiscono costantemente sull'essere umano e del quale, il più delle volte, non siamo minimamente consapevoli).*

a: campo mentale;

b: campo famigliare;

c: campo dei nostri avi;

d: campo delle vite passate;

*Supponiamo che la forza generata dal campo mentale, ci porti a desiderare di diventare in vita un pilota di aerei, mentre la forza generata dal campo famigliare ci porta invece a sentire (**sogno dei nostri genitori**) di voler diventare un avvocato. Il campo dei nostri avi, invece, ci spinge verso la direzione dell'insegnante di italiano.*

Il campo delle nostre vite passate invece, ci porta verso la direzione dell'artista di strada. Sta di fatto che la risultante di tutte queste forze in gioco, R3, non ci porta nella direzione di nessuna delle forze in gioco, ma assume una direzione tutta sua. Soprattutto, è da notare, che si ha una divergenza completa rispetto alla realizzazione del nostro **progetto animico** che magari prevedeva per noi una vita come medico in Africa al servizio delle popolazioni più bisognose. Il **vettore Amore**, è quello che ci mostra la direzione verso la quale la nostra anima sarebbe portata ad andare per la realizzazione della nostra vera missione personale. Come Anime, abbiamo scelto di incarnarci nuovamente, in questo luogo ed in questo tempo, per fare una nuova esperienza che abbiamo scelto a priori e che prevede una determinata lezione. Il libero arbitrio (campo mentale), ci permette di divergere dal nostro progetto animico e di riscrivere costantemente un nuovo scenario (collasso della funzione d'onda). Ricordiamo però che potrebbero esserci anche altre forze in gioco (e quindi altri campi), come rappresentato in figura, ognuna delle quali "ci tira" verso una direzione e forza ben precisa che dipende da quanta influenza ha per noi quel campo. Ad esempio, se la forza d, campo delle vite passate, è molto forte, poiché dobbiamo ancora integrare una particolare esperienza vissuta in altre esistenze, allora quella forza sarà preponderante sulle altre. Oppure potrebbe essere la forza generata dal campo famigliare o dal campo dei nostri avi ad essere prevalente. Sta di fatto, che chi ci ha creato (campo unificato, energia universale, Dio, ecc.) sa esattamente cosa è meglio per noi o meglio ancora, la nostra capsula di informazione chiamata Anima (rappresentata in figura con il vettore Amore) sa esattamente quale sia la direzione che ci porterà alla piena realizzazione della nostra vita. Il lavoro di crescita personale serve proprio a questo, a far sì che le altre forze in gioco siano le più deboli possibili in modo da permetterci di allinearci con il vettore Amore o di divergere da questo molto poco. Tanto più divergiamo da questa **forza animica**, quanto più siamo infelici. Potrebbe anche darsi che il nostro progetto animico non riesca a *realizzarsi in questa vita ma in future esistenze.*

Potete indicare con a, b, c, d, campi diversi come ad esempio (a: campo mentale, b: campo della coppia, c: campo delle amicizie, d: campo del Karma). Sono decine i campi di influenza che determinano energeticamente chi noi siamo e ognuno di essi genera una forza che ha una direzione, un verso ed un'intensità ben determinati. Siamo sempre noi che abbiamo la responsabilità di lavorare su un determinato aspetto della nostra vita o se vogliamo possiamo anche non fare nulla e farci trasportare dalle forze nascoste che agiscono su di noi.

Più siamo capaci di comprendere ed integrare in noi le informazioni che arrivano dai vari campi, più le forze da essi generate si riducono allentando la loro presa. Un lavoro con le Costellazioni Familiari, ad esempio, fatto sulle forze del campo dei nostri avi, potrebbe portare alla comprensione di quel particolare comportamento che ci tiene legati al passato. Comprendere ed integrare quest'informazione, permette di allentare la presa di quella forza che agiva su di noi in maniera inconsapevole.

Possiamo sempre scegliere, ma ricordiamoci che la nostra Anima ha un progetto, una lezione ben precisa da imparare in questa vita e, se la realizziamo, allora la felicità sgorgherà in noi poiché ci saremo allineati e riconnessi alla nostra sorgente.

Buon caffè!

Riassumendo

- *La forza più grande dell'universo è l'Amore*
- *L'amore va al di là del tempo e dello spazio*
- *Questa forza ci lega ai nostri famigliari, ai nostri compagni/e di vita, ai nostri amici*
- *È quella forza che permette il riconoscimento delle anime appartenenti al medesimo gruppo*
- *L'amore fra due amanti può viaggiare nel tempo, è un collante che riconnette anche dopo migliaia di anni*
- *Su di noi agiscono costantemente tantissimi campi di intensità variabile*
- *La realizzazione del nostro progetto animico avviene se l'intensità delle altre forze è molto debole: in questo caso è possibile allinearsi alla sorgente e realizzare la nostra missione personale*

Per capire veramente la natura della realtà dobbiamo guardare attraverso gli occhi dell'anima.

(Deepak Chopra)

Capitolo 9

A ciascuno di voi è riservata una persona speciale. A volte ve ne vengono riservate due o tre, anche quattro. Possono appartenere a generazioni diverse. Per ricongiungersi con voi, viaggiano attraverso gli oceani del tempo e gli spazi siderali. Vengono dall'altrove, dal cielo. Possono assumere diverse sembianze, ma il vostro cuore le riconosce. Il vostro cuore le ha già accolte come parte di sé in altri luoghi e tempi, sotto il plenilunio dei deserti d'Egitto o nelle antiche pianure della Mongolia. Avete cavalcato insieme negli eserciti di condottieri dimenticati dalla storia, avete vissuto insieme nelle grotte ricoperte di sabbia dei nostri antenati.
Tra voi c'è un legame che attraversa i tempi dei tempi:
non sarete mai soli.

Brian Weiss

Famiglia e anime gemelle: ci siamo già incontrati

Quando durante una sessione si parla di Anima, i clienti rimangono affascinati da questo termine pur alcune volte non cogliendone completamente il significato profondo. A quel punto spiego loro che per Anima intendiamo quell'energia primordiale, quell'informazione che permea il nostro corpo e la nostra mente e che ci appartiene da sempre. *L'Anima è come una capsula di informazione pura, contenuta dentro di noi e tutto intorno a noi.*

Questa capsula contiene i ricordi di tutte le altre nostre vite, tutte le esperienze fatte di vita in vita e soprattutto contiene le informazioni perché possiamo, in questa vita, realizzare la nostra missione personale.

Quando divergiamo da questo intento, allontanandoci dalla

missione della nostra Anima (progetto animico), ci poniamo fuori posto manifestando dei malesseri sia sul piano psicologico che fisico. Se invece cerchiamo di assecondare la nostra missione su questa terra, riprendiamo il nostro posto, vivendo allineati con la sorgente, con la Divinità (qualsiasi cosa sia per noi la Divinità).

Nelle mie sessioni, parlo delle Anime che si rincontrano di vita in vita e questo desta sempre fascino e stupore.

Gli studiosi della reincarnazione, Brian Weiss, per citarne uno, hanno verificato migliaia di volte come sotto ipnosi regressiva, le persone ricordano altre vite in cui rincontrano i propri familiari. Nostro padre in questa vita, potrebbe essere stato nostro fratello in altre vite oppure nostro figlio, o ancora nostra madre potrebbe essere stata nostra figlia in una vita passata.

Questo crea stupore e fascino ed allo stesso tempo accende una speranza che porta i clienti a riflettere e pensare che, in fondo, alla fine della nostra vita terrena, incontreremo nuovamente i nostri cari, di vita in vita.

Questa nuova informazione ci fa compiere un salto evolutivo: la morte, da questo momento in poi, viene vissuta come un passaggio, una trasformazione che potrà condurci a incontrare nuovamente i nostri cari.

Brian Weiss ha più volte affermato che non ci separiamo mai dai nostri cari, dalla nostra famiglia, siamo legati insieme da sempre, e potremo rincontrarli ancora di vita in vita.

Questa nuova informazione, frutto di verifiche pratiche attraverso l'utilizzo dell'ipnosi regressiva, porta serenità e pace nei clienti. Iniziano a vedere le cose da una nuova prospettiva, da un nuovo punto di vista.

La paura della morte allenta la sua presa, la speranza si accende e permette loro di "riorganizzare le idee".

Riporto adesso l'esperienza di una cliente che aveva paura della morte e di non rivedere più i propri cari.

Mi diceva: *ma se io muoio non ci sono più, non rivedrò più i miei cari*. Aveva il terrore della morte e di non poter più rivedere la propria famiglia. Le ho parlato allora dell'Anima e di come una volta lasciato il nostro corpo, quella capsula di informazione, si ricongiunge all'Universo, ritorna nello *"spazio delle Anime"* (vedere il concetto di coscienza e microtubuli teorizzato da Stuart Hameroff e Roger Penrose).

Qui l'Anima permane per un tempo sufficiente a ricaricarsi, rigenerarsi e purificarsi, fino a quando è pronta per una nuova missione sulla Terra. È pronta ad imparare una nuova lezione di vita affinché la sua conoscenza cresca ancora di più. Una volta raggiunto un elevato grado di conoscenza quell'anima, rimarrà nello spazio delle Anime e da qui potrà probabilmente aiutare altre anime ad evolvere. Le anime evolute potrebbero anche aiutare l'evoluzione delle anime che ancora si trovano sulla Terra.

In fondo, se ci pensiamo bene, gli *Angeli Custodi*, potrebbero essere manifestazioni di *Energia Animica* che supportano e aiutano altre Anime.

Tornando alla mia cliente, le spiegai che doveva intendere l'Anima come il ciclo dell'acqua.

Se prendiamo un bicchiere d'acqua e lo raffreddiamo, l'acqua contenuta nel bicchiere diventerà ghiaccio, vi sarà quindi un passaggio di stato; l'informazione, contenuta nell'acqua sarà la stessa, avrà solo variato la sua forma ma non il contenuto. Quando moriamo quell'acqua viene invece riscaldata, abbandona il corpo, diventando vapore e si ricongiunge all'atmosfera, all'Universo.

Mentre parlavo di questo, la mia cliente mostrava interesse e fascino.

Ho continuato dicendole: quando tu morirai, la tua Anima lascerà il tuo corpo, trasformandosi da liquida in gassosa come avviene per l'acqua. Il vapore permarrà per un po' nella stanza dove si troverà presumibilmente il tuo corpo, fino a quando l'abbandonerà per potersi riunire all'atmosfera, in generale all'Universo.

Come per il ciclo dell'acqua, anche per il ciclo dell'Anima vige il primo principio della termodinamica.

Questo principio rappresenta una formulazione del principio di conservazione dell'energia e afferma che: *L'energia di un sistema termodinamico chiuso non si crea né si distrugge, ma si trasforma, passando da una forma a un'altra.*

L'Anima quindi non si disperde, non si annulla o annienta ma si trasforma cambiando di stato. È come se passasse da una forma "liquida" contenuta nel corpo, ad una forma "gassosa".

La mia cliente, da professoressa di matematica e fisica, comprese perfettamente l'analogia. Scoppiò a ridere e prese subito degli appunti sulla cosa perché *non voleva più dimenticare*. Aveva fatto un passo avanti nella comprensione ed era estremamente felice per questo.

La nostra sessione continuò parlando, poi, di come quell'Anima "gassosa" poteva stare accanto ai propri familiari una volta abbandonato il corpo, non solo, le Anime dei nostri cari avrebbero fatto lo stesso, per poi un giorno rincontrarsi in altri corpi sempre vicini e sempre uniti.

Non dobbiamo quindi avere paura della morte poiché si tratta di un passaggio di stato per poi portarci nuovamente sulla Terra, o forse su altri pianeti, a sperimentare una nuova missione fatta di lezioni d'amore, compassione e perdono.

Torniamo per imparare ancora di più o ancora qualcosa che ci porterà ad incrementare la nostra conoscenza per poter poi aiutare anime più giovani e inesperte di noi. In quest'ottica possiamo pensare che l'evoluzione delle anime, potrebbe corrispondere all'evoluzione dell'universo stesso. La coscienza è energia pura che genera nuove informazioni, che arricchiscono tutto l'universo.

Non rincontriamo solo familiari, ma anche compagni di vita, mariti, mogli, amanti. Nel suo libro "*Molte vite un solo amore*", il Dott. Brian Weiss, parla del caso di due suoi pazienti, Elizabeth e Pedro, che pur non conoscendosi si riconoscono in questa vita. Brian Weiss è spettatore dei racconti delle loro vite passate e i due riportano alla luce un episodio molto doloroso che risale a centinaia di anni prima. I due si sono amati in una vita precedente e il destino o meglio le loro Anime, cospirano affinché possano incontrarsi nuovamente in questa vita. Il loro sguardo si incrocia nella sala d'aspetto dello studio del Dott. Weiss e in quel momento capiscono di conoscersi da sempre.

Alcune volte accade di incontrare nuovamente una nostra anima gemella, di guardare negli occhi il nostro partner e di dire "*mi sembra di conoscerti da sempre*". Sono eventi importanti che confermano che i gruppi di anime si rincontrano sempre anche a distanza di centinaia o migliaia di anni.

Riassumendo

- *I componenti della nostra famiglia sono fra i membri del nostro gruppo animico*
- *Incontreremo nuovamente i nostri cari in altre vite ed in altri ruoli*
- *La nostra anima, come quella dei nostri cari, dopo la morte fisica del corpo si ricongiunge all'universo per poi far ritorno*
- *L'anima è come l'acqua, cambia stato ma non si distrugge mai, vige sempre il principio di conservazione dell'energia*
- *Anche le anime di due amanti sono destinate ad incontrarsi ancora in altre vite ed in altri luoghi*

Prima della nascita, l'anima di ciascuno di noi sceglie un'immagine o disegno che poi vivremo sulla terra, e riceve un compagno che ci guidi quassù, un daimon, che è unico e tipico nostro. Tuttavia, nel venire al mondo, ci dimentichiamo tutto questo e crediamo di esserci venuti vuoti. È il daimon che ricorda il contenuto della nostra immagine, gli elementi del disegno prescelto, è lui dunque il portatore del nostro destino.

(James Hillman)

Capitolo 10

*In ipnosi fate appello all'ampia riserva di cellule cerebrali
delle quali noi tutti siamo dotati,
ma delle quali siamo praticamente inconsapevoli.*

Milton Erickson, *Guarire con l'ipnosi*, 1983

Come si svolge una sessione di ipnosi regressiva alle vite precedenti

L'ipnosi regressiva alle vite precedenti, costituisce uno strumento importante per il cliente che chiede ad un ipnologo certificato, di poter iniziare un lavoro di crescita personale e spirituale. L'iter inizia generalmente con un contatto attraverso il quale il cliente chiede informazioni all'ipnologo su come si svolge una sessione.

Prima di poter fissare un appuntamento però, è necessario che il cliente compili dei documenti il primo dei quali è rappresentato dal modulo di adesione alla seduta. Questo modulo riporta le regole e le norme che disciplinano una consulenza professionale. Nel modulo il cliente dovrà dichiarare se soffre di qualche patologia e se si assumono dei farmaci, oltre a sottoscrivere tutte le informazioni indicate al suo interno.

Ricordiamo che la sessione di ipnosi regressiva alle vite precedenti non può avere finalità cliniche, diagnostiche o terapeutiche e che la trance è utilizzata esclusivamente come induzione e non come terapia.

Il Coach alle vite precedenti (ipnologo certificato) non può sostituirsi a medici o psicologi ma utilizza la trance come induzione al fine di promuovere il processo di trasformazione, evoluzione e di crescita personale e spirituale del cliente, attraverso memorie che appartengono a vite passate.

Questo è l'unico ambito di utilizzo consentito dello strumento da parte di ipnologi certificati, tutti gli usi medici e diagnostici sono ad esclusivo appannaggio dei medici e degli psicoterapeuti.

Oltre al modulo di adesione alla sessione, esistono dei questionari di valutazione e selezione che devono essere accuratamente compilati dal cliente e valutati attentamente dall'ipnologo. Solo dopo attenta analisi, l'ipnologo può decidere di fissare un colloquio preliminare. Se anche il colloquio telefonico risulta essere positivo, si fissa la seduta vera e propria e si inizia il lavoro con il cliente.

L'ipnologo deve valutare attentamente ogni singola richiesta al fine di non utilizzare l'ipnosi nei casi di clienti che presentano patologie mentali o assumono determinati farmaci. In questi casi la sessione di ipnosi regressiva può essere svolta <u>esclusivamente da medici</u> e da nessun'altra figura operante nelle relazioni di aiuto.

Nel caso invece i questionari (uno di questi è l'SCL-90 Symptom Checklist 90) non evidenzino disturbi della personalità e l'assunzione di determinati farmaci, allora è possibile procedere con il primo colloquio.

Nel giorno fissato per l'appuntamento, il cliente si reca dall'ipnologo che accoglie il cliente nel suo studio privato.

La sessione ha una durata di circa un'ora e mezza e comincia con un breve colloquio all'interno del quale si spiega in cosa consisterà la seduta e si approfondiscono gli obiettivi del cliente.

Si inizia con le tecniche di rilassamento, a guidare il cliente verso uno stato di tranquillità e serenità. Si arriva gradualmente alla pre-trance e poi si giunge allo stato di trance vero e proprio.

Si rivive la vita precedente che serve vedere in quel momento al fine di apprendere una lezione utile per la vita attuale. Non scegliamo noi quale vita rivivere ma è la saggezza della nostra Anima a guidarci in modo sicuro. Riviviamo generalmente solo ciò che siamo capaci di affrontare, esiste un sistema di protezione interno che ci tutela.

La sessione è sicura e rappresenta un momento molto importante per il cliente che ha la possibilità di rivivere una vita precedente, apprenderne il messaggio e lasciarla poi andare. Dobbiamo infatti ricordare che il passato è passato, e una volta appresa la lezione dobbiamo lasciarlo andare, noi viviamo nel presente e la nostra vita deve sempre svolgersi nel qui e ora.

Alla fine dell'esperienza di regressione si fa ritorno al presente, in maniera graduale e non traumatica, fino al completo contatto con la realtà. Si esce pertanto dallo stato di trance e si è in grado, generalmente, di ricordare quanto vissuto sotto ipnosi. È possibile anche registrare l'audio o il video della sessione, se il cliente lo desidera, in modo da poter risentire o rivedere quanto vissuto.

La seduta potrebbe essere unica o la prima di una serie di incontri. Questo lo si stabilisce in base al lavoro che il cliente vuole fare e soprattutto in base a quanto emerge.

L'impiccagione di una strega (da una sessione di ipnosi regressiva alle vite precedenti)

Quello che segue è un estratto di una sessione di una mia cliente che, sotto ipnosi regressiva, ha ricordato una sua vita precedente nei panni di una donna esperta nelle arti erboristiche e che in passato veniva identificata con il termine di strega. Tralascio tutta la fase iniziale di rilassamento e pre-trance in modo da arrivare subito al ricordo di quella sua vita precedente.

MP: dove ti trovi ora e cosa vedi?

CL: sono in una casa, sono in un corpo di donna, vestita con abiti logori e vecchi

MP: descrivimi cosa vedi

CL: abito in questa casa, è una casa piccola e qui si trova anche il mio piccolo laboratorio di erbe e rimedi naturali

MP: quanti anni hai?

CL: credo di avere circa 30 anni

MP: in quale luogo della terra ti trovi?

CL: credo di essere in Inghilterra, si sono in Inghilterra

MP: cosa stai facendo in questo momento?

CL: sto lavorando alla preparazione di un rimedio contro la tosse attraverso il mescolamento di varie erbe

MP: sei sola in casa?

CL: sono sola ma sta arrivando qualcuno proprio in questo momento; arriva una donna con il suo bambino e io le consegno il rimedio da utilizzare

MP: e ora cosa succede? vai avanti in questa vita

CL: qualcuno butta giù la porta, credo siano dei soldati che sono venuti a prendermi

MP: dove ti portano?

CL: mi prendono con la forza e mi portano in una cella di pietra, non so in quale luogo mi trovo; qui fa freddo e sono sola;

MP: cosa succede ancora?

CL: una volta al giorno mi portano da mangiare e poi richiudono subito la porta

MP: vai avanti in questa vita e dimmi cosa succede

CL: vengono a prendermi, mi portano su una sorta di piccolo palco in legno;

MP: cosa vedi intorno a te?

CL: vedo davanti a me una folla e sulla mia sinistra, sul palco, altre tre donne; due le conosco, la terza non l'ho mai vista prima;

MP: cosa succede poi?

CL: stanno preparando dei cappi per impiccarci

NOTA: *prima di quella sessione, non avevo mai sentito parlare di impiccagione di streghe. Ho sempre saputo che l'esecuzione avveniva con il rogo che bruciava le streghe in seduta pubblica; durante la sessione mi annotai subito questo fatto, mi sembrava un ricordo particolare, magari alterato; mi ripromisi di approfondire la questione.*

MP: cosa succede poi?

CL: ora vengo portata sotto il cappio, mi sollevano, mi stringono il cappio al collo e mi lasciano cadere; sono agonizzante, mi raggiunge la morte;

MP: cosa succede poi, vai ancora avanti

CL: muoio, mi vedo dall'alto, vedo quel luogo dall'alto e io salgo, vado ancora una volta verso la luce, ora mi sento in pace, sto bene qui.

Dopo la sessione, chiesi se la mia cliente fosse a conoscenza del fatto che le streghe potessero essere impiccate e mi disse di non averne mai sentito parlare prima. Quella sera verificai in rete la presenza di questo tipo di pratica e scoprii che in effetti, in Inghilterra, nel 1612 nella zona di Pendle Forest in Lancashire, furono dodici le donne accusate di aver ucciso dieci persone con la stregoneria. Una morì prima del processo e dieci furono trovate colpevoli e impiccate. Non so se la mia cliente facesse parte di quel gruppo, ma la cosa interessante è che attraverso quella sessione di ipnosi regressiva, venne a galla una modalità di esecuzione di cui non avevamo mai sentito parlare prima.

Pausa Caffè: uomo o donna?

In tante sessioni di ipnosi regressiva alle vite precedenti, mi è capitato, più volte, di sbagliare il genere della persona verso la quale mi stavo rivolgendo. Tutte le volte che utilizzo il maschile al posto del femminile o viceversa, il cliente mi riporta sempre al genere corretto. Se sta rivivendo una vita precedente nella quale era un uomo, mi corregge affinché io mi rivolga a lui correttamente, stessa cosa se in quel momento sta rivivendo una vita precedente in cui è stato una donna. Ogni volta è piacevole constatare che non vi è nessuna confusione fra il cliente sotto ipnosi (uomo o donna), e la personalità che riaffiora in quel momento durante lo stato di trance. Tutto si accorda verso il genere che in quel momento la persona sta ricordando di aver vissuto. Ho notato che le correzioni avvengo durante tutta la sessione o meglio fino a quando non avviene un cambio di genere dovuto ad una nuova vita precedente.

Buon caffè!

Riassumendo

- *L'ipnosi regressiva alle vite precedenti può essere utilizzata dall'ipnologo solo come induzione e non come terapia*
- *Si tratta di una sessione di lavoro che dura circa un'ora e mezza in uno spazio protetto e professionale*
- *Prima di ogni sessione di ipnosi regressiva alle vite precedenti, l'ipnologo fa compilare dei questionari per accertare la compatibilità del cliente con l'ipnosi*
- *Nel caso di controindicazioni, l'ipnologo può solo indirizzare il cliente verso altre figure professionali quali i medici e gli psicoterapeuti*
- *Dopo la sessione, generalmente, il cliente ricorda tutto ciò che ha vissuto*
- *A discrezione del cliente, è possibile registrare l'audio o il video della seduta*

La cosa più bella che possa capitare a un essere umano, è di scoprire il fuoco sacro, il fuoco della sua anima.

E di fare in modo che la vita intera sia l'espressione di questa anima.

(Annie Marquier)

Capitolo 11

"Non posso pensare a una inimicizia permanente fra l'uomo e l'uomo e, credendo, come credo, nella teoria della rinascita, vivo nella speranza che, se non in questa nascita, in qualche altra potrò stringere tutta l'umanità in un amichevole abbraccio."

(Mahatma Gandhi)

In questo capitolo riporto tre interessantissimi casi che mettono in evidenza, il primo come si possano rivivere le nostre vite precedenti anche senza l'ipnosi regressiva, il secondo come sia possibile rivivere anche solamente i ricordi relativi alla nostra prima infanzia, ed il terzo, un'esperienza personale, che mi ha permesso di rivivere gli ultimi istanti di una vita passata, attraverso l'utilizzo delle *parole evocative* di cui vi ho già accennato qualche capitolo fa.

Nel primo caso ho utilizzato con la mia cliente la tecnica EFT[85], nel secondo è stata utilizzata l'ipnosi regressiva, e nel terzo caso è stato utilizzato solo un elenco di parole sussurrate in uno stato di leggera trance.

La nostra anima è così saggia da farci rivivere solamente ciò che siamo in grado di comprendere e soprattutto di gestire. Ciò che riviviamo è funzionale alla nostra vita attuale, al momento che stiamo vivendo, alla situazione in cui ci troviamo. Un ringraziamento particolare va al contributo di Cristina e Max, nomi di fantasia utilizzati per proteggere l'identità di questi due miei clienti i quali riportano sotto la loro esperienza.

---

[85] Il funzionamento e la descrizione di questa tecnica, si trovano nel mio libro *Mi amo e mi accetto*, Azzero Books, settembre 2015.

Rivivere le vite precedenti senza l'ipnosi

Di seguito ricostruisco l'esperienza vissuta durante la sessione di EFT da te condotta e per la quale mi rivolsi a te per la risoluzione di un importante problema che stavo vivendo in quel momento.

Avevamo deciso di lavorare circa un mese prima ad una problematica relativa al rapporto conflittuale con mio marito che, in quel periodo della mia vita, mi stava particolarmente addolorando.

Durante la sessione della settimana precedente era emersa una paura nei confronti di mio marito non meglio definita, sulla quale avrei dovuto lavorare quotidianamente con dei giri sulla frase: "questa paura che...".

Ricordo che durante quella settimana il pensiero di questa paura è stato quasi fisso. Mi veniva alla mente al risveglio, sul lavoro, a tavola con i miei bambini.... insomma, in ogni momento della mia giornata. E nonostante facessi i miei giri di EFT, aumentava sempre di più.

Tra l'altro stava assumendo dei contorni un pochino più definiti ed io avevo la sensazione, sgradevolissima e molto intensa, di aver subito una violenza sessuale anche se non sapevo dire quando e da parte di chi.

Ero talmente turbata da questa sensazione che scoppiavo a piangere ovunque. Razionalmente non avevo motivo di temere che mi fosse accaduto perché non avevo ricordi di un'esperienza così terribile. Allora ho cercato di fare mente locale sugli uomini importanti della mia vita.

Mio marito non poteva essere stato, il nostro rapporto era conflittuale ma non era mai sfociato nella violenza fisica; nelle mie precedenti relazioni non ricordavo fosse successo nulla di ciò.

Pensai con orrore che potesse trattarsi di un uomo della mia infanzia, chissà.... mio padre, ma fortunatamente lo esclusi nella maniera più assoluta poiché ricordavo bene che al mio primo rapporto sessuale arrivai vergine.

Tuttavia, questa sgradevole e dolorosa sensazione continuava e mi dava il tormento.

Scrissi a Massimiliano una mail riportando i vari passaggi delle mie emozioni e considerazioni perché potessimo lavorare alla successiva sessione proprio con ciò che era emerso durante la settimana.

Ricordo che all'appuntamento arrivai visibilmente turbata con la sensazione di paura, anzi vero terrore nei confronti di un fantomatico uomo che mi aveva fatto così tanto male.

Però alla domanda di Massimiliano di definire meglio quest'uomo, risposi alla fine che non si trattava esattamente di un uomo reale, che avevo conosciuto ma di un'energia non meglio definita che mi veniva da chiamare "il Maschile", cioè un'entità maschile che rappresentava tutti i "maschi" della mia vita.

Durante i giri di EFT e i tentativi di visualizzare questo "Maschile" davanti a me, non riuscivo a schiarirmi la mente, vedevo tutto nero ed ero assalita da ondate di paura folle, terrore che mi paralizzava. Siamo stati in stallo per diversi giri, con me che riuscivo a dire solamente "non riesco a vederlo" e anche "ho paura, aiuto, ho paura".

Ad un certo punto, Massimiliano guardandomi negli occhi all'improvviso mi ha detto: "Cristina.... chi ti ha ammazzato?"

È stato un colpo durissimo, tremendo, dentro di me ha avuto un effetto dirompente, e, come una diga che si apre, sono scoppiata a piangere e a dire che mi aveva ammazzato lui, che erano anni che mi picchiava e mi violentava e più volte aveva cercato di uccidermi; ed ero disperata perché fino ad allora ero rimasta con lui per proteggere i nostri figli ma, ora che ero morta, loro sarebbero rimasti con lui senza alcuna protezione e questa consapevolezza mi faceva impazzire dal dolore....

E mentre dicevo queste cose, piangevo a singhiozzi e nella mia mente apparivano le immagini di una fattoria in mezzo alla vastissima prateria americana, con un uomo vestito con una salopette in jeans ed una camicia, un uomo abbruttito dal lavoro, con uno sguardo cattivo. Ancora le immagini di due bellissimi bambini, biondi, coi capelli al vento. Non si trattava di veri e propri ricordi ma solo di immagini che mi attraversavano la mente....

Ero sconvolta, avevo appena rivisto la mia morte nella vita immediatamente precedente a questa, consapevole di essere stata vittima di femminicidio....

E ad un certo punto ho realizzato che, in questa vita, da sempre avevo avuto paura degli uomini grossi, alti, con una voce grossa, aggressivi... o meglio...che io vivevo come aggressivi; ogni notizia riguardante una donna uccisa per femminicidio, mi turbava moltissimo come se mi riguardasse personalmente; avevo conosciuto molte donne vittime di violenza da parte dei loro compagni.

E poi c'era anche questa mia incapacità/rifiuto di imparare l'inglese, nonostante i numerosi e costosi corsi da me frequentati. C'era poi quello strano accento americano nella pronuncia, come mi facevano notare gli insegnanti madrelingua inglesi che avevo avuto.

Pure coincidenze? Non credo... ad un certo punto tutto era chiarissimo nella mia mente. Tuttavia, ero talmente provata dalla violenza delle emozioni e dei ricordi vissuti, che abbiamo chiuso la seduta e sono andata via pensando di non essere neanche in grado di guidare fino a casa.

La settimana successiva, Massimiliano mi chiese come fosse andata e cosa provassi per quest'uomo che mi aveva uccisa...ed io in quel momento ho realizzato che non provavo odio per lui ma....un'immensa gratitudine poiché avevo capito che, a prescindere dall'efferatezza del suo gesto, a livello animico lui era "pulito"; mi era rimasto vicino in questa mia nuova vita per chiedere perdono e aspettare che fossi pronta per capire che la mia paura degli uomini, non derivava da esperienze attuali, ma, dalla mia vita precedente e che, quindi, potevo superarla.

E nel momento in cui pronunciavo a voce questo mio istintivo pensiero, venni avvolta da un'ondata di energia d'amore come se lui, quell'uomo, mi stesse davvero dando un abbraccio d'amore, appunto.

Poi, così come era arrivata, quella sensazione svanì.

È inutile aggiungere che il mio rapporto con gli uomini è davvero cambiato, che non mi fanno più paura, tutt'al più provo rabbia per alcuni di loro a causa della loro prepotenza e del loro bisogno di sopraffare le proprie donne, delle quali, in realtà, hanno paura perché sentono superiori a sé stessi.

Grazie Massimiliano, che mi hai saputo ascoltare e guidare, e grazie soprattutto per l'intuizione che hai avuto e che ha permesso che io mi sbloccassi.

Cristina

Ricordi dell'infanzia non vissuta

Mi sto rilassando, seguo la voce che mi accompagna indietro nel tempo fino a quattro anni dove mi sento disturbato, molto triste. Sono a casa dei genitori dove sono nato, nel paese della mia famiglia. Sono vicino alla porta d'ingresso e guardo verso l'esterno il cortile e le operazioni di macellazione che mio padre "macellaio" svolgeva a casa. Mia madre lo aiuta.

Li vedo lavorare mentre mi trovo sulla soglia di casa intento ed occupato ad accudire mio fratello neonato in culla, impossibilitato ad altre azioni. La tristezza negli occhi e il cuore fermo; Io già responsabile e grande seppur così piccolo, piccolo e triste. Tengo il ciuccio tra le mie mani attento a non far piangere il piccolo; lui in culla si chiama Felice, che paradosso. Questa breve esperienza di regressione ipnotica ha rappresentato un momento molto significativo di tutto il percorso introspettivo. Sono grato per questa magnifica esperienza. Attraverso l'immagine evocata, ho potuto rivivere emozionalmente nel qui ed ora lo stato di quando ero bambino. Lo sbocco emozionale che ne è conseguito mi ha consentito di incominciare ad elaborare questo evento traumatico accorso lungo la mia infanzia. Per tanto tempo, sino alla soglia dei miei settant'anni, il senso d'immobilità, di responsabilità, e la conseguente tristezza per un'infanzia sottratta, hanno tracciato una linea di vita insaccata, legata a doveri cui non mi potevo sottrarre. Rivivere fulgidamente, come se fossi d'un tratto balzato indietro negli anni '50, tra i miei pantaloncini corti e il cortile, sentire chiaro dentro di me la voglia di ribellione a quell'imposizione, mi hanno sbloccato quei sentimenti cristallizzati per troppo tempo. Certo il processo che si è svolto a valle di quella seduta, ha avuto bisogno di tempo emozionale, di prove e nuove prove per essere riconvertito e progressivamente riconfermato, ma certo, senza quella "visione" non sarei quello che oggi sono diventato e non potrei apprezzare ciò che ho acquisito come consapevolezza di me.

Max

Le parole evocative

Quanto riporto sotto è ancora una volta un'esperienza personale vissuta durante la mia formazione e che ha rappresentato, molto probabilmente, l'esperienza più travolgente che ho sperimentato direttamente.

Ero allievo del Master in Ipnosi Regressiva alle Vite Precedenti del prof. Antonio Valmaggia e mi apprestavo a prendere parte ad un'esperienza pratica attraverso l'utilizzo delle parole evocative.

Scelsi una collega con la quale sperimentare quell'esercizio e, dopo essermi messo la mascherina sugli occhi, ascoltai la voce della persona che leggeva una lista di parole all'orecchio. L'esercizio consisteva nello stringere la mano della mia collega, ogni qual volta avessi sentito una parola "risuonare" dentro di me. La mia collega prendeva appunti sulle parole da me indicate.

Una volta finito di leggere l'elenco, la collega ha poi iniziato a leggermi all'orecchio le parole da me selezionate.

La seconda parola da lei sussurrata, "lancia", ha immediatamente riesumato dentro di me il ricordo di una vita passata e mi sono rivisto trafitto da una serie di lance di soldati che mi avevano appena catturato. Ero un comandante di un esercito ormai distrutto dal nemico, ero rimasto solamente io in vita fino al momento in cui i nemici mi trafissero con le loro lance.

Mentre rivivevo questa scena, ho iniziato a tossire e piangere in maniera travolgente. Mi sentivo trafiggere e tossivo per l'incapacità di respirare a pieni polmoni, piangevo poiché sapevo che stavo morendo e che il mio esercito era stato completamente distrutto.

È stato fortissimo, pensavo realmente di morire durante questa esperienza che in un lampo mi ha riportato indietro nel tempo.

Pensate che potere ha una singola parola e come, questa, possa farci rivivere una scena anche di una vita passata con tale forza e impeto come se fossimo nuovamente lì in quell'istante.

Questo ci fa soffermare sul concetto di memoria. Memoria che non viene archiviata solo nella nostra mente ma anche nel nostro corpo. Ricordo un passo di un libro di Brian Weiss dove lui descrive di avere rivissuto una sua vita precedente mentre gli veniva fatto un trattamento shiatsu per alleviare un dolore fisico.

Nel mio caso si è trattato di una semplice parola sussurrata all'orecchio in grado di riattivare quella memoria ormai sepolta da tempo.

La forza di una parola, se si è pronti, è sorprendente, anche dopo centinaia o migliaia di anni, è capace di rievocare un'immagine o una situazione come se realmente ci si trovasse dentro la scena, proprio in quel momento.

L'energia delle parole permane nell'anima, nell'inconscio e nel corpo ed è in grado di riportarci in un secondo a rivivere una parte di una nostra vita precedente, dandoci comprensione.

In un primo momento faticai a comprendere quanto era realmente accaduto, come sempre mi sembrava impossibile poter rivivere una scena come quella.

Mi chiedevo infatti da dove venisse quel film che aveva preso vita nella mia mente con tale impeto. Oggi, dopo tempo, posso affermare che molto probabilmente ho rivissuto una mia vita precedente con un coinvolgimento totale. In precedenza, nel libro, ho già spiegato come il Teorema di Bell potrebbe darci una spiegazione su quanto può essere sperimentato ancora una volta in questa nostra vita e che abbiamo già vissuto in altre esistenze.

Riassumendo

- *Si possono rivivere le nostre vite precedenti anche senza l'utilizzo dell'ipnosi regressiva*
- *EFT ed altre tecniche sono in grado di riesumare ricordi di vite precedenti*
- *È possibile rivivere anche solo eventi della nostra fanciullezza, magari dimenticati, e che hanno radici ancora ben radicate*
- *Le parole evocative possono, se siamo pronti, farci rivivere vite precedenti ed eventi del nostro passato anche remoto*
- *Le informazioni delle nostre vite passate rimangono memorizzate nell'anima ma probabilmente anche nel nostro corpo*

*Quando l'ego si mette da parte,
si accede alla memoria del tutto.*

(Fabio Marchesi)

Capitolo 12

Nessuno è nato odiando qualcun altro per il colore della pelle, o il suo ambiente sociale, o la sua religione. Le persone odiano perché hanno imparato a odiare, e se possono imparare a odiare possono anche imparare ad amare, perché l'amore arriva in modo più naturale nel cuore umano che il suo opposto.

(Nelson Mandela)

Al di là del razzismo e della violenza

Se solo ognuno di noi sperimentasse una vita precedente magari in un corpo diverso dal proprio per genere e colore, metterebbe di certo da parte per sempre il concetto di razzismo e di diversità.

Ho sperimentato personalmente una mia vita precedente vissuta in Africa quando, al tempo, ero una donna intenta ad allevare il proprio figlio ed occuparsi di procurare acqua e cibo per la propria famiglia.

Mai avrei creduto possibile rivivere un fatto con tale intensità, non mi era mai passato per la mente nulla del genere. Sono sempre stato abituato per formazione ad usare molta razionalità, ma di fronte a quelle immagini così vivide ho dovuto mettere da parte la mia parte razionale per dare spazio solo al mio emisfero destro.

Sembrava non esserci nulla di scientifico in quell'esperienza.

Invece, come potete leggere nel libro, di scienza dietro il concetto di Coscienza, ce n'è tanta, si inizia oggi ad accettare il concetto di permanenza della Coscienza dopo la morte e dell'esistenza di una matrice di informazione che contiene tutte le esperienze vissute dalla notte dei tempi.

Pensate se tutti potessero fare esperienze del genere, se potessero capire cosa vuole dire essere donna, uomo, mamma, padre. Avere la pelle nera, gialla, bianca, ecc.

Ogni concetto di disprezzo per le donne o per le altre culture, cadrebbe miseramente poiché in fondo, anche noi, non troppo tempo fa, siamo stati diversi da quello che siamo oggi.

Pensate alla violenza sulle donne, un uomo che aggredisce verbalmente o fisicamente una donna, non ricorda di essere stato molto probabilmente in una vita passata una donna e soprattutto non ricorda che *anche lui è nato da una donna e i due sono intimamente legati. Chi disprezza una donna, disprezza sé stesso* (teorema di Bell).

Proveniamo tutti dalla stessa fonte (sorgente) ma abbiamo dimenticato questo concetto. L'ipnosi regressiva alle vite precedenti è in grado di farci rivivere una nostra vita al fine di apprezzare meglio la vita che stiamo vivendo in questo momento.

Ci fa comprendere che siamo qui per imparare nuove lezioni e per essere felici, non per avere ragione. La felicità è un concetto dell'Anima del nostro autentico Sé, avere ragione invece è un concetto che risiede nel nostro Ego, in quella parte di noi che vuole avere l'ultima parola sugli altri, nelle discussioni, nelle diatribe. Vuole sempre avere ragione perché questo nutre l'Ego, lo rende più grande. Ma dobbiamo ricordare che l'Ego è legato al corpo e non vive per sempre come l'Anima.

L'Ego vive in questo tempo ed è nutrito da tutte le credenze, le istruzioni errate che ci hanno fornito (memorie).

L'Anima invece è saggia, e torna su questa Terra per imparare altre lezioni legate all'amore, alla compassione, al perdono.

Siamo tutti legati da un sottile filo che ci unisce da molto tempo e se si potesse rivedere il film della vita dell'Universo, si vedrebbe che proveniamo tutti dallo stesso posto e che dopo l'abbandono del nostro corpo, le nostre Anime ritornano nello "*Spazio delle Anime*" da dove poi, una volta ancora e se necessario, si incarneranno nuovamente in un altro corpo per continuare ad imparare e sperimentare.

Questo è il modo che l'Universo ha messo in atto per evolversi ed imparare.

Ricordiamo però che il libero arbitrio ci permette di scegliere, il libero arbitrio ci può far allontanare dalla nostra missione personale, da quel mandato che ci dà informazioni su cosa dobbiamo sperimentare e vivere su questa Terra. Il libero arbitrio genera costantemente in noi memorie, può generare memorie errate che si ripresentano alla nostra parte conscia facendoci sperimentare le stesse situazioni, molte volte tristi.

Il libero arbitrio però, se utilizzato bene, può invece generare memorie positive e bruciare Karma.

Rivivere una vita passata ci permette di far tesoro di quella lezione per poi lasciarla andare, la si affida al Divino perché la ripulisca perché la trasformi in energia di luce.

Pausa Caffè: ripulire le memorie con Ho'oponopono[86]

Un approccio pratico che utilizzo per lasciare andare le memorie negative e l'energia distorta che contengono, è la ripetizione del mantra "Mi Dispiace, Perdonami, Grazie Ti Amo".

Vi spiego ora il significato delle parole utilizzate nel mantra.

Mi Dispiace-Perdonami: riguardano il tuo dispiacere per la manifestazione di questo problema nella tua vita e per la tua volontà di perdonare;

Grazie: ripeti "Grazie" perché riconosci la presenza di un certo problema e lo cogli come un'opportunità per cancellare quelle memorie consce ed inconsce che lo hanno generato.

Ti Amo: lo ripeti per l'amore che provi per te stessa/o e per Dio (Energia Universale, Coscienza Universale) che ci ha creati. Il

---

[86] Tratto dal libro di Andrea Agostino, *Icone della società*, Edizioni Palumbi, 2017, pp. 48-49. Sono coautore del capitolo VI *We respect woman. No violence*, all'interno del quale ho presentato lo strumento di "pulizia" Ho'oponopono.

Mantra "Mi dispiace, perdonami grazie Ti Amo" lo indirizziamo a noi stessi, alla parte Divina che risiede in ciascuno di noi. È proprio la Divinità, il Nostro Sé superiore, che purifica tali memorie riempendole di luce e di amore. In altre parole, si affida il processo di pulizia spirituale a chi ci ha creato e ci conosce meglio di chiunque altro. Chi ci ha creato sa infatti cosa è meglio per noi.

Buon caffè!

Riassumendo

- *Le esperienze di vite precedenti, ci permettono di avere una visione allargata e una nuova comprensione della vita e dei rapporti umani*
- *Siamo stati probabilmente donne e uomini, neri, gialli, piccoli, grandi, ricchi o poveri*
- *Il concetto di razzismo viene meno se ricordiamo che anche noi, molto probabilmente, siamo stati diversi da come oggi siamo*
- *Siamo tutti nati da una donna, disprezzare una donna significa disprezzare noi stessi; lo dice anche la scienza (Teorema di Bell)!*

Tu sei una piccola anima che porta in giro un cadavere, come diceva Epitteto.

(Marco Aurelio)

Capitolo 13

"La vita nella dimensione terrena è simile a un dramma teatrale in cui il copione cambia di continuo in modo imprevisto e il caos regna sul palcoscenico. Quando gli attori tornano dietro il sipario, il trambusto cessa: gli attori si tolgono le maschere, riassumono la loro vera identità e riprendono la loro vera vita, abbandonando i personaggi che stavano temporaneamente impersonando. I nostri corpi attuali sono i personaggi sul palco, le nostre anime sono gli attori. Mentre recitano il dramma, i personaggi possono trovarsi coinvolti in disgrazie terribili, possono addirittura morire. Ma gli attori no. Dal punto di vista della nostra immortalità, nell'eternità che trascende il tempo, ogni cosa è esattamente come dovrebbe essere."

Brian Weiss

Siamo esseri immortali: la morte non esiste

La visione biocentrica di cui abbiamo precedentemente parlato, non ammette nessuna morte come la intendiamo noi.

La Coscienza è un'energia informata che trascende il nostro corpo, e che non può essere distrutta nel momento in cui il corpo muore poiché andrebbe contro il primo principio della termodinamica *"L'energia di un sistema termodinamico chiuso non si crea né si distrugge, ma si trasforma, passando da una forma a un'altra"*.

Come scrive Robert Lanza nel suo libro *Biocentrismo*: "la sensazione di "essere vivi", di sentirsi "sé", per quanto ne sappia finora la scienza, è una spumeggiante fontana neuroelettrica che funziona con circa cento watt di energia più o meno quelli di una lampadina"[87].

La nostra Coscienza è quindi energia che non muore mai, può solo trasformarsi e riunirsi all'universo. La nostra Coscienza (pura energia) non può mai essere distrutta, non muore mai, sicuramente non muore con la morte del corpo fisico.

L'essenza di ciò che siamo, che è energia, non può diminuire o scappare da qualche parte poiché noi abitiamo un sistema chiuso ma in espansione all'interno del quale può solo avvenire una trasformazione.

È per questo motivo che Brian Weiss durante tutti i suoi anni di regressioni effettuate sui suoi pazienti, parla di anime che si incontrano ancora una volta o anime che ricordano vite precedenti.

La nostra Coscienza (così chiamata dalla scienza) ossia la nostra Anima (così chiamata dai mistici e dalle religioni) vive per sempre.

È un'energia che ingloba al suo interno informazioni, si tratta appunto di una capsula di informazioni che contiene tutte le esperienze vissute da quell'Anima nelle sue precedenti vite.

Ecco come ad esempio è possibile per i bambini ricordare le loro vite precedenti, parlare di luoghi o persone che facevano parte della loro precedente identità. L'informazione, essendo energia, non muore mai.

I nostri cari o meglio le loro Coscienze, non muoiono mai veramente, sarà possibile incontrarli nuovamente in altre vite future o interagire con loro in forma energetica (un'intuizione, un'immagine, un odore, un ricordo che ci viene in mente pensando ad una persona cara che ha abbandonato il corpo). Siamo quindi esseri immortali, che tornano su questa Terra per poter fare delle nuove esperienze, per arricchire quella capsula informativa chiamata Anima.

È quindi necessario portarsi solo un piccolo *bagaglio a mano* che ci accompagni durante i nostri viaggi per altre vite. All'interno di questo bagaglio a mano possono essere custodite solo le esperienze

---

[87] Robert Lanza, *Biocentrismo. L'universo, la coscienza. La nuova teoria del tutto,* Il Saggiatore, Milano 2015, p. 193

dell'anima, nessun altro oggetto ci starebbe dentro la nostra valigia.

Il giorno dopo la tua "morte" sarai lo stesso individuo che eri il giorno prima, tranne per il fatto che avrai buttato via il tuo corpo fisico. In questa nuova condizione, potrai esprimere te stesso attraverso il corpo eterico, che è una replica di quello fisico, senza però alcuna delle sue imperfezioni[88].

Sono stati ritrovati tantissimi scheletri appartenenti a re e regine, a nobili, uomini importanti, condottieri, grandi imperatori o generali che nel tentativo di portarsi i loro averi nel viaggio futuro, sono stati sepolti insieme al loro tesoro costituito da anelli e collane d'oro, da spade, corone arricchite di pietre preziose e monili vari, ma che hanno dovuto lasciare su questa terra.

Al "check-in" è stato impedito loro di portarsi la valigia con le quattro rotelle piena di effetti personali. È stato permesso loro solo di portare il bagaglio a mano, contenente *il necessario per il viaggio infinito dell'anima*.

Il loro bagaglio a mano conteneva solo la capsula di informazione con tutte le esperienze accumulate di vita in vita.

Inoltre, se ci pensate, se avessero portato con loro la valigia piena d'oro e argento, non avrebbero mai potuto superare i controlli di sicurezza!

Non ci serve su questa terra accumulare nulla di materiale, non possiamo portarcelo su quel volo che permette solo il trasporto del bagaglio a mano.

Possiamo portarci con noi solo le cose essenziali ed importanti come i sorrisi dei nostri figli, del nostro compagno e della nostra compagna, le lezioni d'amore imparate qui sulla terra, le lezioni di compassione, l'energia del perdono.

Tutto il resto rimane qui, non è utile per la prossima vita.

Viaggiare leggeri inoltre ci permette anche di spendere meno!

---

[88] Insegnamenti di Silver Birch, Dedizione Editrice, 2006

Riassumendo

- *La nostra Anima è immortale, abita diversi corpi nell'arco delle sue incarnazioni*
- *Nulla di materiale è possibile portare nel nostro bagaglio a mano: ci stanno solo le cose essenziali e veramente importanti*
- *Non ha nessun senso accumulare ricchezze e beni materiali, tutto rimane qui*
- *I sorrisi dei nostri figli, l'amore per la/il nostra/o compagna/o e per la nostra famiglia, sono gli unici oggetti che possiamo portarci a bordo del nostro prossimo viaggio, tutto il resto rimane a terra*

L'anima contiene non meno enigmi di quanti ne abbia l'universo con le sue galassie, di fronte al cui sublime aspetto soltanto uno spirito privo di fantasia può non riconoscere la propria insufficienza.

(Carl Gustav Jung)

Capitolo 14

Io penso a un universo infinito. Stimo infatti cosa indegna della infinita potenza divina che, potendo creare oltre a questo mondo un altro e altri ancora, infiniti, ne avesse prodotto uno solo, finito. Così io ho parlato di infiniti mondi particolari simili alla Terra.

Giordano Bruno

Altre dimensioni ed altri mondi

Giordano Bruno pensava che oltre al nostro mondo, la Terra, esistessero "infiniti mondi" simili al nostro.

Al tempo di Giordano Bruno (Nola,1548 – Roma,1600) non esistevano ancora i moderni strumenti di analisi dell'universo che possiamo utilizzare oggi.

Se pensiamo che il primo telescopio rifrattore fu costruito dall'olandese Hans Lippershey nel 1608 e perfezionato da Galileo nel 1609, ci rendiamo conto che senza strumenti Giordano Bruno è pervenuto ad alcune considerazioni importanti utilizzando solamente le sue ispirazioni e soprattutto l'ascolto profondo della propria Anima.

I mistici, da millenni, ci insegnano infatti che la meditazione e l'ascolto profondo di noi stessi, ci consentono di venire a conoscenza di informazioni riguardanti la nostra vera natura e la natura delle cose.

È facile pensare che nella vastità dell'Universo esistano altri sistemi solari simili al nostro, con altrettanti pianeti che potrebbero ospitare la vita. La vita anche diversa da come la conosciamo noi sulla Terra.

Oggi la scienza ha scoperto numerosi pianeti che si trovano in sistemi solari diversi dal nostro (esopianeti). Esiste infatti una lista ufficiale dei pianeti extrasolari confermati, il cui aggiornamento al 10 marzo 2018 e basato sul database dell'Enciclopedia dei Pianeti Extrasolari (EPE), annovera 3764 pianeti in 2792 sistemi stellari (di cui 623 multipli)[89].

Alcuni di questi pianeti ruotano insieme ad altri all'interno di un unico sistema planetario, altri sono invece stati individuati come corpi singoli. È stato anche individuato un pianeta simile alla Terra che viene definito *pianeta gemello*[90].

In effetti, per far sì che un pianeta sia definito gemello della Terra, devono essere verificate tante condizioni come ad esempio essere un pianeta roccioso, avere un'alta probabilità che vi sia dell'acqua liquida, che abbia un'atmosfera simile alla nostra, che abbia un campo magnetico simile al nostro, ecc.

Kepler-452b è il pianeta più simile alla Terra, ma sarebbero 20 i pianeti simili al nostro, tra quelli individuati dal telescopio spaziale Kepler (Nasa).[91]

Ogni anno che passa, vengono scoperti nuovi corpi celesti simili alla Terra che si trovano in quella zona abitabile del loro sistema solare in grado di avere acqua allo stato liquido e quindi vita simile a quella che conosciamo noi.

L'analisi dei dati provenienti dai telescopi spaziali potrà in futuro darci informazioni utili sulla presenza di vita su altri pianeti.

Qualcuno obietta che le Anime sulla Terra, soprattutto all'inizio della comparsa dell'uomo, fossero un numero finito. Ma se pensiamo alla possibile vita su altri pianeti, possiamo capire che non è difficile per un'Anima spostarsi da altri luoghi e altre dimensioni e raggiungere la Terra.

---

[89] Fonte Wikipedia: https://it.wikipedia.org/wiki/Lista_dei_pianeti_extrasolari_confermati
[90] Fonte Focus: http://www.focus.it/scienza/spazio/i-venti-pianeti-extrasolari-piu-simili-alla-terra
[91] Fonte Focus: http://www.focus.it/scienza/spazio/i-venti-pianeti-extrasolari-piu-simili-alla-terra

È infatti possibile che esistano, in altre punti del nostro universo, pianeti abitabili ospitanti la vita e che queste Anime possano poi spostarsi di mondo in mondo.

Giordano Bruno parlava di *infiniti mondi simili al nostro.*

Non solo per questo ma anche per altre *scomode questioni,* fu arso vivo in piazza di Campo de' Fiori a Roma il 17 febbraio del 1600.

È possibile che le Anime provengano infatti da altri pianeti e da altre dimensioni che noi non possiamo vedere con i nostri occhi, ma non per questo inesistenti.

Se pensiamo allo spettro elettromagnetico, il nostro occhio è in grado di vedere solo una piccolissima porzione, quella del visibile. Il nostro occhio non è in grado di vedere le frequenze di tutto il resto dello spettro elettromagnetico, pensiamo all'infrarosso o all'ultravioletto.

Per capire meglio il concetto possiamo pensare allo spettro delle frequenze udibili.

Il nostro orecchio può infatti sentire i suoni compresi fra i 20Hz e i 20 kHz.

Tutte le frequenze inferiori ai 20 Hz o superiori ai 20kHz, non possono essere udite dal nostro orecchio.

Si sarebbe quindi portati a dire che siccome non le sentiamo, esse non esistono. Ma sappiamo benissimo che questo non corrisponde a verità, poiché il cane è in grado di percepire i suoni nel range compreso fra i 10 Hz e i 50 kHz e quindi superiore all'essere umano. Pensiamo ad esempio ai fischietti ad ultrasuoni che noi non sentiamo ma che il nostro cane sente perfettamente.

Tornando al mondo visibile e invisibile, vi sarà più facile capire ora il concetto. Avete mai sentito la frase *se non lo vedo non ci credo*?

Credo che sia una convinzione altamente limitante perché il nostro occhio non è in grado di vedere le onde elettromagnetiche del nostro smartphone eppure queste esistono e sono alla base delle telecomunicazioni.

La stessa anima vibra a frequenze non distinguibili dal nostro occhio, non possiamo vederla ma possiamo percepirne gli effetti, se solo ci mettiamo in ascolto profondo.

Se abbiamo compreso che il nostro occhio può vedere solo una piccolissima porzione di spettro elettromagnetico, non è difficile capire che tutto ciò che non vediamo è invece assolutamente reale e misurabile.

Nelle forme di energia più alte possono quindi manifestarsi informazioni pure quali l'Anima e gli Angeli. Se consideriamo l'Anima come un'onda elettromagnetica ad alta frequenza, possiamo anche fare un passo avanti e concepire gli "Angeli" come *Anime evolute o meglio Guide,* che vibrano a frequenza ancora più alta.

Si sarebbe portati a dire che siccome non vediamo gli Angeli, questi non esistono. Tantissime persone però ne sentono quotidianamente gli effetti e la "presenza" vicina.

Ecco che se siamo disposti ad allargare la nostra visione grazie anche alle nostre conoscenze scientifiche, possiamo comprendere come le Anime possano esistere in altri pianeti ed in altre dimensioni che noi non possiamo vedere.

È anche possibile che alcune Anime, possano abbassare la loro frequenza e manifestarsi al nostro occhio per essere quindi viste.

Ricordiamoci sempre che tutto è connesso e che le distanze sono azzerate; la comunicazione può avvenire in maniera istantanea da ogni angolo del nostro universo, pensate ad esempio alle particelle che sono in grado di comunicare istantaneamente fra loro "superando" addirittura la velocità della luce (Teorema di Bell).

Pausa Caffè: sulla coscienza, sul cervello, sull'universo[92]

Tutto il linguaggio, le azioni e il comportamento sono fluttuazioni della coscienza. Tutta la vita emerge dalla coscienza e in essa è sostenuta. L'intero universo è l'espressione della coscienza. La realtà dell'universo è un unico oceano illimitato di coscienza in movimento. [Maharishi Mahesh Yogi]

Se cambiamo idea rispetto a ciò che siamo, e riusciamo a vederci come esseri creatori ed eterni che stanno creando l'esperienza fisica, uniti su quel livello di esistenza che chiamiamo coscienza, allora riusciamo a vedere e creare questo mondo in cui viviamo in modo assai diverso. [Ed Mitchell]

Un certo numero di scienziati sta attualmente indagando l'affermazione che i ricordi in realtà non sono immagazzinati nel cervello. Si è scoperto che se si rimuove una parte del cervello in cui sembrava essere collocato un ricordo, quel ricordo può ancora sussistere! Dov'è conservato? Forse da qualche parte alla scala di Planck, ovvero in quelli che alcune persone chiamerebbero "gli annali dell'Akasha". Il cervello potrebbe fungere semplicemente da strumento per estrarre i ricordi dall'universo. Potrebbe essere il dispositivo locale, il disco locale per l'hard disk cosmico dove sono conservati tutti i ricordi.

Secondo Hameroff, questo livello fondamentale dell'universo è un vasto magazzino di verità, valori etici ed estetici, e precursori dell'esperienza conscia, pronti a influenzare ogni nostra percezione e scelta conscia. Siamo collegati all'universo, e correlati con tutti gli altri attraverso questa onnisciente onnipresenza, un mare di sentimenti e soggettività. Se siamo attenti e non agiamo in modo reattivo o avventato, le nostre scelte possono essere divinamente guidate. [Stuart Hameroff M.D]

Buon caffè!

---

[92] Citazioni tratte da William Arntz, Betsy Chasse, Mark Vicente, *Bleep. Ma che..bip..Sappiamo Veramente*, Macro Edizioni, Cesena 2006

Riassumendo

- *Giordano Bruno, già nel 1600, parlava di mondi infiniti simili alla Terra*
- *L'Enciclopedia dei Pianeti Extrasolari (EPE) annovera 3764 pianeti in 2792 sistemi stellari (10 marzo 2018) e la lista cresce ogni giorno*
- *La scienza ha individuato circa 20 pianeti simili alla Terra che potrebbero avere le condizioni giuste per la vita come la intendiamo noi*
- *Le Anime giungerebbero anche da altri pianeti, non abiterebbero solo la Terra*
- *Gli Angeli sono Anime evolute ad alta frequenza, possono essere ricondotti alle nostre guide*

*Se si unissero le Anime di tutti
gli esseri viventi del Cosmo, lì comparirebbe Dio!*

(Buddha)

Approfondimenti religiosi, filosofici e spirituali

Nei prossimi capitoli, i miei coautori, vi regaleranno alcuni approfondimenti religiosi, filosofici e spirituali, legati al mondo dell'anima, della reincarnazione e del karma.

Si tratta di un approfondimento importante che dalle radici ci porta alle foglie di quell'albero meraviglioso che si chiama vita e che contiene al suo interno la sua bellissima Anima.

Ancora buon viaggio!

Capitolo 15

La reincarnazione nella chiesa e nelle religioni

a cura di
Andrea Agostino

Vita mutatur non tollitur - *La vita non è tolta ma mutata*

Questa locuzione latina presente nel prefazio dei defunti, ci introduce in questo capitolo alla visione della morte, la sua trasformazione, attraverso le parole del Papa Emerito Benedetto XVI nel suo libro Gesù di Nazaret. Occorre prestare attenzione a non arrivare a soluzioni affrettate su ciò che dice la fede cattolica con la teologia e ciò che dicono le altre religioni, lo scopo di questo capitolo è allargare la visione sul tema della reincarnazione. Si partirà dalla Resurrezione di Cristo, la reincarnazione secondo i Padri della Chiesa fino alla visione dello stesso tema nelle varie religioni. Benedetto XVI scrive: «Ma se Cristo non è risorto, vuota allora è la nostra predicazione, vuota anche la vostra fede. Noi, poi, risultiamo falsi testimoni di Dio, perché contro Dio abbiamo testimoniato che egli ha risuscitato il Cristo» (1 Cor 15,14s). Con queste parole San Paolo alla comunità di Corinto, pone drasticamente in risalto quale importanza abbia per il messaggio cristiano nel suo insieme la fede nella risurrezione di Gesù Cristo: ne è il fondamento. La fede cristiana sta o cade con la verità della testimonianza secondo cui Cristo è risorto dai morti. Se si toglie questo, si può, certo, raccogliere dalla tradizione cristiana ancora una serie di idee degne di nota su Dio e sull'uomo, sull'essere dell'uomo e sul suo dover essere – una sorta di concezione religiosa del mondo – ma, la fede cristiana è morta. Gesù in tal caso è una personalità religiosa fallita; una personalità che nonostante il suo fallimento rimane grande e può imporsi alla nostra riflessione, ma rimane in una dimensione puramente umana e la sua autorità è valida nella misura in cui il suo messaggio ci convince. Egli non è più il criterio di misura; criterio è allora soltanto la nostra valutazione personale che sceglie dal suo patrimonio ciò che sembra utile. E questo significa che siamo abbandonati a noi stessi. La nostra valutazione personale è l'ultima istanza.

Solo se Gesù è risorto, è avvenuto qualcosa di veramente nuovo che cambia il mondo e la situazione dell'uomo. Allora Egli, Gesù, diventa il criterio, del quale ci possiamo fidare.

San Marco ci racconta che i discepoli, scendendo dal monte della trasfigurazione, riflettevano preoccupati sulla parola di Gesù secondo cui il Figlio dell'uomo sarebbe «risorto dai morti». E si domandavano l'un l'altro che cosa volesse dire «risorgere dai morti» (9,9s). E di fatto: in che cosa ciò consiste? I discepoli non lo sapevano e dovevano impararlo solo dall'incontro con la realtà. Chi si avvicina ai racconti della risurrezione con l'idea di sapere che cosa sia la risurrezione dai morti, non può che interpretare tali racconti in modo sbagliato e deve poi accantonarli come cosa insensata.

Il miracolo di un cadavere rianimato significherebbe che la risurrezione di Gesù era la stessa cosa che la risurrezione del giovane di Nain (cfr Lc 7,11-17), della figlia del Giàiro (cfr Mc 5,22-24.35-43 e par.) o di Lazzaro (cfr Gv 11,1-44). Di fatto, dopo un tempo più o meno breve, questi ritornarono nella loro vita di prima per poi più tardi, a un certo punto, morire definitivamente.

Le testimonianze neotestamentarie non lasciano alcun dubbio che nella «risurrezione del Figlio dell'uomo» sia avvenuto qualcosa di totalmente diverso. La risurrezione di Gesù è stata l'evasione verso un genere di vita totalmente nuovo, verso una vita non più soggetta alla legge del morire e del divenire, ma posta al di là di ciò – una vita che ha inaugurato una nuova dimensione dell'essere uomini. Nella risurrezione di Gesù è stata raggiunta una nuova possibilità di essere uomo, una possibilità che interessa tutti e apre un futuro, un nuovo genere di futuro per gli uomini. Gesù non è tornato in una normale vita umana di questo mondo, come era successo a Lazzaro e agli altri morti risuscitati da Gesù. Egli è uscito verso una vita diversa, nuova, verso la vastità di Dio e, partendo da lì, Egli si manifesta ai suoi. Il processo del divenire credenti si sviluppa in modo analogo a quanto è avvenuto nei confronti della croce. Nessuno aveva pensato ad un Messia crocifisso. Ora il «fatto» era lì, e in base a tale fatto occorreva leggere la Scrittura in modo nuovo. Egli vive e ci ha parlato, ci ha concesso di toccarlo, anche se non appartiene più al mondo di ciò che normalmente è toccabile.

Il paradosso era indescrivibile: che Egli fosse del tutto diverso, non un cadavere rianimato, ma uno che in virtù di Dio viveva in modo nuovo e per sempre; e che al tempo stesso, in quanto tale, pur non appartenendo più al nostro mondo, fosse presente in modo reale proprio Lui, nella sua piena identità.

Si trattava di un'esperienza assolutamente unica, che andava al di là degli usuali orizzonti dell'esperienza e, tuttavia, restava per i discepoli del tutto incontestabile.

A partire da ciò si spiega la peculiarità delle testimonianze sulla risurrezione: parlano di una cosa paradossale, di qualcosa che supera ogni esperienza e che tuttavia è presente in modo assolutamente reale[93].

Il Cardinale Angelo Comastri nel libro "Come andremo a finire", ci dice che la morte si trova nel punto di passaggio dalla condizione di pellegrini alla condizione di arrivati (i teologi dicono: nel passaggio dallo *status vitae* allo *status termini*), la morte è esattamente questo punto di passaggio.

Il concetto della reincarnazione è stato più volte mal interpretato dentro al Cristianesimo al punto da essere stato dichiarato anatema,

---

[93] BENEDETTO XVI: *Gesù di Nazaret*, Libreria Editrice Vaticana, cap. "La Resurrezione, così reale così indescrivibile" p. 348

eresia in un certo momento storico per ragioni politiche, dopo che il Cristianesimo fu dichiarato religione ufficiale dell'Impero Romano. Nella Bibbia esistono sufficienti riferimenti al fenomeno della reincarnazione che permettono di argomentare che l'antico popolo di Israele conosceva il concetto e che questo era parte essenziale del credo di alcune sette, principalmente per gli Esseni.[94]

Con il termine reincarnazione si appella, generalmente, a considerazione specifiche dei Padri della Chiesa.

Sant'Agostino, nelle *Confessioni*, si domanda: "La mia infanzia ha forse seguito un'altra mia età, morta prima di essa? Forse quella che ho vissuto nel ventre di mia madre? ... E ancora, prima di quella vita, o Dio della mia gioia, io esistevo già in qualche altro luogo o altro corpo?"

San Girolamo (347-420 d.C.), vissuto per anni in Oriente, sosteneva la dottrina delle vite ripetute e si preoccupava che la gente non la capisse: "Non conviene si parli troppo delle rinascite, perché le masse non sono in grado di comprendere."

San Giustino, martirizzato verso il 165 d.C., si era interessato sia alla reincarnazione che alla metempsicosi: "L'anima abita più di una volta in corpi umani, ma se si sono rese indegne di vedere Dio in seguito alle loro azioni durante incarnazioni terrestri, riprendono corpo in animali inferiori."

Origene, uno dei massimi Padri della Chiesa, affrontò la questione: "Le anime che richiedono i corpi si vestono di essi e, quando queste anime cadute si sono elevate a cose migliori, i loro corpi si annientano ancora una volta. Così le anime svaniscono e riappaiono continuamente".

---

[94] Gli esseni sono uno dei gruppi costitutivi dell'ebraismo del I secolo d.C. Sono ricordati da Giuseppe Flavio. Dai testi di Qumran apprendiamo che gli esseni attendevano la fine dei tempi e la venuta di due messia (un sacerdote e un re). Gli esseni pretendevano anche di conoscere dei segreti sulla fine dei tempi, si consideravano i veri eletti e avevano una concezione manichea della storia: i kittim (i romani) e gli altri ebrei erano i «figli delle tenebre».

La Chiesa condannò la reincarnazione durante il Concilio indetto dall'imperatore Giustiniano nel 553 d.C. Venne cancellata la dottrina e vennero condannati gli scritti sulla reincarnazione (qualcuno aggiunge che all'epoca fossero già inclusi nel breviario).

È importante inoltre ricordare che la decisione conciliare venne presa senza il consenso del papa d'allora, Vigilio, il quale, anche se si trovava a Costantinopoli, non partecipò alla seduta. Alcuni studiosi affermano che Giustiniano fu indotto a prendere questa decisione dalla moglie Teodora da lui considerata la sua migliore consigliera. Altri ritengono che la bolla Giustiniana fu favorita anche dal fatto che nel 537 la Chiesa era divisa da numerose controversie ed eresie. Chi giudica veritiero che i primi cristiani credessero nella reincarnazione, non esclude che nella sentenza di condanna, che fu pronunciata con il consiglio di Costantinopoli, influirono in modo determinante considerazioni di carattere politico-sociale-economico che nulla avevano a che fare con la spiritualità.

Nel corso della storia la Chiesa ha condannato solennemente posizioni che sono premessa indispensabile per la reincarnazione (come la preesistenza delle anime). In secondo luogo, la Chiesa ha affermato solennemente verità inconciliabili con essa, come il fatto che dopo la morte segua immediatamente il giudizio e quindi il purgatorio, l'inferno o il paradiso.

Il grande dibattito rimane, comunque, aperto, su un pensiero antico di 2000 anni, a cui si riferiscono molte fonti e che però non sempre hanno un'univoca chiave di lettura.

Le vedute nelle religioni

Secondo le tre religioni monoteiste, al momento della morte l'anima della persona abbandona definitivamente il corpo e, con esso, la vita terrena, per ricongiungersi a Dio. Le concezioni dell'aldilà variano da una religione all'altra, e si modificano anche all'interno della medesima tradizione religiosa. Il Pentateuco (l'insieme dei primi cinque libri della Bibbia) non precisa cosa succede alle persone dopo la morte, ma fa menzione di una resurrezione collettiva dopo il Giudizio. Solo in alcuni testi successivi viene elaborata la nozione dell'inferno. Così, per l'Ebraismo antico, l'anima del defunto raggiunge tutte le altre anime che riposano nel regno delle tenebre (o *sheol*).

Certe scuole ritengono che le pene dei dannati siano temporanee e purificatrici e che, una volta scontate, l'anima venga ammessa in paradiso. Vi sono tuttavia dei peccati la cui gravità condanna l'anima del colpevole alla dannazione eterna - almeno fino all'epoca del Giudizio finale.

Secondo il Cristianesimo i buoni vanno in paradiso, dove godono di uno stato di eterna beatitudine, mentre i malvagi vanno all'inferno, dove sono sottoposti a supplizi indicibili. I cattolici nel medioevo aggiungono un luogo intermedio, il purgatorio, dove i peccatori che si sono pentiti in vita subiscono dei castighi per espiare le proprie colpe ed entrare in paradiso. I protestanti e gli ortodossi rifiutano il purgatorio.

L'Islam afferma che coloro che non credono in un unico Dio sono destinati a bruciare all'inferno. Quando una persona muore, la sua anima viene interrogata da due angeli, che le chiedono di recitare la professione di fede (*shahada*): se non è in grado di farlo, viene dannata. Nel giorno del Giudizio (l'ultimo giorno), gli esseri umani saranno giudicati da Dio: i meritevoli avranno la grazia di contemplare il volto di Dio.

Secondo le religioni tradizionali africane, invece, i morti non si ritirano in una sfera ultraterrena, ma continuano a intervenire nella vita dei discendenti sotto forma di "spiriti protettori".

Il karma - il buddismo - la morte

Con i documenti dell'Istituto Buddistico Italiano vediamo che il Buddismo, fin dai suoi esordi, ha evidenziato l'importanza di un chiaro confronto con la realtà della morte che, insieme alla nascita, alla malattia e alla vecchiaia, viene definita come una delle quattro sofferenze fondamentali dell'esistenza umana. Per questo motivo, il Buddismo è stato spesso associato a una visione pessimistica della vita. Ma è vero il contrario. Dal momento che la morte è inevitabile, qualsiasi tentativo di ignorare o evitare questo fondamentale aspetto connaturato alla vita, ci condanna a una visione superficiale dell'esistenza stessa. Una chiara e corretta consapevolezza della natura della morte, può farci vivere invece senza paura, con forza, chiarezza di propositi, e gioia. Secondo l'insegnamento del Budda l'universo è un'entità vivente infinita, nella quale si ripetono incessantemente i cicli di vita e morte individuali. Noi stessi sperimentiamo questi cicli ogni giorno: dei circa 60 trilioni di cellule che compongono il nostro corpo, milioni ne muoiono e altrettanti si rinnovano attraverso il processo metabolico. La morte quindi è un aspetto necessario del processo vitale: rende possibile il rinnovamento e una nuova crescita. Dopo la morte, le nostre vite ritornano al vasto oceano della vita, proprio come una singola onda si alza e si abbassa nella vastità del mare. Attraverso la morte, gli elementi fisici del nostro corpo, così come la forza vitale fondamentale che sostiene l'esistenza individuale, ritornano e sono "rigenerati" nell'universo. Idealmente, la morte può essere intesa come un periodo di riposo o un sonno ristoratore che segue gli sforzi e le lotte della giornata.

Il Buddismo sostiene la persistenza di una continuità oltre i cicli di nascita e morte che costituiscono le nostre vite, in tal senso, eterne. Nel quinto secolo d. C, il grande filosofo indiano Vasubandhu sviluppò l'insegnamento delle Nove coscienze, che fornisce una spiegazione dettagliata dell'eterno funzionamento della vita. In questo sistema, i primi cinque livelli di coscienza corrispondono ai sensi e il sesto integra le percezioni sensoriali in immagini coerenti e formula giudizi sul mondo esterno. Il settimo livello corrisponde al mondo interiore e spirituale: la consapevolezza del sé e il relativo attaccamento hanno origine in questa coscienza, così come la capacità di distinguere il bene dal male. Ancora più in profondità esiste l'ottava coscienza, che contiene l'energia potenziale, positiva e negativa, creata dai nostri pensieri, parole e azioni. Questo potenziale di energia, o tendenza vitale profonda, viene chiamata *karma*. Al contrario di altre tradizioni orientali, il Buddismo non considera immutabile il karma. La nostra energia karmica, che i testi buddisti descrivono come la "corrente impetuosa" dell'ottava coscienza, interagisce con gli altri livelli di coscienza, ed è a questo livello profondo che gli esseri umani esercitano un'influenza reciproca l'uno sull'altro, sul loro ambiente e sulla vita nel suo complesso.

È inoltre a questo livello che si mantiene la continuità dell'esistenza attraverso i cicli continui di nascita e morte. Quando moriamo, l'energia potenziale che rappresenta il "bilancio karmico" di tutte le nostre azioni (creative e distruttive, egoiste e altruiste), continua a fluire in questa coscienza. È questo karma che dà forma alla situazione in cui l'energia potenziale delle nostre vite torna a manifestarsi, attraverso la nascita, come una nuova singola vita. Infine, c'è un nono livello di coscienza che è la vera sorgente della vita cosmica: essa abbraccia e sostiene anche il funzionamento dell'ottava coscienza. Lo scopo ultimo della pratica buddista è quello di stimolare e risvegliare questa coscienza fondamentalmente pura, che ha il potere di trasformare completamente anche i flussi di energia negativa radicati nei livelli di coscienza più superficiali.

Il tema della vita e della morte è talmente fondamentale nella nostra esistenza che le risposte che ci diamo modellano la nostra visione di ogni cosa. Per questo, una nuova comprensione della natura della morte (e dell'eternità della vita), può aprire nuovi orizzonti per tutta l'umanità, facendo sgorgare fonti di saggezza e compassione prima inutilizzate.

Per l'anima non vi è nascita né morte. La sua esistenza non ha avuto inizio nel passato, non ha inizio nel presente e non avrà inizio nel futuro.

Essa è non nata, eterna, sempre esistente e primordiale. Non muore quando il corpo muore.

L'anima è immensamente grandiosa e indecifrabile.

Mai un'arma può tagliare a pezzi un'anima né il fuoco può bruciarla.

L'acqua non può bagnarla né il vento inaridirla.

(Bhagavad-gita)

Capitolo 16

La reincarnazione secondo la cultura indiana

a cura del
Maestro Amadio Bianchi - (Swami Suryananda Saraswati)

Il *saṃsāra* o ciclo delle rinascite, il *karman* o legge di causa-effetto e il *dharma* con i suoi principi etici.

Nella cultura indiana, a partire da un'antichità per così dire profonda, questi tre termini: s*aṃsāra, karman* e *dharma,* presenti nei movimenti religiosi quali l'Induismo, il Jainismo, il Buddhismo e persino nel più antico Brahmanesimo, fanno riferimento ad un complesso di azioni atte a determinare e qualificare quel ciclo di vita, morte e rinascita, comunemente definito come reincarnazione e spesso raffigurato, specialmente nel Buddhismo, come una ruota.

Tale nozione la ritroviamo, in seguito, anche nella filosofia occidentale, con il termine, di origine greca, *metempsicosi* che fa riferimento al "passaggio dell'anima" o spirito vitale, dopo la morte, in altro corpo umano, animale, vegetale o, come qualcuno sostiene, anche minerale. Il concetto, come tutti sanno, era presente anche agli albori del Cristianesimo ma fu poi abolito dal sinodo di Costantinopoli nel 553 dopo Cristo.

La teoria della reincarnazione unitamente a quella del karman (o legge di causa effetto) è l'unica che ho conosciuto in grado di fornire un'attendibile giustificazione sia alle tendenze uniche ed irripetibili presenti in ciascun individuo, sia a quelle già presenti nel DNA di ciascuno all'atto del concepimento, della nascita e dell'intera esistenza, in riferimento ad un soggetto che ancora non abbia intrapreso un percorso di profonda modificazione e cambiamento, attraverso il risveglio della consapevolezza.

Per tornare al tema della reincarnazione e alle conseguenze delle proprie azioni passate, appartenenti addirittura alle vite precedenti, ma giunte a maturazione nella presente esistenza (*prārabdha-karman*) e che qui agiscono influenzandone gli sviluppi, la medicina indiana (āyurveda o "Scienza della vita"), da un punto di vista anche pratico, offre una sua interessante interpretazione attraverso l'azione che i principi "agenti" regolatori della natura, denominati *doṣa*, potrebbero esercitare ed anche aver esercitato nelle diverse fasi salienti dell'esistenza come il concepimento, la nascita, ecc.

Nel mio libro *La scienza della vita*, il primo che ho pubblicato nell'anno 2010 relativo alla mia scienza "preferita", lo *yoga* e *āyurveda* scrivevo:

«Secondo l'antica medicina indiana gli "*agenti*" regolatori della natura e quindi anche del corpo umano sono i *doṣa*. Anche salute e malattia conseguono dalla loro condizione e interrelazione. *Vāta* è il principio del movimento, della propulsione e della forza di eliminazione; *pitta* la combustione e la trasformazione; *kapha* il consolidamento, l'assimilazione, l'inerzia.

Microcosmo e macrocosmo, secondo un fondamentale principio vedico, sarebbero in dinamica unitaria interrelazione, anche per causa di questi tre principi presenti in entrambi gli aspetti della manifestazione e, per conseguenza, la natura eserciterebbe una vitale influenza sul complesso psicosomatico umano. Per questa ragione l'uomo, ad esempio, non solo sarebbe influenzato dalle caratteristiche ambientali ma risentirebbe del passaggio da una stagione all'altra.»

Facendo riferimento a me stesso potrei chiarire meglio cercando la risposta ad alcune domande: i miei genitori al momento del mio concepimento da quali influenze *karmiche* passate provenivano? In quali condizioni si trovavano in quello specifico istante rispetto allo stato dei loro rispettivi *doṣa*? Che stagione era? Che ore erano? Che età avevano? Ma anche, che natura avevano i loro pensieri?

Ciò vale sia per il concepimento sia per la nascita.

Un'analoga interessante interpretazione, ci viene offerta anche dalla famosa scienza astrologica indiana il *jyotiṣa* che tenta anche, oltre a quanto sopra citato, di calcolare la speciale influenza che la natura cosmica, in particolare quella degli astri, può aver esercitato in tali momenti.

Nella *Bhagavadgītā,* parte del grande poema dei discendenti del re *Bharata* (oggi comunemente chiamati indiani) o *Mahābhārata*, nel secondo capitolo al versetto 13 si legge: *"L'anima dopoché in questo corpo è stata (per) la fanciullezza, la gioventù, la vecchiaia, allora appunto realizza l'assunzione di un altro corpo"* e al versetto 22 dello stesso capitolo: *"Come un uomo smettendo i vestiti usati, ne prende altri (di) nuovi, così proprio l'anima incarnata, smettendo i corpi logori, viene ad assumerne altri nuovi."*

Anche nella *Manusmṛti* o libro della legge del saggio *Manu*, figlio di *Brahmā* il divino creatore, considerato il capostipite dell'umanità, redatto sotto forma di discorso che egli tiene a dei saggi *Ṛṣi*, si leggono frasi come: *"Considera attentamente le trasmigrazioni degli uomini, cagionate dalle loro azioni colpevoli [...] lo spirito vitale che esce dal corpo per rinascere nel grembo di una creatura umana."*

La dottrina relativa al ciclo delle rinascite o reincarnazioni (*saṃsāra*) è presente oltre che nella *Bhagavadgītā* e nella *Manusmṛti* anche nelle *Upaniṣad* come la *Śvetāśvatara-upaniṣad* e la *Kaṭha-upaniṣad* a conferma che tale credo ha profonde radici nell'antica cultura dell'India.

Si ha ragione di ritenere che a regolare tale processo del *saṃsāra* sia la legge del karman o legge di causa-effetto.

Il prof. Stefano Piano, nella sua *Enciclopedia dello Yoga* alla voce SAṂSĀRA scrive: «Il prolungarsi di tale «ritorno nella vita» (*punar-janman*) è causato dalla legge ineluttabile di causa ed effetto che caratterizza l'agire umano (*karman*). *Vyāsa* nel suo commento agli *Yoga-sūtra*, così spiega la concatenazione di causa ed effetto: «la felicità è cagionata dal merito, il dolore dal demerito; dalla prima, quindi, proviene l'attaccamento, dalla seconda l'avversione.

Da ciò sorge lo sforzo in virtù del quale l'uomo - mentalmente, verbalmente e fisicamente – entra in azione favorendo o danneggiando il prossimo: donde nuovamente discende merito o demerito, donde felicità e dolore, donde attaccamento e avversione. A questo modo si svolge la ruota della trasmigrazione, dei 6 raggi; la forza che induce a girare incessantemente è la nescienza, radice di tutte le maculazioni» (trad.di C. Pensa). La «ruota» del S. è dunque mossa dall'ignoranza *avidyā* e i «sei raggi» di cui parla *Vyāsa* sono il bene (*dharma*) e il male (*adharma*), il piacere (*sukha*) e il dolore (*duḥkha*), l'attaccamento (*rāga*) e l'avversione (*dveṣa*)».

Una via di uscita o via di liberazione (*mokṣa*) dal ciclo del *saṃsāra* o ciclo delle rinascite, esiste: la cultura spirituale indiana ad esempio, oserei dire anche da sempre, suggerisce il risveglio della consapevolezza come primo passo da compiere sulla via della realizzazione, quella consapevolezza necessaria soprattutto a rendere l'uomo senziente e responsabile delle proprie azioni e delle conseguenze che da esse si generano, in virtù delle quali, come qualcuno afferma, ciò che l'uomo semina raccoglie.

La legge del karman, concetto imprescindibile alla base dell'antica cultura indiana, può offrire, tuttavia, la grande opportunità all'essere senziente di potersi liberare dal doloroso ciclo delle rinascite (*saṃsāra*) poiché, attraverso il compimento di azioni corrette, può condurre ad una proba liberazione (*mokṣa*), anche intesa come fine ultimo dell'esistenza umana.

L'uomo è dunque responsabile del suo proprio destino e tale credo risulta essere incompatibile con ogni genere di casualità o fatalismo; l'esistenza "in corso" diviene, altresì, la grande opportunità di poter intervenire sulle cattive conseguenze prodotte da azioni "*adarmiche*" compiute nelle vite passate o in quella corrente determinando pertanto la qualità del futuro.

Come lo yoga insegna, solo l'azione disinteressata, corretta e libera dalle afflizioni (*kleśa*) non produce effetti *karmici* (*niṣkāma-karman*) e può condurre alla liberazione (*mokṣa*) dal *saṃsāra*.

L'azione disinteressata è quella resa libera da qualsiasi forma di desiderio, priva di attaccamento al frutto derivante dalle azioni, adempiuta nella totale condizione di abbandono e servizio al divino, sia esso la Natura, l'Universo o Dio stesso (*īśvarapraṇidhāna*).

Lo yoga mette pace ed equilibrio tra la vita fisica e quella psichica consentendo di scoprire la natura spirituale. Con esso cessa quel senso di separazione fra le varie componenti costitutive dell'individuo ma anche del soggetto con ciò che lo circonda: i suoi simili, il mondo minerale, vegetale, animale o universale. Per lo yoga l'origine di ogni fraintendimento nasce proprio dalla condizione di separazione che è presupposto di sofferenza mentre la coscienza dello stato di unità e di unione specialmente spirituale, invece, affranca dalla sofferenza e, per conseguenza, anche dalla malattia.

Pausa Caffè: cremazioni a Varanasi

A Varanasi, in India, ci sono decine di scalinate che scendono tutte verso il Gange. Alcune di queste scalinate, vengono utilizzate per bruciare i morti. Sono dei luoghi di culto dove continuamente avviene il rito della cremazione: i corpi dei defunti vengono bruciati attraverso enormi cataste di legna. Per gli induisti il corpo rappresenta solo un contenitore, un involucro che trasporta l'anima da una reincarnazione all'altra. Dopo aver compiuto il viaggio terreno, il corpo non serve più, viene dissolto nel fuoco e consegnato all'acqua perché venga purificato e rigenerato. Il funerale non è della persona ma del suo corpo diventato inutile dopo la morte. Ai funerali nessuno piange, la morte viene vissuta come un fatto normale.

Il momento più importante di tutta la cerimonia è chiamato Kapal Kriya. In questo lasso di tempo si assiste all'apertura del cranio del defunto per effetto del calore del fuoco. L'apertura del cranio permette all'anima del defunto di uscire dal corpo per poter salire in cielo verso gli dei per poi reincarnarsi, sempre che non si sia concluso il ciclo di vita, morte e rinascita. *Se durante la cremazione il cranio non dovesse aprirsi spontaneamente, chi propizia la cerimonia deve romperlo con un colpo di bastone sulla fronte all'altezza del terzo occhio.*

In questo modo l'anima è libera di ricongiungersi all'universo e, se necessario, proseguire il suo ciclo di reincarnazioni in un nuovo corpo.

Buon caffè!

Ogni anima è uno specchio vivente dell'universo.
(Gottfried Wilhelm Leibniz)

Capitolo 17

L'Anima e il suo destino nella filosofia greca antica

a cura del
Prof. Francesco Bullegas

«*Dicono alcuni che il corpo è* séma *(segno, tomba) dell'anima, quasi che ella vi sia sepolta durante la vita presente; e ancora, per il fatto che con esso l'anima* semaínei *(significa) ciò che* semaíne *(signifi chi), anche per questo è stato detto giustamente* séma. *Però mi sembra assai più probabile che questo nome lo abbiano posto i seguaci di Orfeo; come a dire che l'anima paghi la pena delle colpe che deve pagare, e perciò abbia intorno a sé, affinché* sózetai *(si conservi, si salvi, sia custodita), questa cintura corporea a immagine di una prigione; e così il corpo, come il nome stesso significa, è* séma *(custodia) dell'anima finché essa non abbia pagato compiutamente ciò che deve pagare. Né c'è bisogno mutar niente, neppure una lettera*».

Platone, *Cratilo*, (400c), in O*pere complete*, vol. 2, Laterza, Bari, 1980, p. 35)

«*Dicono che la vita dell'uomo è immortale; e che ora ella perviene al termine suo, ch'è ciò che s'addimanda morte, e or ella rinasce; ma non va mai in niente; e però dicono che convien menare vita santissima*»

Platone, *Menone,* in Platone, *I classici del Pensiero*, vol. 1, Arnoldo Mondadori Editore, Milano 2008, p.272

Viviamo il tempo in cui l'anima pare scomparsa, mentre sempre più importanza viene conquistando quello che Laura Bossi nel suo *Storia naturale dell'anima* (2005) chiama il suo doppio, il corpo, il *sôma*[95], questo tempo che lascia intravedere tracce di preoccupante disorientamento proprio nel suo dedicarsi in modo parossistico alla cura esteriore del corpo. L'anima sembra non interessare più nessuno: poeti e artisti, psicologi e psichiatri, medici e educatori pare abbiano abbandonato la ricerca intorno all'anima ed alla psiche in quanto argomento non di moda e di difficile appetibilità. Siamo in una parola di fronte all'eclissi dell'anima[96]. Eppure, proprio oggi, parlare di anima appare quanto mai necessario al fine di contrastare la deriva materialista che tenta di egemonizzare il discorso sull'uomo e la sua destinazione originaria, e fornire orientamento e supporto affinché possa venire riconquistata quella relazione armonica tra corpo ed anima che ha caratterizzato la riflessione filosofica greca, orientandola perfino come cura (aver cura, prendersi cura, accudire, ma mai nel senso dato dalla medicina del curare[97]), in

---

[95] «*Soma*, un tempo stava a significare il corpo "inanimato", senza vita, il cadavere» L. Bossi, *Storia naturale dell'anima,* Edizione Mondolibri, Milano 2005, p.11
[96] L. Bossi, *ibidem.*
[97] Bruno Meucci (2013) definisce la cura medica "approccio igienista" che «ha come obiettivo la guarigione, cioè l'eliminazione dei mali che affliggono l'individuo». Ma sono presenti "mali" sovraindividuali, mali che si accompagnano «all'esistenza dell'uomo in quanto tale», mali del genere umano, verso i quali ogni approccio clinico appare insufficiente, inadeguato e, in ultima istanza, disarmato e impotente; «se il male di cui soffre l'uomo è il non sapere a quale scopo è nato e perché dovrà soffrire e morire, allora nessun approccio clinico potrà mai guarirlo [...] Discorsi che diano senso alla vita degli uomini, che rispondano cioè alla ricerca di senso dell'uomo [...] provengono ieri come oggi e come sempre, dalla religione, dalla mitologia, dall'arte, dalla filosofia» Bruno Meucci, *L'opera interiore. Filosofia come cura di sé*, Giuliano Ladolfi Editore, Borgomanero 2013, p. 26. «La filosofia nelle varie epoche storiche ha svolto funzioni differenti e perfino si sono intese cose diverse con lo stesso termine filosofia. Ci sono stati altri tempi in cui la filosofia è stata soprattutto cura d'anima. Penso per esempio al periodo ellenistico, dopo la grande stagione di Platone e Aristotele": cfr. M. Ciliberto in: http://normalenews.sns.it/la-filosofia-tra-cura-dellanima-e-impegno-civile-colloquio-con-michele-ciliberto/
Sul tema della filosofia come cura dell'anima risulterà certamente lettura interessante ed illuminante il saggio di Pierre Hadot, *Che cos'è la filosofia antica?*, Edizione CDE, Milano 1999.

modo particolare elaborando quell'ideale di perfezione fisica e morale dell'uomo concretizzato nel modello educativo della kalokagathìa (καλοκαγαθία)[98].

Da qui la necessità di ricostruire, seppur sommariamente, una breve storia dell'anima. In queste poche pagine, tuttavia, non potrà essere delineata una soddisfacente storia filosofica dell'anima e della sua reincarnazione. Proveremo comunque a proporre alcune elaborazioni e teorie filosofiche che possano sollecitare nel lettore ulteriori curiosità, sperando di spingerlo, in tal modo, verso autonomi percorsi di lettura e di studio.

La parola italiana *anima*, proviene dalla parola latina *anĭma*, «aria, vento, soffio» affine, come *anĭmus*, alla parola greca ἄνεμος «soffio, vento». Mentre nel suo significato generale e generico intendiamo «il principio vitale dell'uomo, di cui costituisce la parte immateriale, origine e centro del pensiero, del sentimento, della volontà, della stessa coscienza morale»[99].

Assunta nel significato di soffio vitale (*psychè*, ψυχή, connesso con ψύχω «respirare, soffiare» che nel pensiero greco designava l'anima che veniva identificata con quel respiro originario) la troviamo presente nelle prime riflessioni della filosofia greca.

È infatti elemento centrale della prima riflessione filosofica la centralità del concetto dell'aria/soffio vitale che vivifica l'uomo ed ogni essere vivente e dando ad essi significato e senso.

Ed è proprio in questa ricerca di senso, specificamente umana, che trova posto l'anima come tentativo di dare risposta alla stessa

---

[98] Cioè un ideale di perfezione umana: "bello e buono" appunto dev'essere l'uomo, inteso sia come "valoroso in guerra", in riferimento all'ancor più antico *areté* agonale, sia "in possesso di tutte le virtù". Insomma i greci vengono elaborando un modello di perfezione ideale che coniuga bellezza e bontà, ovvero quel ricercato equilibrio di qualità fisiche e morali, di corpo e psyche. «In particolare il termine καλός per i Greci si riferisce non solo a ciò che è "bello" per il suo aspetto sensibile ma anche a quella bellezza che è connessa al comportamento morale "buono" (ἀγαθός)» Pierluigi Barrotta, *Scienza e valori: Il bello, il buono, il vero*, Armando Editore, Roma 2015,
[99] http://www.treccani.it/vocabolario/anima

natura dell'uomo, al significato del suo esistere, del suo esserci[100]. In un certo senso l'anima gioca il doppio ruolo di oggetto da indagare e scandagliare e di *daimon* che spinge all'indagine.

Parecchi scrittori nominano Ferecide[101] come il primo che abbia insegnato l'immortalità (ovvero la trasmigrazione delle anime) e che dunque per primo abbia elaborato un discorso sulla metempsicosi[102]. Ci sono tuttavia forti dubbi sulla veridicità di questa informazione[103].

Sappiamo invece per certo che tale concezione è presente in Pitagora. Tanti sostengono infatti che sia stato Pitagora ad averla introdotta per primo così come per primo egli usa il termine filosofia[104].

---

[100] La domanda costantemente avanzata dall'uomo intorno alla propria esistenza e che lo accompagna da sempre non è solo risultato della meraviglia o dello stupore (*thauma*, θαῦμα) come per primo avanzò Aristotele, ma è domanda che nasce dallo sgomento, dall'umano terrore esistenziale.
Dunque paura di fronte alla presa d'atto consapevole e terribile che la natura, il mondo, l'universo intero, compreso quindi anche il fragile uomo, sono destinati a sopportare un ciclo continuo di nascita e di morte. La filosofia si pone allora come strumento umano per trovare un rimedio, e dunque un senso, alla morte, al nostro scivolare graduale verso il nulla: in una parola come «liberazione vera dal terrore» E. Severino, *Il giogo*, Adelphi, Milano 1989, p.352.

[101] Ferecide di Siro (VI sec. a. C.): dai frammenti risulta un suo interesse per la teogonia dell'orfismo e un suo influsso su Pitagora, che sarebbe stato un suo discepolo. Ferecide, di cui si diceva che fosse stato il maestro di Pitagora e che avesse per primo affermato l'immortalità dell'anima e formulato la teoria della reincarnazione» Cfr. Jean-Pierre Vernant, *Mito e Pensiero presso i Greci*, Edizione Mondolibri, Milano 2001, pp. 113-114

[102] «Il termine è costituito da *metá* («attraverso») e da *psyché* («anima»). Si può tradurre letteralmente come «passaggio-viaggio delle anime». Si tratta di un viaggio tra i corpi. Da qui il termine «reincarnazione»: metempsicosi è la reincarnazione delle anime, la loro trasmigrazione in corpi di animali e di uomini (corpo in greco è *sôma*: ecco perché vi è chi preferisce il termine «metasomatosi» a «metempsicosi» per indicare la reincarnazione delle anime» in E. Ruffaldi, P. Carelli, U. Nicola, *Il Nuovo Pensiero Plurale. Dalle origini ad Aristotele*, vol. 1 A, Loescher, Torino 2012, p.54.

[103] «Questa dichiarazione non è, dalla testimonianza di un Cicerone e d'altri mallevadori più tardi, dimostrata sicura di fronte al silenzio dei più antichi» in Zeller-Mondolfo, *La filosofia dei greci nel suo sviluppo storico. I presocratici*, parte prima vol. II, La Nuova Italia Editrice, Firenze 1967, p.564

[104] «Nessun'altra delle dottrine pitagoriche è più conosciuta, e nessuna si può far risalire al fondatore della scuola con maggior sicurezza, che la dottrina della

È Diogene Laerzio a sostenere che «Pitagora ha affermato per primo, dicono, che l'anima, dopo aver percorso il ciclo della necessità, entra successivamente nel corpo di altri esseri viventi»[105] e di ciò troviamo conferma anche in Porfirio il quale, nel suo *Vita di Pitagora*, scrive che «furono [del filosofo di Samo] soprattutto note queste dottrine: in primo luogo che l'anima è immortale, poi che essa passa in diversi generi di esseri viventi, inoltre che a certi intervalli di tempo ciò che è stato torna di nuovo ad essere, che non c'è niente di nuovo e che bisogna credere che ogni essere animato è dello stesso genere. Sembra infatti che Pitagora sia stato il primo ad introdurre queste stesse dottrine in Grecia»[106].

Ed è grazie ad Empedocle, e al frammento 108 del suo *Poema lustrale,* che noi possediamo la descrizione forse più interessante, nella nostra prospettiva, di un personaggio decisamente extra-ordinario, dalla tradizione e dagli studiosi identificato in Pitagora:

> *«Ma vi fu un uomo fra essi che si acquistò enorme ricchezza di pensieri, più di tutti esperto in ogni sorta di opere sagge. Poiché se dispiegava tutta la forza della sua mente vedeva senza sforzo ciascuno degli esseri nelle sue dieci o venti vite mortali, che aveva saputo acquisire una grande ricchezza di pensieri, capace in ogni genere di opere, poiché quando faceva un grande sforzo nei suoi pensieri egli vedeva facilmente ciascuna delle cose che erano avvenute in dieci o venti vite*

---

trasmigrazione delle anime e della sopravvivenza dell'anima dopo la morte dell'uomo. Di essa parlano Ione da Chio ed Erodoto; Filolao ne fa l'esposizione; Aristotele la dichiara come pitagorica e Platone ha indiscutibilmente seguito i Pitagorici nel tratteggiare le sue mitiche esposizioni dello stato delle anime dopo la morte». Zeller-Mondolfo, op. cit., p.566

[105] Umberto Curi, (a cura di), *Testimonianze e frammenti dei presocratici*, Classici di filosofia, R.A.D.A.R. Editrice, Padova 1971, p. 76

[106] U. Curi, *Testimonianze e frammenti dei presocratici,* op. cit., p.73

di uomini»[107]

intendendo quindi come Pitagora fosse capace di ricordare molte delle sue esistenze precedenti.

Il filosofo di Samo dunque ha la facoltà, adeguatamente esercitata nel corso della sua vita, di ricordare le sue precedenti esistenze, tanto che ben presto si consolida la leggenda di come Pitagora avesse il ricordo di essere già stato Euforbo, figlio di Pantoo, ucciso da Menelao nella guerra troiana.[108]

Ma qual era l'obiettivo della riflessione pitagorea? Oggi possiamo affermare con ragionevole certezza che Pitagora fosse mosso dal bisogno di delineare un percorso di purificazione per l'anima che egli concepiva «come un principio divino e immortale imprigionato nel corpo per una colpa originaria»[109] e ciò avvicina questa concezione pitagorica dell'anima ai riti misterici[110] e alla dottrina

---

[107] Empedocle, B129 D, in Umberto Curi, (a cura di), *Testimonianze e frammenti dei presocratici*, op. cit., p.65.

[108] Pierre Hadot, *Che cos'è la filosofia antica?*, op.cit., p. 183; Umberto Curi, (a cura di), *Testimonianze e frammenti dei presocratici*, op. cit., in modo particolare, per il suo interesse, la nota 4, p. 65: «Eraclide Pontico attribuisce ad Euforbo tutta una serie di nascite (Etalide - Euforbo - Ermotimo - Pirro - Pitagora): da Etalide in poi la facoltà dell'anamnesi (ἀνάμνησις) in vita e in morte scese, per tutti i membri della catena, fino a Pitagora» *ibidem*; Jean-Pierre Vernant, *Mito e Pensiero presso i Greci*, op. cit., pp. 109-110; su Etalide, figlio di Hermes, dalla memoria inalterabile, e i suoi legami con la metempsicosi, cfr. J.-P. Vernant, *ibidem*, pp.103 e sgg.

[109] Domenico Massaro, *La comunicazione filosofica. Il pensiero antico e medievale*, vol. 1, Paravia-Pearson, Milano-Torino 2010, p. 21. «Le anime sono, come dice Filolao e come ripete Platone, per punizione legate ai corpi e seppellite in essi; il corpo è un carcere, nel quale la divinità le ha imprigionate per punizione, e dal quale esse non debbono pertanto liberarsi di proprio arbitrio; solo quando ne siano separate, esse possono condurre in un mondo più alto una vita incorporea. Ma quest'ultima sorte esse non possono attendersi se non quando si siano mostrate capaci e degne di una simile felicità; in caso diverso debbono attendersi in parte la penitenza della vita corporea, in parte i tormenti nel Tartaro», in Zeller-Mondolfo, *La filosofia dei greci nel suo sviluppo storico. I presocratici*, parte prima vol.II, La Nuova Italia Editrice, Firenze 1967, p.567

[110] Misteri è parola di origine incerta: «Vi è chi sostiene che derivi dalla parola greca 'muthos' (mito) e chi è convinto che derivi dal verso che si emette quando non si parla: 'mmm...'. In effetti i misteri erano un qualcosa che non andava rivelato e parrebbe quindi più attestata la seconda ipotesi. Tuttavia, i misteri si basavano su veri

orfica[111] come molti correttamente sostengono.

Pitagora dunque acquisì dagli orfici la sua concezione dell'anima e della metempsicosi, la teoria secondo cui l'anima sopravvive al corpo ed è destinata progressivamente a migrare per corpi diversi, dal corpo di un uomo a quello di un animale[112]. Secondo Erodoto l'originaria teoria pitagorica della trasmigrazione delle anime propone un modello ciclico che per ogni anima si completa in tremila anni «passando per ogni specie animale, finché ritorna nell'uomo: lo scopo del ciclo è l'animazione del mondo e la creazione di una sorta di parentela di tutti i viventi e dell'amicizia per gli animali»[113] gli uni e gli altri figli della stessa terra.

E tuttavia, al di là del motteggio senofaneo, e per concludere questa brevissima presentazione del pensiero di Pitagora, c'è una circostanza, ben evidenziata da Silvio Maracchia, che appare degna di essere sottolineata perché ci consente di evidenziare l'importanza del pensiero pitagoreo nella storia del pensiero umano. «Nel suo stesso secolo operarono altri grandi personaggi ugualmente creatori

---

e propri miti e quindi la prima ipotesi è valida» cfr. Diego Fusaro in https://www.riflessioni.it/dizionario_religioni/orfismo.htm

[111] L'orfismo fu un'antica religione (VI secolo a. C.) riferita al culto di Orfeo e credeva nella metempsicosi, la reincarnazione delle anime. Questa religione faceva riferimento a due miti: il mito di Orfeo ed il mito di Dioniso. Per i seguaci dell'orfismo l'anima viene configurandosi come un dèmone ($\delta\alpha\iota\mu\omega\nu$: un essere che si pone a metà strada fra ciò che è divino e ciò che è umano, con la funzione di intermediario tra queste due dimensioni) che per un'originaria colpa commessa viene imprigionato in un corpo, da cui, sia attraverso le trasmigrazioni, sia mediante le purificazioni, tornerà a liberarsi. Tale concezione duale fa da sfondo integratore ai temi principali dell'orfismo che sinteticamente evidenziamo: «necessità di una purificazione; una condanna escatologica per quanti non si curano di purificarsi; dottrina della metempsicosi, come processo necessario alla purificazione; condanna del corpo» Vincenzo Lombino, *Ermeneutica patristica della creatura umana nell'orizzonte ellenistico*, in Mariano Crociata, *L'uomo al cospetto di Dio. La condizione creaturale nelle religioni monoteiste*, Città Nuova Editrice, Roma 2004, p.216, nota 58.

[112] È Senofane a scrivere, seppur con intento derisorio: «E raccontano che una volta, passando, [Pitagora] avesse avuto compassione di un cagnolino che veniva maltrattato ed avesse detto queste parole: "Smetti di batterlo, perché è l'anima di un amico che ho riconosciuto alla voce"» in *Testimonianze e frammenti dei presocratici*, op. cit., pp. 63-64

[113] *Testimonianze e frammenti dei presocratici*, op. cit., pp. 64 nota 2.

di movimenti con caratteristiche mistiche, quali quelle che anche Pitagora perseguiva. Nel VI secolo a. C., infatti, vissero e operarono Buddha, Lao-Tse, Confucio e forse anche Zoroastro. Si è favoleggiato molto su queste coincidenze e su un loro possibile incontro. Certamente vi furono, pur nelle diversità talora notevoli, alcune somiglianze nelle loro teorie, quali per esempio la metempsicosi e la vita ascetica. Non è possibile, non sapendo nulla di preciso, spingersi oltre; si è voluto soltanto porre l'accento su una coincidenza che però non autorizza alcuna conclusione»[114].

Empedocle di Agrigento (V secolo a.C.), filosofo e mago ma anche medico e taumaturgo, da diversi ritenuto anche allievo della scuola pitagorica[115], viene confermando, nelle sue linee essenziali, la dottrina orfico-pitagorica della trasmigrazione nel senso che «le anime sono imprigionate nei corpi in conseguenza dei peccati anteriori, e dopo la morte, a seconda dei loro meriti, vanno o nel Cosmos o nel Tartaro, oppure son destinate a nuove migrazioni per corpi di uomini e di animali»[116].

Al filosofo di Agrigento, a conferma della esplicita convinzione che l'anima, oltre che immortale, trasmigrasse, dopo la morte del corpo, non solo in altre vite umane ma anche in vite animali e vegetali, viene infatti attribuita questa dichiarazione:

«Un tempo io fui già fanciullo e fanciulla, arbusto, uccello e muto pesce che salta fuori dal mare»[117].

La sua interpretazione della vita, rimanda all'azione congiunta ma conflittuale delle forze di Amore (Φιλότης) e Odio (Νεῖκος) che

---

[114] Silvio Maracchia, *Pitagora e le origini della matematica*, Corriere della Sera-RCS MediaGroup, Milano 2016, pp.16-17
[115] Empedocle di Agrigento (482 a. C. - 422 a. C.), secondo quanto testimonia Simplicio, «fu emulo di Parmenide e suo discepolo, ma ancor più dei pitagorici» in Umberto Curi (a cura di), *Testimonianze e frammenti dei presocratici*, op. cit., p.206.
[116] Zeller-Mondolfo, *La filosofia dei greci nel suo sviluppo storico. I presocratici*, op. cit., p.567; cfr. anche Jean-Pierre Vernant, *Mito e pensiero presso i greci*, op. cit, p.109
[117] Empedocle, DK 31 B 117, in Giovanni Reale (a cura di), *I presocratici. Prima traduzione integrale con testi originali a fronte delle testimonianze e dei frammenti di Hermann Diels e Walther Kranz*, Milano, Bompiani 2006

agiscono perennemente sui quattro elementi (aria, acqua, terra e fuoco)[118] , denominati radici o rizomata (ριζώματα) a sottolinearne la loro funzione generativa della realtà nella sua interezza e, in quanto radici, anche il forte radicamento della stessa.

Amore è la forza di attrazione che unisce e che, mescolando gli elementi nella originalità delle differenti combinazioni, darà origine alla natura e alla vita[119] mentre Odio è forza repulsiva che divide, separa, disgrega, costringe infine al deperimento ed alla morte[120]. In tal modo, sotto l'azione potente di queste due forze si sviluppano sia le umane vicende che l'eterno fluire del cosmo. «L'anima, che in origine è un demone o un dio, spinta dall'Odio commette colpe ed è costretta a compiere un lungo viaggio. Esso dura millenni e porta l'anima a trasmigrare attraverso vari tipi di corpi viventi»[121].

Occorre tuttavia ringraziare Socrate, la sua riflessione e la sua predicazione protrettica, se possiamo utilizzare il concetto di anima

---

[118] Queste "radici" sono indicate dal filosofo come dèi e chiamati col nome di: *Zeus* (Ζεύς), *Era* (Ήρα), *Adoneo* (Άϊδωνεύς) e *Nestis* (Νῆστις). In questo modo «I primi principi si empiono così dell'essenza e del soffio vitale di poteri divini» Werner Jaeger, *La teologia dei primi pensatori greci*, Firenze, 1961, p. 214. Nota citata in https://it.wikipedia.org/wiki/Empedocle

[119] «Quando le parti dell'Amore che sono i "demoni" si riuniscono nell'unità immobile della sfera, il mondo stesso diviene un essere vivente. Sotto l'influenza di Amore il mondo stesso si trasforma in dio» Denis O'Brien, *Empedocle* in *Il sapere greco. Dizionario critico*, vol. 2, (a cura di Jacques Brunschwig e Geoffrey E.R. Lloyd), Einaudi, Torino 2007, p. 90.

[120] Empedocle è, per diretta ammissione, l'ispiratore della freudiana teoria dinamica della società fondata sul contrasto tra le due pulsioni originarie *Eros* e *Thanatos*. Scrive infatti Sigmund Freud: «Empedocle di Agrigento, nato all'incirca nel 495 a.C., si presenta come una figura fra le più eminenti e singolari della storia della civiltà greca [...] Il nostro interesse si accentra su quella dottrina di Empedocle che si avvicina talmente alla dottrina psicoanalitica delle pulsioni, da indurci nella tentazione di affermare che le due dottrine sarebbero identiche se non fosse per un'unica differenza: quella del filosofo greco è una fantasia cosmica, la nostra aspira più modestamente a una validità biologica. [...] I due principi fondamentali di Empedocle – *philìa* (amore, amicizia) e *neikos* (discordia, odio) – sia per il nome che per la funzione che assolvono, sono la stessa cosa delle nostre due pulsioni originarie Eros e Distruzione.» Sigmund Freud, *Analisi terminabile e interminabile* (1937), in OSF vol. 11, *L'uomo Mosè e la religione monoteistica e altri scritti 1930-1938*, Bollati Boringhieri, Torino 2008, pp. 527-529.

[121] http://www.filosofico.net/empedo.html

nel significato che noi oggi riconosciamo comune alla cultura occidentale[122].

Infatti, come abbiamo già accennato, nella cultura greca tradizionale, ancora fondata sulla tradizione omerica, sono assenti, i concetti di corpo e anima: «In Omero [...] mancano pressoché completamente i concetti di "corpo" (*soma*) e di "anima" (*psyche*), che si sono imposti a partire dal quinto secolo a.C. - bene sottolinea G. Reale - Nei poemi omerici *soma* e *psyche* hanno un significato esattamente contrario a quello che assumeranno a partire dal quinto secolo: *soma* significa, infatti, non l'organismo vivente ma quello morto, ossia il "cadavere", e *psyche* significa non già il principio vitale del sentimento e del pensiero, ma il "fantasma del morto", privo di vita, di sensibilità e di intelligenza»[123] mentre per designare i processi vitali dell'uomo si ricorre ad altri termini come *thymós, ménos, noûs* tutti termini che fanno riferimento ad anime corporee, che «conferiscono al corpo vita e coscienza: il *thymós* (θυμός) (letteralmente "animo", principio della vita e dei sentimenti) stimola l'uomo ad agire ed è sede delle emozioni[124]; il *ménos* (letteralmente

---

[122] «L'asse portante del pensiero socratico messo in atto con la sua attività protrettica e con la sua dialettica è stato proprio il nuovo concetto di "psyche"» Giovanni Reale, *Corpo, anima e salute. Il concetto di uomo da Omero a Platone*, Edizione Mondolibri, Milano 2000 p.179.

[123] Giovanni Reale, *Corpo, anima e salute. Il concetto di uomo da Omero a Platone*, op. cit., p.10. Tuttavia, in altro modo, sempre a proposito dell'anima nella produzione omerica, si esprime G. Guidorizzi: «La *psyché* è l'ultimo respiro di vita che abbandona un uomo lasciandolo immoto tra le braccia della morte. Simile a un alito di vapore l'anima-vita vola via come una farfalla dalla bocca dei moribondi o dalla loro piaga, da uno spiraglio di quel corpo che sino ad allora l'aveva trattenuta dentro di sé come un involucro, per trasferirsi, piangendo, in un luogo buio e inaccessibile, l'Ade, dove tutte le anime si raccolgono simili a pallidi fantasmi senza forze. Il gran lottare, amare, odiare, soffrire che accompagna la vita degli esseri umani istante dopo istante si risolve dunque in questo: un soffio che svapora dell'aria, poiché l'anima-vita è fatta di materia, ma di una materia lieve che si consuma e si annulla, come un filo di fumo che si disperde nel vento. Questa è l'anima che muore» Giulio Guidorizzi, *Io, Agamennone. Gli eroi di Omero*, Einaudi, Torino 2016, p. 135

[124] «Dentro di loro, gli eroi sentono ondeggiare senza fine un'energia sempre in movimento che chiamano *thymós*, un gruppo di impulsi ed emozioni che trascina un uomo a tradurre subito in parole e fatti ciò che si agita in lui. Come una forza che sopraggiunge improvvisa, tutte queste emozioni intervengono invincibili

"potenza", "forza", "vigore", "coraggio", "furore") è un impulso più momentaneo, orientato ad attività specifiche; il *noûs* (letteralmente "mente", "intelligenza") indica la mente o un atto della mente (un pensiero o una volizione)»[125].

Il concetto di *psyche* come viene inteso e predicato da Socrate si muove su tutt'altro piano, avviando quella rivoluzione culturale che avrà quale elemento caratterizzante l'identificazione dell'anima, intesa come «qualcosa di carattere spirituale che si esprime anche nella dimensione del fisico»[126], con la *psyche*, coincidente ora con la stessa natura umana[127].

---

dall'esterno a sconvolgere e squilibrare. Raramente un uomo si ferma a meditare: in genere risponde emotivamente, e subito, agli stimoli esterni. Solo pochi, come Ulisse, hanno imparato ad ammansire il loro istinto e a domare il proprio *thymós* con le briglie della ragione. È un flusso interiore, carico di elementi emotivi, che opera senza apparente ordine ma sotto l'impulso di una coscienza provvisoria» Giulio Guidorizzi, *Io, Agamennone. Gli eroi di Omero*, op. cit., pp.135-136

[125] Andrea Porcarelli, *L'alba delle Scienze Umane nel mito greco*, in AA.VV., *Scienze Sociali per il triennio*, vol. I, Casa Editrice Poseidonia, Bologna 2000, pp.186-187. Su questa questione anche Armando Plebe evidenzia come: «Quando invece l'uomo è desto e non sta per morire Omero parla separatamente ora dell'impetuosità (*thymós*), ora dell'intelletto (*nóos*), ora del ragionamento (*mythos*), ora della capacità di sentire globalmente (*phrenes*), ora del cuore (*kradíe*) come di operatori psichici differenti, indipendenti e talora in contrasto fra loro» Armando Plebe, *Storia del pensiero*, vol. I, Astrolabio-Ubaldini, Roma 1970, p.12

[126] Giovanni Reale, *Corpo, anima e salute. Il concetto di uomo da Omero a Platone*, op. cit., p. 156

[127] Tra Omero e Socrate, affinché potesse affermarsi una nuova concezione dell'anima, occorre sottolineare il prezioso contributo di Alcmeone di Crotone (fine del IV sec. a.C.), filosofo pitagorico e pioniere dell'anatomia. È lui per primo, infatti, ad aver individuato la funzione centrale del cervello, ritenendolo la sede del governo dell'uomo, e sosteneva che il seme provenisse dal cervello. Tuttavia l'importanza di Alcmeone sta nel fatto che lui per primo, si ritiene, sia autore di due importanti scoperte: egli infatti individua dei «"passaggi" che conducevano dagli occhi all'ἐγκέφαλος, grazie ai quali questo avrebbe ricevuto le percezioni della vista, dell'udito e dell'odorato [ed è convinto assertore che nel cervello] avesse sede il pensiero» Richard Broxton Onians, *Le origini del pensiero europeo*, Club degli Editori, Milano 1999, p.142. Sarà quindi proprio grazie alle intuizioni di Alcmeone che il concetto di *psyche* «gradualmente trascorre da semplice vita o anima vitale, quale era in Omero e Esiodo, a entità concepita e definita come coinvolta nella percezione nel pensiero, nella sensazione, fino ad allora opera del θυμός, delle φρένες e del κῆρ nel petto. "Vita" e coscienza, già divise e accentrate nella testa e nel petto, rispettivamente nella ψυχή e nel θυμός, si congiungono ora nella ψυχή, concepita come singola

Sottolinea infatti E. A. Havelock come a partire da Socrate, *psyche* «invece di significare l'ombra o il fantasma dell'uomo, o il respiro o il suo sangue, un oggetto privo di sensibilità e di coscienza, venne a significare lo 'spirito che pensa', che è capace di decisioni morali e di conoscenza scientifica ed è la sede della responsabilità morale, qualcosa di infinitamente prezioso, essenza unica nell'intero regno della natura»[128].

L'uomo dunque è, finalmente e totalmente, la sua anima.

Tuttavia rimaniamo ancora su un livello fenomenologico, senza «sviluppare a livello teorico una dimostrazione dell'immortalità dell'anima»[129].

Sarà con Platone che la concezione dell'anima immortale e reincarnabile diverrà parte centrale della riflessione filosofica dell'antica Grecia.

Platone ritorna più volte, nella sua vasta produzione dialogica, sulla condizione dell'anima in vita e sul suo destino dopo la morte. Il filosofo ateniese, come Pitagora prima di lui, riprende la dottrina orfica della reincarnazione per spiegare come l'uomo possa conoscere: si tratta di una teoria anamnestica[130] della conoscenza. Dove trova origine infatti la conoscenza umana secondo Platone? Essa viene presentata sempre - e qui sta in parte l'interpretazione che Platone ci propone dell'insegnamento del suo maestro Socrate - come ricordo o reminiscenza di esperienze maturate dall'anima in sue esistenze precedenti. Questa conoscenza «deve essere giunta all'uomo prima che sia venuto al mondo, in una vita anteriore alla sua stessa nascita. La conoscenza di una cosa, resa possibile

---

entità» ivi, p. 142-143

[128] E.A. Havelock, *Cultura orale e civiltà della scrittura da Omero a Platone*, p.161, in Giovanni Reale, *Corpo, anima e salute. Il concetto di uomo da Omero a Platone*, op. cit., p. 164

[129] Giovanni Reale, *Corpo, anima e salute. Il concetto di uomo da Omero a Platone*, op. cit., p. 187

[130] *Anamnesi* deriva da *anámnesis* e significa "ricordo" e «indica la concezione secondo la quale la conoscenza consiste nel ricordo di ciò che è già in noi ma di cui non abbiamo consapevolezza» in E. Ruffaldi, P. Carelli, U. Nicola, *Il Nuovo Pensiero Plurale. Dalle origini ad Aristotele*, vol. 1 A, Loescher, Torino 2012, p. 258.

dall'archetipo[131], avviene sotto forma di un ricordo di quella visione originaria dell'archetipo, compiuta prima di venire al mondo. Conoscere significa per Platone ricordare; il pensiero dell'Idea deve così condurre necessariamente alla concezione preesistente dell'anima e, di conseguenza, alla certezza della sua immortalità»[132].

In questa articolata e complessa proposta filosofica spesso Platone farà uso di racconti mitici, la cui funzione è quella di rendere più semplice un discorso altrimenti decisamente complesso, ma che vengono proposti, dallo stesso filosofo, come la rivelazione di un sapere misterico che non può essere spiegato ma solo raccontato[133],

---

[131] Archetipo è il «termine usato nella tarda antichità ellenica per indicare l'idea platonica, ossia il modello (in greco *archétypon*= ἀρχέτυπον) delle forme di cui le cose sensibili sono semplici copie (il termine platonico era *parádeigma*)» in AA.VV., *Enciclopedia Garzanti di Filosofia*, Garzanti, Milano 1987, p.44

[132] Wilhelm Weischedel, *La filosofia dalla scala di servizio*, Edizione CDE, Milano 1997, p. 44

[133] Il mito, infatti, nell'economia dei dialoghi platonici, svolge funzioni filosofiche via via differenti come, tra le altre, quella di integrare il logos «quando la parola non è sufficiente a dire (o non si può argomentare su ciò che può essere detto) come avviene nei miti escatologici sul destino dell'anima dopo la morte». E. Ruffaldi, P. Carelli, U. Nicola, *op. cit.*, p.299. Ci troviamo qui di fronte all'uso meta-filosofico del mito che, come suggerisce E. Berti, viene utilizzato «per esprimere contenuti che non sono né dimostrabili né conoscibili con certezza, ma che dobbiamo in qualche modo ipotizzare o immaginare» ed è questo il caso di tutti quei miti che trattano dell'aldilà. Cfr: Enrico Berti, *I miti in Platone*, in Enciclopedia Multimediale delle Scienze Filosofiche http://www.emsf.rai.it/aforismi/aforismi.asp?d=351
Anche Giovanni Reale si muove sulla stessa lunghezza d'onda quando afferma: «Si tenga presente che per Platone il "mito" ha un valore conoscitivo essenziale, in quanto [...] è un pensare per immagini. Il mito è una favola che racchiude verità di fondo. E la verità che si ricava da tutti i miti escatologici, mediante la dinamica di immagini che si intrecciano in modi complessi e vari, è una sola: il giusto merita nell'al di là un premio, l'ingiusto un castigo» Giovanni Reale, Corpo, *anima e salute. Il concetto di uomo da Omero a Platone*, op. cit., p.254.
Per una lettura precisa e sintetica dei differenti significati che la parola "mito" viene via via assumendo nella cultura greca, si rimanda al contributo di Maurizio Bettini, *Mito e filosofia*, in Umberto Eco e Riccardo Fedriga (a cura di), *Storia della filosofia. Dai presocratici ad Aristotele*, vol. 1, Gruppo Editoriale L'Espresso, Roma 2015, pp.34-35. Qui possiamo tuttavia fare riferimento alle considerazioni avanzate da G. Guidorizzi: «*Mythos*, in lingua greca, designa il concetto nei suoi differenti livelli: la singola parola che esce dalle labbra di qualunque persona; una serie di parole che si organizzano in un discorso; un discorso che ha lo scopo di raccontare una storia; infine, un

ed il mito, con il suo linguaggio allusivo e rappresentativo, si rivela uno strumento potente, seppur limitato, di avvicinamento a questo sapere.

Proviamo anche noi a rendere fluido il racconto platonico proponendo una sintesi dei miti più interessanti e funzionali al nostro discorso.

I miti di riferimento sono tre e vengono definiti miti escatologici[134]: nel *Fedone* troviamo il mito escatologico/geografico in cui viene descritto quello che dovrebbe essere il destino delle anime dopo la morte, mentre nel *Gorgia* troviamo descritto il giudizio delle anime dopo la morte ed infine il *mito di Er* contenuto nel libro X della *Repubblica* e certamente, tra i tre, il più famoso. Qui si racconta del destino del soldato Er, morto in battaglia, e che per tre giorni, in questa sua condizione di morte apparente, compie il viaggio nell'aldilà, con l'obbligo poi, al suo risveglio, di raccontare ciò che ha visto. Egli racconta così di aver visto come nell'al di là le anime venissero sorteggiate casualmente e costrette a scegliere le nuove vite in cui reincarnarsi. Chi è stato sorteggiato tra i primi è sì avvantaggiato, perché ha una scelta maggiore ma anche chi sceglie per ultimo ha molte possibilità di libera scelta perché le possibili vite poste a disposizione sono più numerose delle anime: comunque

---

particolare tipo di storia che racconta fatti avvenuti in un tempo lontano e che sono diventati esemplari. Questo è ciò che generalmente oggi intendiamo per "mito". [...] Per chi li ascoltava, nella Grecia delle origini [...] i miti non riguardavano le profondità della mente, ma la realtà della vita. Racconti veri, anche se in una dimensione diversa da quella dell'esperienza quotidiana: storie che emergevano da tempi lontanissimi e parlavano con una voce collettiva. La caratteristica del mito greco è quella di essere un racconto fatto di parole, non di segni scritti, trasmesso non da sacerdoti o sapienti, ma da specialisti della parola, vale a dire i poeti, che ne fecero il soggetto fondamentale delle loro opere. Così, il mito ha viaggiato attraverso il tempo: nei racconti dei cantori, nei versi di Omero, nelle sanguinose vicende della tragedia, e più tardi nella poesia di Virgilio e di Ovidio» Giulio Guidorizzi (a cura di), *Introduzione*, in *Edipo. Il gioco del destino*, RCS MediaGroup, Milano 2018, pp. 7-9

[134] L'escatologia - dal greco antico ἔσχατος, éskhatos «ultimo» - indica, nelle dottrine filosofiche e religiose, la riflessione che si interroga sul destino finale dell'essere umano (cosa ci sia dopo la morte, quale destino viva l'anima) e dell'universo (le credenze religiose o mitiche intorno alla fine del mondo).

non è molto importante la varietà della scelta ma determinante è che si scelga bene. Scegliere infatti, nella visione platonica, rimanda alla assunzione di consapevolezza delle responsabilità personali[135] che hanno segnato, caratterizzandola, la vita precedente, passaggio necessario per non commettere più errori e optare per una vita migliore. Il racconto si conclude, attraverso le parole di Er, con le anime che vengono a dissetarsi alle acque del fiume Lete, che possiede la proprietà di far dimenticare[136], e così, mentre le anime che

---

[135] «Al loro arrivo, le anime dovevano presentarsi a Lachesi. E un araldo divino prima le aveva disposte in fila, poi aveva preso dalle ginocchia di Lachesi le sorti e vari tipi di vita, era salito su un podio elevato e aveva detto: "Parole della vergine Lachesi sorella di Ananke. Anime dall'effimera esistenza corporea, incomincia per voi un altro periodo di generazione mortale, preludio a nuova morte. **Non sarà un dèmone a ricevervi in sorte, ma sarete voi a sceglierivi il dèmone**. Il primo che la sorte designi scelga per primo la vita cui sarà poi irrevocabilmente legato. La virtù non ha padrone; secondo che la onori o la spregi, ciascuno ne avrà più o meno. **La responsabilità è di chi sceglie, il dio non è responsabile**"», Platone, *La Repubblica* (X, 617d-e), in Platone, *Opere complete*, vol. 6, Laterza, Bari 1978, pp.348-349. Assistiamo qui ad un nuovo, ulteriore ribaltamento - dopo quello già operato da Socrate - della antica concezione omerica: «L'uomo non è vittima del demone e della sorte, come l'uomo omerico credeva, ma è lui stesso che opera la scelta del proprio demone e della propria sorte» Giovanni Reale, *Corpo, anima e salute. Il concetto di uomo da Omero a Platone*, op. cit., p.320. Illuminante risulta la sottolineatura di James Hillman, che si muove su questo stesso orizzonte interpretativo: «Il termine greco per indicare il fato, moira, significa "parte assegnata, porzione". Così come il fato ha solo una parte in ciò che succede, allo stesso modo il *daimon*, l'aspetto personale, interiorizzato della moira, occupa solo una porzione della nostra vita, la chiama ma non la possiede. Moira deriva dalla radice indoeuropea *smer* o *mer*, "ponderare, pensare, meditare, considerare, curare". È un termine profondamente psicologico, in quanto ci chiede di analizzare da vicino gli eventi per determinare quale porzione viene dall'esterno ed è inspiegabile, e quale mi appartiene, attiene a ciò che ho fatto io, avrei potuto fare, posso ancora fare. La moira non è in mano mia, è vero, ma è solo una porzione. Non posso abbandonare le mie azioni, o le mie capacità e la loro realizzazione, nonché la loro frustrazione o fallimento, a loro, agli dèi e dee, o al volere della ghianda daimonica. Il fato non mi solleva dalla responsabilità; anzi me ne richiede molta di più» James Hillman, *Il codice dell'anima*, Adelphi Edizioni, Milano 2009, p. 245.

[136] «Il quadro è conforme a una lunga tradizione, a cui Platone si ispira direttamente: egli non ha inventato né la pianura arida di Dimenticanza, il fiume Lete, né le anime assetate, né l'acqua fresca che scorre da una fontana dai poteri soprannaturali. [...] Platone ha] raccolto e trasposto una tradizione che associava molto strettamente i temi della *melétē* e dell'*améleia* ai miti di Memoria e di Dimenticanza» Jean-Pierre Vernant, *Mito e pensiero presso i Greci*, op. cit., p. 125-126. Tuttavia bene fa notare sempre J.-P. Vernant come in questo caso «d'acqua di Dimenticanza non è più simbolo di

berranno in maniera smodata dimenticheranno tutto della vita precedente, le anime che hanno scelto una nuova vita da filosofi, guidate dalla ragione, berranno moderatamente, e manterranno il ricordo, solo un po' attenuato, del mondo delle idee, verso le quali, nella loro nuova vita, faranno costante riferimento per ampliare la loro conoscenza e vivere compiendo il bene. «Non tutte le anime, però, tornano nella valle ve ne sono alcune che hanno raggiunto un grado di purificazione tale che non richiede più la reincarnazione e restano per sempre nel cielo [nel loro luogo d'origine e a cui da sempre anelano]. Altre invece sono così corrotte che non sono degne di incarnarsi in un altro corpo, per quanto spregevole, e restano per sempre negli inferi (in particolare questo è il destino dei tiranni peggiori). Accanto al ciclo delle reincarnazioni, Platone aggiunge una condizione stabile e permanente, che segna il destino dell'anima in modo definitivo. [...] si tratta però di casi-limite, di rare eccezioni, mentre il destino "normale" delle anime rimane quello della metempsicosi»[137].

Con Platone viene dunque costantemente posta in rilievo l'avventura dell'anima-δαίμων che, nella vita terrena, si trova prigioniera del corpo (*sóma* e *séma* contemporaneamente ovvero corpo-tomba dell'anima[138]) con il quale dovrà condividere il suo legame

---

morte, ma di ritorno alla vita, all'esistenza nel tempo. L'anima che non si è guardata dal berne, "gonfia di dimenticanza e di cattiveria" (Platone, *Fedro* 248c), è precipitata ancora una volta su questa terra, dove regna la legge inflessibile del divenire» J.-P. Vernant, *ibidem*, p.105.

Riferimenti diretti al fiume Lete sono presenti nell'*Eneide* di Virgilio (VI libro): le anime dei Campi Elisi si immergono quando devono reincarnarsi dimenticando così le vite passate, secondo la concezione pitagorica della metempsicosi. Le anime, a cui per fato sono dovuti nuovi corpi, presso l'onda del fiume Leteo bevono liquidi sicuri e lunghi oblii» (En., VI 713-715). Allo stesso modo anche nella *Divina Commedia*, nel *Purgatorio* (canti XXX vv. 140-145 e XXXI vv. 94-104 cfr. Dante Alighieri, *La Divina Commedia*, *Purgatorio* 2, Biblioteca Treccani- Mondadori, Milano2005, pp. 745/752), le acque del fiume Leté (o Amelete) posseggono la medesima caratteristica: Dante Alighieri «immagina che in questo fiume, situato nel paradiso terrestre, sul monte del Purgatorio, si lavino le anime purificate prima di salire in Paradiso, per dimenticare le loro colpe terrene», ivi https://it.wikipedia.org/wiki/Lete_(fiume_dell%27oblio).

[137] E. Ruffaldi, P. Carelli, U. Nicola, *op. cit.*, p.261[inciso nostro].

[138] «Nel *Fedro* Platone richiama, oltre che l'immagine della "tomba", quella dell'

con il sensibile e dunque impossibilitata a cogliere pienamente la purezza delle Idee: compito dell'anima, in questo suo percorso terrestre, sarà quello di orientare il suo agire verso la conoscenza e verso il bene. Tuttavia, la realtà assoluta, essenziale, potrà essere conosciuta solo dopo che l'anima si sarà separata nuovamente dal corpo. In tal senso, dunque, dovrà essere intesa l'affermazione socratica, presente nel Fedone, che la filosofia è pratica di morte (*melétē thanátou* μελέτη θανάτου)[139], in quanto la vita del filosofo si risolve in una continua aspirazione verso la conoscenza e per la sua anima verso l'iperuranio, sede delle essenze ideali, che potrà essere raggiunto, tuttavia, solo dopo la morte del corpo[140]. Qui sta, mi pare,

---

"ostrica"» Giovanni Reale, *Corpo, anima e salute. Il concetto di uomo da Omero a Platone*, op. cit., p. 213. «Allora invece [quando le Anime stanno nell'Iperuranio, e vivono a contatto con le Idee ovvero le matrici a cui si ispirano i prodotti terreni] si poteva vedere la bellezza nel suo splendore, quando in un coro felice, noi al seguito di Zeus, altri di un altro dio, godemmo di una visione e di una contemplazione beata ed eravamo iniziati a quello che è lecito chiamare il più beato dei misteri che celebravamo in perfetta integrità e immuni dalla prova di tutti quei mali che dovevamo attenderci nel tempo a venire, contemplando nella nostra iniziazione mistica visioni perfette, semplici, immutabili e beate in una luce pura, poiché eravamo puri e non rinchiusi in questo che ora chiamiamo corpo e portiamo in giro con noi, incatenati dentro ad esso come un'ostrica» Platone, *Fedro* (250b-250c) in Platone, *Tutte le opere*, a cura di V. Maltese, vol. II, op. cit., p.465 (inciso nostro).

[139] «E di sciogliere, come diciamo, l'anima dal corpo, si danno pensiero sempre, e sopra tutti gli altri e anzi essi soli, coloro che filosofano dirittamente; e questo appunto è lo studio e l'esercizio proprio dei filosofi, sciogliere e separare l'anima dal corpo. […]. È dunque vero, egli disse, o Simmia, che coloro i quali filosofano dirittamente si esercitano a morire, e che la morte è per loro cosa assai meno paurosa che per chiunque altro degli uomini. Rifletti bene su questo. Se veramente i filosofi sono per ogni rispetto in discordia col corpo e hanno desiderio di essere soli con la propria anima; se costoro, quando questo loro desiderio si avvera, fossero presi da paura e da dolore, non sarebbe una gran contraddizione? Se cioè, dico, non fossero lieti, di andare colà dove giunti hanno fede di ottenere quello che in vita amarono – e amarono la sapienza – e quindi di sentirsi disciolti dalla compagnia di ciò appunto con cui furono in discordia? […] chi fu schiettamente amico della sapienza e nutrì in cuore eguale e sicura fede che in niun altro luogo potrà trovare codesta sapienza nella sua interezza se non nell'Ade, costui dunque si rammaricherà di morire e non sarà lieto di andare colà? Io devo pur credere, o amico, che sia così, se realmente costui è filosofo» Platone, *Fedone*, XII, op. cit., pp. 56-57

[140] «Per Platone, sapere non è altro che ricordarsi, cioè evadere dal tempo della vita presente, fuggire lontano da quaggiù, ritornare alla patria divina della nostra anima, rientrare in un mondo delle Idee che si oppone al mondo terrestre così come gli si

il motivo fondamentale della riflessione filosofica platonica: la ricerca della conoscenza porta il filosofo, mosso dall'erotico[141] ed impellente desiderio di conoscere, a superare la sua paura della morte, ma anzi desidera proprio morire, non per altro se non perché morire è la conclusione naturale di questa disciplina di morte che è la vita di chi filosofo è veramente[142]. Ed il filosofo, consapevole di ciò, e convinto di aver ben agito in vita e di aver continuamente teso alla verità, non teme di morire, come viene altresì sottolineato nell'accorata Apologia di Socrate, ma vede anzi nella morte il compimento dell'aspirazione verso la quale ha teso durante tutta la sua vita[143].

Abbiamo finora posto in evidenza l'immortalità dell'anima e il suo ciclico reincarnarsi, va ora specificato che, nella riflessione

---

opponeva l'aldilà col quale Mnēmosynē stabiliva la comunicazione» Jean-Pierre Vernant, *Mito e Pensiero presso i Greci*, op. cit., p. 119

[141] Cfr. Platone, *Simposio*, (204 a-b), in cui si delinea il senso della ricerca filosofica come amore per la conoscenza ed il filosofo viene assimilato ad Eros, il dio dell'amore, mosso costantemente alla ricerca del bello e Amore si trova sempre tra sapienza e ignoranza (ivi, 203e). Platone, *Simposio*, in Platone, *Tutte le opere*, a cura di V. Maltese, vol. II, Newton &Compton, Roma 1997, p.391.

[142] Per meglio comprendere il senso della disorientante affermazione socratico-platonica della μελέτη θανάτου J. P. Vernant sottolinea come «Evidentemente, nella prospettiva di Platone, questo esercizio di morte è in realtà una disciplina d'immortalità: liberandosi dal corpo, al quale Platone applica le stesse immagini di flusso e di corrente che applica al divenire, l'anima emerge dal fiume del tempo per conquistare un'esistenza immutabile e permanente, vicino al divino nella misura in cui ciò è consentito all'uomo» J.P. Vernant, *Mito e pensiero presso i Greci*, op. cit., p. 133.

[143] In tal modo si conclude l'*Apologia di Socrate*: «Ebbene dovete anche voi, giudici, munirvi di buone speranze rispetto alla morte; e riflettere su quest'unica verità, che a un uomo buono non può capitare alcun male, né in vita né quando muore, e nessuna sua vicenda viene trascurata dagli dei. Anche questa mia di ora non è casuale: anzi mi è chiaro che ormai era meglio per me morire e liberarmi dai fastidi. Ecco perché il segno non mi si è mai opposto, e io stesso non me la prendo con coloro che hanno votato contro di me, né coi miei accusatori. Vero è che non mi hanno votato contro o accusato con questo intendimento, ma mirando a nuocermi, e per questo meritano riprovazione. [a cui seguono queste conclusive e lapidarie parole del maestro di Platone] Ma è ormai tempo di andar via, io per morire, voi per continuare a vivere; chi di noi vada verso una sorte migliore, è oscuro a tutti tranne che al dio». Platone, *Apologia di Socrate*, (41c-e, 42), in *I grandi classici latini e greci*, Fabbri editori, Milano 1994, p. 171.

platonica, questo destino compete solo all'anima razionale che, insieme alle altre anime, quella concupiscibile e quella irascibile, albergano nel *sòma* dell'uomo, ma queste ultime sono anime mortali e sono destinate a morire insieme al corpo.

Per riassumere la visione platonica dunque, l'anima razionale partecipa, ancor prima di entrare nel corpo, del mondo delle idee essenziali, esplicando, nella loro contemplazione, una primaria funzione conoscitiva, funzione che continuerà a svolgere anche dopo la reincarnazione. Nell'uomo tuttavia esistono, oltre l'attività conoscitiva, anche un'attività sentimentale ed un'attività desiderativa, infatti l'uomo oltre che conoscere, possiede dei sentimenti e, in quanto corpo, deve soddisfare dei bisogni materiali. Ciascuna delle tre anime, secondo Platone, presiede queste tre attività fondamentali: in tal modo, perciò, viene a delinearsi una coesistenza, nel corpo umano, di queste tre anime secondo un rapporto gerarchico ben organizzato ed armonico, per cui ciascuna anima assolve una funzione ugualmente essenziale che necessita di un esercizio equilibrato di tutte le attività, senza il quale la vita stessa dell'uomo sarebbe impossibile. Tale rapporto gerarchico ed armonico viene descritto da Platone nel *Fedro*, ancora una volta ricorrendo a quell'uso meta-filosofico del mito cui già abbiamo accennato, dando vita al famoso mito della biga alata:

> *«Si immagini l'anima simile a una forza costituita per sua natura da una biga alata e da un auriga. I cavalli e gli aurighi degli dei sono tutti buoni e nati da buoni, quelli degli altri sono misti. E innanzitutto l'auriga che è in noi guida un carro a due, poi dei due cavalli uno è bello, buono e nato da cavalli d'uguale specie, l'altro è contrario e nato da stirpe contraria; perciò la guida, per quanto ci riguarda, è di necessità difficile e*

molesta» (Platone, *Fedro*, 246a-b)[144]

L'uomo viene paragonato ad un carro trainato da due cavalli e guidato da un auriga: i due cavalli rappresentano le passioni ed i bisogni, uno lento e l'altro focoso simboleggiano l'anima concupiscibile e l'anima irascibile; questi devono essere guidati dalla ragione: l'auriga, l'anima razionale, che guida il carro e detta la meta, deve impedire ai cavalli di prendere il sopravento e deve fare in modo che questi vadano sempre di pari passo, affinché possa essere raggiunto l'iperuranio, il luogo dove si trovano le idee, e ivi restare per contemplarle. «La conoscenza è quindi strettamente legata, in Platone, [...] all'ambito morale. Per conoscere le idee dobbiamo liberarci da tutto ciò che ci lega al corpo e in particolare dalle passioni»[145].

Ancora una volta il racconto platonico sottolinea l'immortalità dell'anima e il suo anelito a ritornare al suo luogo d'origine, seppur intralciata dagli appetiti mondani[146].

L'anima umana, che, inquieta, ben si manifesta anche in ciascuno

---

[144] Platone, *Fedro*, (246 a-b), in Platone, *Tutte le opere*, a cura di V. Maltese, vol. II, Newton &Compton, Roma 1997, p. 459
[145] E. Ruffaldi, P. Carelli, U. Nicola, *op. cit.*, p.259
[146] Di notevole interesse, ai fini di questo nostro breve discorso, si rivela la comparazione - che tuttavia qui possiamo solo accennare - avanzata da Ananda Kentish Coomaraswamy (1973) tra la meditazione yoga e l'agire dell'auriga nel mito della biga alata: «Yoga significa letteralmente ed etimologicamente il "giogo" che si impone ai cavalli; a questo proposito, bisogna tener presente che per gli indiani, come per gli psicologi della Grecia antica, i "cavalli" legati al "carro corporeo" sono le facoltà sensitive che lo spingono nell'una e nell'altra direzione, verso il bene o verso il male, o verso il fine ultimo stesso, se i cavalli sono ben controllati dall'auriga che li tiene alle redini. L'individualità è la cavalcatura da domare, il Conduttore o l'Uomo Interiore è l'auriga. L'uomo, quindi, deve "aggiogare se stesso come un cavallo disposto a obbedire (Rigveda Samhita, V, 46,1)» in Ananda K. Coomaraswamy, *Induismo e Buddismo*, Rusconi, Milano1973, p.77. Anche Amadio Bianchi specifica come «yoga è una parola sanscrita che derivando dalla radice del verbo *yuj* indica l'atto di aggiogare. [...]. Il suo significato accorda a questo sistema il ruolo di disciplina laddove si pensi di aggiogare la personalità istintuale presente nella natura umana, per orientarla e finalizzarla verso scopi ben più alti rappresentati da altri significati [...] attribuibili al verbo *yuj*» Amadio Bianchi, *La scienza della vita, lo Yoga e l'Āyurveda*, SpazioAttivo edizioni, Thiene Vicenza 2014, p.12.

di noi, persegue così il proprio destino, far ritorno alla sua dimora originaria, volendo por fine definitivamente al tormento delle reincarnazioni[147].«Per tutta la vita l'uomo avrà nostalgia di questa visione concessagli prima della nascita, e aspirerà a ritornare a quell'origine cui deve la sua provenienza. Da qui nasce il suo sforzo di liberarsi dalla prigionia della brama sensuale, cercando di giungere, già durante la vita terrena, a contemplare le idee nella visione stessa delle cose»[148]. Da queste illuminanti riflessioni platoniche possiamo trarre continui insegnamenti e profonde sollecitazioni capaci di dare senso e significato al nostro progetto esistenziale ed orientare il nostro agire verso la conoscenza della verità che alberga in noi e non attende altro che essere richiamata alla coscienza.

Dobbiamo imparare a dar voce alla nostalgia che tormenta la nostra anima, a divenire facilitatori e alleati dell'anima piuttosto che suoi, seppur inconsapevoli, carcerieri. Aiutando l'anima nostra a ricongiungersi con quel luogo in cui è già stata e da cui proviene, perseguiamo così la nostra 'destinazione originaria'[149].

---

[147] «L'anima che, divenuta seguace del dio, abbia visto qualcuna delle verità, non subisce danno fino al giro successivo, e se riesce a fare ciò ogni volta, resta intatta per sempre» Platone, *Fedro*, (248c), in Platone, *Tutte le opere*, a cura di V. Maltese, vol. II, Newton &Compton, Roma 1997, p. 461
[148] Wilhelm Weischedel, *op. cit.*, p. 45.
[149] Si vuole intendere qui che l'uomo va inteso come «ente la cui destinazione *naturale* è quella di trascendere la propria 'naturalità'» in A. Granese, *Il labirinto e la porta stretta*, La Nuova Italia, Firenze 1993, p. 221, egli perciò deve orientare il proprio agire verso una piena 'umanizzazione'. In tal modo siamo molto vicini all'*entelechìa* aristotelica, termine con il quale il filosofo di Stagira vuole designare quella realtà che ha inscritta la meta finale verso cui tende ad evolversi o, in altre parole, «lo stato di perfezione di un ente che ha raggiunto il suo fine attuando pienamente il suo essere in potenza» cfr. *Enciclopedia Garzanti di Filosofia*, op. cit., p. 252.

Pausa Caffè: destino o progetto ani[·]

*Io non credo, in termini assoluti, al **destino**[150], ma cre[.] sto all'interazione di diverse forze che agiscono su diversi ca[.] influenza sull'essere umano (campo famigliare, campo degli a[.] campo delle vite passate, campo della coppia, campo Karmico, ecc). Con un lavoro di crescita personale, possiamo avvicinarci o, meglio ancora, allinearci alla realizzazione del nostro **progetto animico**. Il lavoro personale serve per allentare quelle forze che ci portano a divergere dal progetto animico e ad allinearci sempre più verso la nuova lezione che la nostra anima intende realizzare in questa vita. Attraverso il libero arbitrio, possiamo fare delle scelte e far prendere alla nostra vita determinate direzioni. Nulla è segnato e scritto in modo permanente, vi sono sempre margini di evoluzione, sempre che si scelga di evolvere. Considerare la vita determinata dal destino, invece, significa farsi trascinare verso destinazioni indotte dalle forze che agiscono su di noi, talvolta in maniera inconsapevole. È una nostra scelta, la responsabilità è nostra. Essere felici significa essere allineati al nostro progetto animico, riconnettendoci a quel campo unificato dal quale veniamo e verso il quale, prima o poi, si farà ritorno.*

Buon caffè!

---

[150] Con il termine destino ci si riferisce a un insieme d'inevitabili eventi che accadono secondo una linea temporale soggetta alla necessità e che portano ad una conseguenza finale prestabilita. [….] Il destino può essere dunque concepito come l'irresistibile potere o agente che determina il futuro, sia dell'intero cosmo, sia di ogni singolo individuo. Il concetto risale alla filosofia stoica che affermava l'esistenza di un ordine naturale prefissato nell'universo ad opera del Logos. Fonte: https://it.wikipedia.org/wiki/Destino

Non è la materia che genera il pensiero, è il pensiero che genera la materia.

(Giordano Bruno)

Capitolo 18

Mondi infiniti e infinite anime: l'eresia di Giordano Bruno

a cura del

Prof. Francesco Bullegas

Con Giordano Bruno la nostra breve riflessione intorno all'anima e al suo destino si sposta in piena epoca rinascimentale.

Giordano Bruno[151] è pensatore complesso e controverso, sfuggente ad ogni tentativo di semplificazione e catalogazione. Egli sarà contemporaneamente «mago rinascimentale, grande iniziato alla tradizione ermetica, geniale cultore dell'arte della memoria, interprete originalissimo di Copernico [mentre nell'esplicarsi della sua riflessione e nei modi attraverso i quali la esprime] il poeta si sovrappone al filosofo, il filosofo al mago, il profeta di un rinnovato Egitto e di una nuova religiosità al libertino o allo scrittore comico»[152]. D'altro canto, è lo stesso Bruno che, nelle *Opere Latine*, sostiene che «la vera filosofia è musica, poesia o pittura; la vera pittura è poesia, musica, filosofia; la vera poesia o musica è sapienza divina e pittura»[153].

Da questo breve tratteggio emerge tutta la complessità di un pensatore unico che ha pagato un prezzo altissimo per questa sua

---

[151] Nato a Nola nel 1548, nel regno di Napoli, allora sotto il dominio spagnolo, verrà battezzato con il nome di Filippo, in onore dell'erede al trono Filippo II di Spagna. Giordano sarà invece il nome a lui imposto, da novizio, nel convento dei frati domenicani di San Domenico Maggiore di Napoli in cui entrò nel 1565.
[152] Matteo D'Amico, *Giordano Bruno*, Mondolibri, Milano 2000, p.9
[153] Citato in Valerio Giuffrè, *La metasensazione. Dall'Homo sapiens all'Homo naturalis*, Armando, Roma 2003, p.52

originalità, caratterizzata da una irriducibile tensione verso la conoscenza e il sapere che, per Bruno, dovevano necessariamente affrancarsi dagli schemi asfissianti imposti dagli ambienti ecclesiastici ed intellettuali coevi.

Trovare una nota comune tra la molteplicità degli interessi bruniani è impresa difficile, tuttavia mi pare degna di interesse la sintesi avanzata da Nicola Abbagnano quando sottolinea come la filosofia bruniana esprima «l'amore della vita nella sua potenza dionisiaca, nella sua infinita espansione»[154], caratteristica, questa, che contrassegna, inoltre, tutta quanta la sua esperienza sia di intellettuale errabondo che di sensibile interprete del nuovo mondo che la rivoluzione copernicana[155] aveva appena annunciato.

Bruno si presenta quale artefice e sostenitore del moderno concetto di infinito che, in contrasto con Aristotele - definito nel *De immenso* «ministro della stoltezza»[156]- e recuperando temi cari al neoplatonismo, giungerà fino a sostenere con enfasi che l'infinito è

---

[154] Nicola Abbagnano, *Storia della filosofia*, vol. II, UTET, Torino 1982, p. 134

[155] Il libro scritto da Copernico *De revolutionibus orbium celestium*(1543) avrà per Bruno significato rivoluzionario che viene rimarcato dal filosofo nolano, anche in contrapposizione al teologo protestante Andre Osiander che aveva pubblicato nel 1543 quest'opera con una propria prefazione in cui la teoria copernicana veniva interpretata come semplice ipotesi di scuola. Bruno invece propone una interpretazione certamente più profonda e radicale: «a questa lettura così riduttiva del *De revolutionibus* Bruno contrappone nella Cena de le ceneri una lettura ben più *engagée*. Copernico non si è dilettato a immaginare mere ipotesi teoriche: ha delineato, invece, una vera e propria interpretazione del mondo. Un'interpretazione che fa crollare tutta una serie di principi fisico-metafisici dell'aristotelismo, e che sollecita ad andare avanti, a ripensare tutta la cosmologia tradizionale» Sergio Moravia, *La filosofia della natura nel Rinascimento*, in Emanuele Severino (a cura di) *Filosofia. Storia del pensiero occidentale*, vol. III, Armando Curcio, Roma 1988, p.610

[156] «Nel *De immenso*, opera in otto libri che sintetizza la filosofia bruniana, troviamo la contrapposizione Aritotele-Copernico: la critica ad Aristotele "vecchio miserando" e l'esaltazione di Copernico, del "generoso Copernico", che ha svelato "il bellissimo volto della realtà"» N. Abbagnano, G. Fornero, *Itinerari di filosofia*, vol. 2A, Paravia-Bruno Mondadori, Torino-Milano 2003, p.58. L'infinità dell'universo apre all'uomo innumerevoli opportunità di conoscenza, esaltandone la sua natura di ricercatore e le sue doti intellettuali, spezzandone i vincoli che lo tenevano incatenato alle tradizioni filosofiche del passato e ai falsi dogmatismi.

da intendersi come fondamento dell'universo:

> *«Perfetto semplicemente e di per sé e assolutamente è l'uno infinito, poiché non può divenire né maggiore, né migliore e niente lo può divenire rispetto ad esso. Esso è uno, dovunque tutto, Dio e natura universale; la cui perfetta immagine ed il cui simulacro non possono essere se non l'infinito [...] Considera bene per quali motivi l'infinito è perfetto: non perché è creato è detto perfetto; non perché è compiuto o perché ha raggiunto la propria meta o perché è definito da misure determinate [...] ma perché la successione, il modo, l'ordine, la potenza ed il genere ed ogni specie sono contenuti nell'universo e, rispetto ad esso, per quanto degni siano, si annullano semplicemente; nell'universo si trovano i mondi come tante parti e le loro membra mirabilmente si uniscono a formare il proprio tutto».* [157]
>
> G. Bruno, *De immenso II*

La concezione del cosmo avanzata da Bruno viene delineando un universo infinito, illimitato, onnicentrico, e in assenza di gerarchie. Se la natura è infinita, infatti, non si può individuare un centro: nell'infinito possono esistere soltanto dei centri relativi e determinati. In un universo infinito neppure il Sole può essere concepito come il suo centro: tale consapevolezza è così forte e presente in Bruno già dal 1583, anno di pubblicazione del *De l'infinito, universo et mondi*, opera in cui troviamo anticipata ed intuita questa nuova concezione dell'universo[158]. In tal modo, questa sarà la

---

[157] G. Bruno, *De immenso II*, in Nicola Abbagnano, Giovanni Fornero, *Itinerari di filosofia*, vol. 2A, Paravia-Bruno Mondadori, Torino-Milano 2003, pp.58-59

[158] «La teoria copernicana, pur avendo rivoluzionato la struttura dell'universo ponendo il Sole al suo centro, continuava tuttavia a considerarla chiusa e finita»

conclusione bruniana, neppur Dio avrà una sua stabile sede in cielo, ma si presenta come puro spirito (*flatus*) che si manifesta sempre e dappertutto.

«La nuova concezione bruniana del cosmo delinea un universo animato ovunque da forze vitali (anche la terra e tutti i corpi celesti sono chiamati "animali mobili"), respinge qualsiasi teoria circa una sua presunta divisione in regioni autonome (i vari "cieli" di Aristotele sono definiti senza esitazioni "vanissima fantasia"), né esita ad ammettere infine che la sterminata estensione dell'universo comprende "infiniti mondi" simili al nostro»[159]; viene annunciandosi in tal modo un infinito universo vivente composto da miriadi di mondi in tutto comparabili al nostro e, come il nostro, abitati e vissuti[160].

La sua concezione della natura viva, animata, proiettata nell'infinità dell'universo (*panteismo*[161]) esclude di conseguenza ogni possibile contrasto tra spiegazione scientifica e interpretazione religiosa della realtà e della natura: infatti è fortemente ribadito da Bruno come la conoscenza della natura non sia mai da intendersi come un allontanamento da Dio[162] ma, anzi, la conoscenza che

---

Marcello Craveri, *L'eresia*, CDE, Milano 1996, p. 257

[159] Sergio Moravia, *Educazione e pensiero*, vol. 2, Le Monnier, Firenze 1986, p. 73

[160] Scrive Bruno in *La cena delle ceneri*: «Se ben consideriamo trovarremo la Terra et tanti altri corpi che son chiamati astri membri principali de l'universo; come danno la vita et nutrimento alle cose, che da quelli toglieno la materia, et a' medesimi la restituiscano, cossí et molto maggiormente hanno la vita in sé, per la quale con una ordinata et natural volontà da intrinseco principio se muoveno alle cose, et per gli spacii convenienti ad essi» citato in Massimo Bucciantini, *Galileo e Keplero. Filosofia, cosmologia e teologia nell'Età della Controriforma*, Mondolibri, Milano 2004, p. 231

[161] «Panteismo: termine che congiunge le parole greche *pán* (πάν) «tutto» e *theós* (θεός) «Dio» e che si applica perciò a quelle dottrine che identificano in vario modo Dio e il mondo.

[162] È sempre stato questo il tormento di Bruno, che sempre sente la necessità di trovar soluzione al dissidio tra una visione immanente di Dio nella natura ed una speculare concezione di Dio trascendente e quindi oggetto di fede, e in nessun modo capace di essere compreso dalle limitate e imperfette capacità conoscitive umane. Egli cerca di risolverlo affermando che Dio, in quanto infinito deve essere concepito come al di sopra e al di là della natura stessa (*Mens super omnia*) e contemporaneamente, e proprio per la sua infinità, è *Mens insita omnibus* principio immanente, principio primo della natura e del cosmo e come tale risulta comprensibile da parte dell'uomo, diviene l'oggetto del suo "eroico furore" filosofico e religioso. «La natura

gradualmente veniamo ampliando rispetto ai misteri naturali, alimenta nell'uomo una passione sfrenata di conoscenza ancor più completa, un desiderio infinito di cogliere Dio nella sua assolutezza[163].

Sono queste le riflessioni che fanno da sfondo alla concezione bruniana della trasmigrazione dell'anima e del destino che la attende dopo la morte del corpo.

Sia in epoca umanistica che rinascimentale si manifesta, in modo marcato, un rinnovato interesse per gli studi sull'anima e sulla sua reincarnazione. Sarà lo stesso Marsilio Ficino, nel suo *De immortalitate animarum* (1482), nell'evidente tentativo di conciliare visione platonica e sensibilità cristiana, a sottolineare esplicitamente questo debito nei confronti della visione neoplatonica dell'anima sollecitando l'uomo, equiparato a spirito celeste che anela verso la sua patria celeste, a liberarsi «in fretta, […] dai lacci delle cose terrene, per volare con ali platoniche e con la guida di Dio, alla sede celeste dove contempleremo beati l'eccellenza del genere nostro»[164].

La visione di Bruno sulla questione dell'anima sarà fortemente

---

o è Dio stesso o è la virtù divina che si manifesta nelle cose stesse» in Sergio Moravia, *op. cit.*, p. 75

[163] Tale tensione alla conoscenza di Dio avvicina la riflessione di Bruno alla teoria cusaniana della *coincidentia oppositorum*. Riprendendo Cusano, Bruno sostiene come gli aspetti della natura, considerati nella loro particolarità e limitatezza, si pongano l'uno diversamente dall'altro. Ma, se poniamo gli aspetti della realtà in relazione al cosmo infinito, ovvero a Dio, tutte le differenze tra le cose si annullano e i contrasti si conciliano, gli opposti coincidono; ecco quindi che il massimo e il minimo, l'amore e l'odio, il grande ed il piccolo, risultano la stessa cosa. Per Bruno dunque Dio è nel mondo, ad esso essenzialmente intrecciato. Ciò detto rimane fermo, comunque, che per Bruno l'universo è realtà umbratile prodotta da Dio, la cui essenza resta inaccessibile all'uomo. «Se è vero che l'opera bruniana è disseminata di aspri attacchi (anche dottrinali) contro tutte le confessioni cristiane, e se è vero che non mancano talvolta audaci prese di posizione ateistiche, è anche vero che il divino è per più versi presente nella riflessione del filosofo di Nola. Di più: esso è presente non già in una sorta di sfera separata di tale riflessione, bensì in seno alla stessa indagine fisico-cosmologica. Dio costituisce uno dei presupposti e delle ragioni della stessa cruciale dottrina dell'infinità del mondo» Sergio Moravia, *La filosofia della natura nel Rinascimento*, in Emanuele Severino (a cura di) *Filosofia. Storia del pensiero occidentale*, op.cit., p.612

[164] Marsilio Ficino, *Theologia Platonica* (I, 1), cit. in https://it.wikipedia.org/wiki/Marsilio_Ficino

influenzata dalla nuova sensibilità umanistica che, grazie anche alla riscoperta delle teorie platoniche[165], poteva consentire ora nuove ed originali riflessioni intorno all'uomo ed alla sua anima, così come intorno al cosmo ed alla sua forma, struttura e organizzazione[166]. Abbiamo già detto, in relazione alla sua concezione cosmologica, della intuizione bruniana dell'infinito[167]: sarà questo un passaggio nodale nella filosofia di Bruno. Correttamente fa notare M. Ciliberto (2014) come «proprio scoprendo l'infinito, [Bruno] toglie all'uomo ogni privilegio rispetto agli altri enti, tutti omogenei dal

---

[165] L'Umanesimo anche nel campo strettamente filosofico si manifesta come rinascita delle maggiori posizioni filosofiche dell'antichità, ripensate alla luce delle nuove esperienze ed esigenze che si ponevano per lo spirito umano. Platonismo, aristotelismo, stoicismo, epicureismo e scetticismo rifioriscono nell'epoca umanistica, contribuendo all'esaltazione dell'attività umana.

[166] Lo studio dei testi platonici e neoplatonici «rappresentava per gli umanisti l'antidoto agli sviluppi naturalistici e irreligiosi dell'aristotelismo, dell'accademismo dell'epoca e alla filosofia scolastica», in Michele Ciliberto, *Bruno*, RCS MediaGroup, Milano 2014, p.57

[167] Sono interessanti le argomentazioni bruniane tese ad illustrare la sua cosmologia che troviamo espresse dallo stesso frate di fronte all'Inquisitore di Venezia, così come si possono leggere nelle trascrizioni dei verbali del processo (2 giugno 1592): «In somma è ch'io tengo un infinito universo, cioè effetto della infinita divina potenzia: perché io stimavo cosa indegna della divina bontà e potenzia che, possendo produr oltra questo mondo un altro ed altri infiniti, producesse un mondo finito. Si che io ho dechiarato infiniti mondi particolari simili a questo della Terra; la quale con Pittagora intendo uno astro, simile alla quale è la Luna, agli altri pianeti ed altre stelle, le qual sono infinite; e che tutti questi corpi sono mondi e senza numero, li quali costituiscono poi la università infinita in uno spazio infinito; e questo se chiama universo infinito, nel quale sono mondi innumerabili. Di sorte che è doppia sorte de infinitudine de grandezza dell'universo e de moltitudine de mondi, onde indirettamente s'intende essere repugnata la verità secondo fede. De più, in questo universo metto una providenza universal, in virtù della quale ogni cosa vive, vegeta e si move e sta nella sua perfezione; e la intendo in due maniere, l'una nel modo con cui presente è l'anima nel corpo, tutta in tutto e tutta in qualsivoglia parte, e questo chiamo natura, ombra e vestigio della divinità; l'altra nel modo ineffabile col quale Iddio per essenza, presenza e potenzia è in tutto e sopra tutto, non come parte, non come anima, ma in modo inesplicabile» Vincenzo Spampanato, *Documenti della vita di Giordano Bruno*, Firenze, Olschki 1933, pp. 92-93. Su questo confronta anche l'articolo di Sergio Frau, *La Repubblica*, 2 febbraio 2000, in cui si presenta la pubblicazione di Marcello Baraghini, *Giordano Bruno. Il processo e la condanna*, Stampa Alternativa, Viterbo1999
http://ricerca.repubblica.it/repubblica/archivio/repubblica/2000/02/02/giordano-bruno-processo-per-libero-pensiero.html

punto di vista della sostanza»[168] e, aggiunge M. Craveri (1996) in maniera più esplicita, abbatte anche «la presunzione degli uomini di essere, essi soli, creature privilegiate, al centro del cosmo»[169].

Giordano Bruno affermava che l'anima può essere in un corpo o in un altro, e può passare di corpo in corpo (metempsicosi o trasmigrazione)[170] conseguenza diretta, questa, dell'affermazione che la materia universale sia la stessa per tutti, senza che nessuna distinzione, dal punto di vista corporeo, intercorra tra corpo dell'uomo e corpo dell'animale così come, dal punto di vista spirituale, nessuna distinzione possa essere avanzata tra l'anima umana e l'anima animale[171]. Non c'è dunque nessuna specifica differenza tra uomini e

---

[168] Michele Ciliberto, *Bruno*, op. cit., p.98
[169] Marcello Craveri, *L'eresia*, op. cit., p.258
[170] La credenza nella trasmigrazione dell'anima da parte di Bruno la troviamo esplicitata nella prima delle denunce sporte da Giovanni Mocenigo. Nella dichiarazione del 23 maggio 1592, di fronte all'Inquisitore Giovanni Gabriele da Saluzzo il nobile veneziano viene affermando, tra le altre cose, di «haver sentito dire a Giordano Bruno nolano [...] che non vi è distintione in Dio di persone, et che questo sarebbe imperfetion di Dio; che il mondo è eterno, et che sono infiniti mondi, et che Dio ne fa infiniti continuamente, perché dice che vuole quanto che può;[...] che non vi è punitione de' peccati, etc che le anime create per opera della natura passano d'un animale in un altro» in Natale Benazzi, Matteo D'Amico, *Il libro nero dell'inquisizione. La ricostruzione dei grandi processi*, Piemme, Casale Monferrato 2001, pp. 148-149. Anche Fra Celestino da Verona, un frate cappuccino che morirà arso vivo in campo dei Fiori il 16 settembre 1599, già compagno di Bruno nel carcere di Venezia, nel 1593 denuncia al Tribunale romano del Sant'uffizio, tramite testo scritto, che Giordano Bruno, tra le altre cose aveva detto: «[...] 5) che si trovano più mondi, che tutte le stelle sono mondi, ed il creder che sia solo questo mondo è grandissima ignoranza. 6) Che, morti i corpi, l'anime vanno trasmigrando d'un corpo nell'altro. [...] 10) Che Cain fu uomo da bene, e che meritatamente uccise Abel suo fratello, perché era un tristo e carnefice d'animali», in Natale Benazzi, Matteo D'Amico, *ibidem*, p.165.
[171] La credenza nella reincarnazione dell'anima o in vite animali o anche in vite vegetali era già stata affermata dall'eresia manichea: «in particolare, i manichei avrebbero non solo negato la resurrezione della carne, ma anche professato la metempsicosi e una sorta di panteismo universale attraverso l'attribuzione di un'anima al regno vegetale e addirittura all'elemento inerte dell'acqua» in Valerio Massimo Minale, *Diritto bizantino ed eresia manichea. Alcune riflessioni su Sch. 3 ad Bas. 21.1.45.* https://www.academia.edu/19683704/Diritto_bizantino_ed_eresia_manichea_alcune_riflessioni_su_sch._3_ad_Bas._21.1.45 .
Allo stesso modo troviamo sostenuta la credenza nella reincarnazione dell'anima nella pratica devozionale catara: i Catari, che tra loro si chiamano Apostoli, credono che anche gli animali, in quanto concepiti con atto sessuale, siano 'carcerieri' di

animali, l'uomo è anzi, per Bruno, bestia tra le bestie: la vita umana si gioca con il costante assillo, che impaurisce e spaventa, di poter essere costretta in esperienze corporee animali. È chiara e precisa, quindi, la convinzione che tutti gli enti, uomini e animali, partecipino di una comune origine: tutti frutti della stessa materia universale[172]; il filosofo mettendo infatti sullo stesso piano bestie e uomini - non vi è differenza dal punto di vista materiale – si spinge perfino ad affermare che ci sono animali addirittura superiori intellettualmente all'uomo, come ad esempio il serpente, e tuttavia privi delle mani, quello strumento-organo meraviglioso che consente agli uomini di costruire le sue civiltà, con l'agire concreto e il fare comunitario.

Interessanti sono le considerazioni, sempre puntuali, di M. Ciliberto che, citando gli atti processuali, racconta di Bruno e dell'immagine che egli va riferendo ai suoi giudici, quando afferma «che esiste una grande anima del mondo, un Grande Specchio, e quest'anima del mondo si rompe in un'infinità di frammenti di specchi (cioè nelle singole anime), e questi frammenti di specchi - una volta esaurita l'esperienza di vita di ciascuno - ritornano poi al Grande Specchio e, dal Grande Specchio ritornano nuovamente, come frammenti d'anima, nei singoli individui. Per il Cristianesimo non è così, quando l'anima torna al Grande Specchio, per continuare con la metafora bruniana, lì resta, il circolo avviene una sola volta e, sulla base di quello che è stato fatto quell'unica e sola volta,

---

un'anima che abita il loro corpo; da ciò il divieto che impedisce a ciascun credente di uccidere qualsivoglia animale così come di inserire nella dieta personale alimenti originati da animali (latte, uova). È da tenersi in considerazione, per non incorrere in facili equivoci, come fosse credenza comune nel medioevo che i pesci non si riproducessero allo stesso modo degli animali e da qui, perciò, la presenza del pesce - di cui sfuggiva in epoca medievale la loro modalità riproduttiva - nelle abitudini alimentari 'vegetariane' dei Catari.

[172] Sarebbe errato identificare questa materia universale con Dio in quanto Bruno non crede affatto ad un Dio che abbia creato il mondo. Egli non crede infatti al Dio cristiano così come non crede al mito della creazione: la realtà non è altro che un costante esplicarsi della materia universale che anima ogni cosa che sian uomini o cose od animali.

l'individuale anima immortale viene punita o premiata. Questa è l'immortalità e l'individualità dell'anima cristianamente concepita. Per Bruno non è così: il circolo non avviene una sola volta, ma avviene infinite volte. E quando Bruno parlava di sé stesso, diceva di ricordare di essere vissuto in altre forme che non erano appunto queste sue stesse, e non erano necessariamente quelle di un corpo umano. C'è una testimonianza di un suo compagno di cella il quale dice che una volta lui stesso, in cella, aveva ammazzato un ragnetto e viene rimproverato da Bruno "non ammazzare il ragnetto, chissà quel ragnetto chi è stato, chi può essere" proprio perché in quel ragnetto ci poteva essere un'anima appunto che prima era stata di un uomo e poi poteva ridivenire, dopo essere stata di ragno, nuovamente di uomo. C'è questo principio della circolarità infinita delle anime che trasmigrano continuamente dal cielo alla terra e dalla terra al cielo»[173].

La trasformazione indotta degli uomini in animali, ciascuno secondo la propria tendenza ferina, è un pericolo che sempre accompagna l'esistenza umana - correre il rischio di vedersi costretta, anima immortale, a decadere nella matta bestialità - ed in ciò contravvenendo alla sua missione che è quella di umanizzare e perfezionare la vita umana: occorreranno sforzi straordinari, morali e civili, affinché possa essere riorientata tale rovinosa deriva.

Sarà grazie alla sua responsabilità, alla sua scelta di ben comportarsi, che l'uomo può modificare il processo che governa la reincarnazione delle anime, orientandolo verso la direzione umana, piuttosto che verso il suo contrario, la direzione animale.

Attraverso le sue virtù, le mani e il lavoro e l'impegno conoscitivo instancabile, eroico ed erotico, appassionato e fatalmente tragico: questa la soluzione che prospetta Bruno. Usando le mani, l'uomo diviene collaboratore di Dio, creatore come Dio, e grazie al suo lavoro egli partecipa all'opera creatrice di Dio: in tal modo il

---

[173] Michele Ciliberto, *Giordano Bruno e la filosofia del Rinascimento*, vol.4, *Il Caffè Filosofico. La filosofia raccontata dai filosofi*, Prima serie, Gruppo Editoriale l'Espresso, Roma 2009.

lavoro, sacralizzato, che modifica la natura 'vestigio' di Dio, diviene ora il modo umano di avvicinarsi a Dio.

Mosso dall'amore per il divino, l'uomo, piuttosto che isolarsi nell'abbandono estatico ovvero nella scelta ascetica dimenticando il mondo e allontanarsi dall'impegno civile, si lascia invece visitare dall'*eros* platonico[174], da questa insaziabile fame di conoscenza che lo spinge continuamente e instancabilmente verso il superamento dei limiti del mondo sensibile per tendere alla verità divina.

Chiudiamo questa breve presentazione dell'affascinante e perturbante pensiero di Giordano Bruno, con le parole di T. S. Eliot che muovendosi su altri territori, ma nel medesimo orizzonte di senso, ci consegna questa straordinaria lirica:

> «*Ciò che diciamo principio*
> *Spesso è la fine, e finire*
> *è ricominciare. La fine*
> *è la onde partiamo* […]
>
> *Con la forza di questo Amore e la*
> *voce di questa*
> *Chiamata*
> *noi non cesseremo l'esplorazione*
> *e la fine di tutto il nostro esplorare*
> *sarà giungere là onde partimmo,*
> *e conoscere il luogo per la prima*

---

[174] Il raffronto con il Simposio di Platone, in questo caso, non può che apparire necessario: è in questo dialogo che troviamo esplicitata la definizione del filosofo secondo l'interessante prospettiva platonica: il filosofo è Eros, figlio di *Penia* (Povertà) e di *Poros* (Ingegno), concepito il giorno della nascita di Afrodite. Per destino di nascita Eros è così povero, inventivo e amante della Bellezza a cui costantemente tende. «Il filosofo è dunque Eros: privato della saggezza, della bellezza, del bene, egli desidera, ama la saggezza, la bellezza, il bene. Egli è Eros e dunque è Desiderio, non desiderio passivo e nostalgico, ma un desiderio impetuoso, degno di quel "pericoloso cacciatore" che è Eros» Pierre Hadot, *Che cos'è la filosofia antica?*, Edizione CDE, Milano 1999, p.46.

volta.
Attraverso l'ignoto rammemorato cancello dove l'ultima terra da conoscere
è quella che era il principio; ...»[175].

T.S. Eliot - *Quattro quartetti*

---

[175] Thomas Stearns Eliot, *La terra desolata. Quattro quartetti*, a cura di Angelo Tonelli, Feltrinelli, Milano 2004, pp. 160-161

*L'evoluzione del cosmo è un gioco creativo
della coscienza, il cui fine è rivelare sé stessa
a sé stessa come manifestazione*

Amit Goswami – *fisico nucleare e teorico*

Conclusione

Come abbiamo visto all'interno del libro, su di noi agiscono costantemente una serie di forze generate dai rispettivi campi informati. Ogni cosa nell'universo genera un suo particolare campo: un sasso, una pianta, un animale, un essere umano, un evento, un gruppo di persone, un pensiero, un'idea, un progetto, la nostra famiglia, le istituzioni, la coppia, la nostra mente, la nostra anima, i nostri antenati, le nostre probabili vite passate, ecc.

Ognuno di questi campi, ha la proprietà di generare una sua particolare forza più o meno intensa che agisce consciamente o inconsciamente su di noi.

Siamo pertanto immersi in una moltitudine di campi ed influenzati da altrettante forze. Molte volte ci accorgiamo consciamente di una forza che ci "tira" o ci "spinge" nella sua direzione. Altre volte non ci rendiamo conto che, da quando siamo nati e molto probabilmente ancora prima, tali forze agiscono su di noi in maniera indisturbata.

Possiamo scegliere di far finta di nulla e fare come la rana bollita: caduta dentro una pentola d'acqua in riscaldamento, pian piano si adatta alla temperatura fino a non avere più le forze per saltare fuori dalla pentola e muore lessata.

Ma possiamo anche decidere di iniziare un lavoro di crescita personale ed indagare sulla natura di tali forze attraverso numerosi strumenti a nostra disposizione.

Considero l'influenza delle nostre probabili vite precedenti, un campo informato in grado di interagire sulla nostra vita attuale. Senza un lavoro di riconoscimento di fatti, storie, personaggi, eventi del nostro passato, non possiamo avere comprensione di queste forze.

La scienza, un po' timidamente, inizia oggi ad indagare sui nostri ricordi passati e soprattutto sul concetto di *coscienza* più volte trattato in questo libro.

La strada da fare è ancora tanta ma non possiamo ignorare i dati in nostro possesso, le testimonianze di chi ha vissuto queste esperienze e soprattutto *non possiamo ignorare gli effetti positivi del rivivere e comprendere questi fatti.*

L'unico modo che abbiamo per allentare le forze provenienti da tali campi, è rappresentato dal lavoro personale, dall'assumersi la responsabilità che queste memorie del passato agiscono ancora su di noi.

Esse sono immagazzinate nel nostro inconscio (e nella nostra Anima-Coscienza) e continuano a lavorare indisturbate fino a quando non vengono riportate alla luce.

Tutto è interconnesso, e noi, come esseri umani dotati di coscienza, siamo costantemente i co-creatori della nostra realtà.

Ciò che accade nelle nostre vite non accade mai per caso, esiste sempre un messaggio.

Tutti i problemi della nostra vita sono sempre la proiezione di noi stessi. Se un problema si ripresenta ancora una volta, è perché ci viene data la possibilità di comprenderlo e risolverlo.

Rivivere una nostra vita passata (qualunque cosa essa sia veramente) ci dà la possibilità di "ripulire" quella memoria. Se quella forza non agisce più su di noi, la nostra energia cambia, il nostro campo elettromagnetico cambia influenzando positivamente la nostra fisiologia, il nostro corpo e le nostre emozioni.

Il nostro campo personale influenza, inoltre, tutto ciò che ci circonda, pensate ad esempio ad una grande calamita che attrae a sé o respinge, tutti i pezzi di ferro che incontra nelle sue vicinanze. Allo stesso modo, il nostro campo elettromagnetico invisibile, determina un'alterazione di tutto ciò che interagisce con noi.

Se cambiamo noi, cambia il mondo intorno a noi.

Le memorie presenti nel nostro subconscio, infatti, vanno ad alterare, con la loro forza, il nostro campo elettromagnetico. In questo modo la realtà si plasma a seconda di come noi siamo, della nostra energia.

Siamo noi che co-creiamo la realtà facendola collassare consciamente o inconsciamente.

Il nostro lavoro di crescita personale è quindi utile non solo a noi stessi, ma anche al mondo stesso poiché *"ripulire"* il nostro inconscio da tale spazzatura, significa ripulire anche il mondo, visto che abbiamo detto che nel campo o matrice che costituisce il nostro universo, sono memorizzate tutte le informazioni sin dall'origine.

"Pulisci davanti alla tua casa e la città sarà pulita"

(proverbio cinese)

Il nostro viaggio è terminato o meglio è appena iniziato visto che dobbiamo ancora scegliere le cose essenziali da portare dentro il nostro *bagaglio a mano per altre vite*.

Buon viaggio, alle prossime vite!

Ringraziamenti

Ancora una volta desidero ringraziare la mia famiglia per avermi permesso di "ritornare" qui e per tutto il sostegno datomi alla realizzazione di questo secondo progetto.

Grazie di cuore alla Dott.ssa Maria Elisabetta Bianco, psicologa e psicoterapeuta, co-autrice di alcune parti di questo libro dedicate alla meditazione e all'ipnosi: la mia anima ti ringrazia per tutto il sostegno e per essere sempre presente.

Grazie al Prof. Francesco Bullegas, amico, professore di filosofia e scienze umane nonché co-autore di due capitoli di questo libro dedicati alla visione dell'anima nella filosofia: sei la migliore spalla destra che potessi avere nelle mie presentazioni.

Grazie al caro amico e grande Maestro di Yoga Amadio Bianchi (*Swami Suryananda Saraswati*), co-autore del capitolo dedicato alla visione dell'anima nella cultura indiana: ti ringrazio di cuore per la tua saggezza e grande amore per la vita!

Grazie al giovane autore e caro amico Andrea Agostino per la scrittura del capitolo dedicato alla visione dell'anima nelle religioni: sei giovane ma custodisci un'anima saggia.

Grazie di cuore ad Antonio Valmaggia, amico e noto professionista di ipnosi regressiva alle vite precedenti: grazie Antonio per tutti i tuoi insegnamenti e consigli e per aver scritto la meravigliosa prefazione a questo libro.

Grazie per le preziose testimonianze riportate in questo libro: grazie a "Max", grazie all'infermiera pediatrica Sylvia Wulff, grazie a "Cristina". Grazie di cuore alla "strega" riportata in questo testo, la tua testimonianza è stata preziosissima. Senza le vostre testimonianze dirette, il mio lavoro non sarebbe lo stesso, un immenso grazie!

Grazie al Dott. Enrico Maria Greco, Cardiologo illuminato che l'energia dell'anima mi ha fatto incontrare lungo il cammino: grazie Enrico!

Grazie di cuore Dott.ssa Alessandra Zurrida, per il tuo prezioso aiuto nella correzione della bozza finale e per tutti i consigli che hanno migliorato questo testo. Ti ho voluta anche questa volta a bordo. Grazie all'ipnologa alle vite precedenti Sonia La Marca: i tuoi consigli e suggerimenti hanno reso questo testo migliore e più leggibile. Ti ringrazio veramente tantissimo!

Grazie allo psicologo ed ipnologo alle vite precedenti Gianluca Mineo: caro fratello le nostre conversazioni al telefono e via e-mail hanno reso questo lavoro migliore, mi sei stato vicino durante una decisione fondamentale per la mia vita.

Grazie a tutti gli studiosi e agli autori citati nel testo: sulle fondamenta del vostro lavoro, ho costruito la struttura di questo libro. Ancora una volta grazie di cuore alla cara amica Luisa Piras: grazie di cuore per la realizzazione della prima parte del progetto grafico e per la copertina di questo libro, è sempre difficile scegliere! Grazie di cuore al nuovo componente dello staff Andrea Laterza per la conclusione della copertina, per la realizzazione del booktrailer e della comunicazione di Azzero.

Grazie a tutti i docenti e maestri incontrati nel mio cammino di crescita personale.

Grazie di cuore alla "Famiglia Angelica", ipnologi e amici sinceri: mi avete saputo dare ognuno qualcosa di meraviglioso, il vostro sostegno è stato veramente importante.

Grazie infinite a tutti i clienti che negli ultimi 14 anni ho incontrato nel mio lavoro da Coach: so che siete moltissimi, ma vi ringrazio uno per uno, ogni volta è un viaggio inaspettato che condivido con voi.

Grazie a tutte le persone con le quali ho condiviso questo progetto e che non ho citato in questo libro: ognuno di voi mi ha regalato qualcosa di prezioso.

Bibliografia

- Brian Weiss, *Molte vite, molti maestri*, Oscar Mondadori, Milano 2016
- Brian Weiss, *Molte vite, un solo amore*, Oscar Mondadori, Milano 2010
- Brian Weiss, *Messaggi dai maestri*, Oscar Mondadori, Milano 2010
- Brian Weiss, *Molte vite, un'anima sola*, Oscar Mondadori, Milano 2010
- Brian Weiss, *Lo specchio del tempo*, MyLife, Coriano di Rimini 2014
- Brian Weiss, *In meditazione verso le vite passate*, MyLife, Coriano di Rimini 2016
- Brian Weiss, *I miracoli accadono*, Mondadori, Milano 2012
- Brian Weiss, *Oltre le porte del tempo*, Oscar Mondadori, Milano 2015
- Brian Weiss, *Elimina lo stress e ritrova la pace interiore*, MyLife, Coriano di Rimini 2011
- Raymond Moody, *Schegge di eternità*, TEA, Milano 2016
- Raymond Moody, *La luce oltre la vita*, Oscar Mondadori, Milano 2015
- Raymond Moody, *Una scia di infinite stelle*, TEA, Milano 2014
- Raymond Moody, *La vita oltre la vita*, Oscar Mondadori, Milano 1997
- Ian Stevenson, *Bambini che ricordano altre vite* Edizioni Mediterranee, Roma 1991
- Angelo Bona, *L'amore oltre la vita*, Oscar Mondadori, Milano 2004
- Angelo Bona, *Il palpito dell'uno*, Oscar Mondadori, Milano 2014

- Lanfranco Mariottini, *L'ipnosi regressiva*, Macro-edizioni, Cesena 2013
- Paolo Crimaldi, *Terapia Karmica*, Edizioni Mediterranee, Roma 2011
- Eben Alexander, *Milioni di farfalle*, Oscar Absolute, Milano 2016
- Eben Alexander, *L mappa del paradiso*, Mondadori, Milano 2014
- Amit Goswami, *Guida quantica all'illuminazione* Edizioni Mediterranee, Roma 2007
- Michael Newton, *Ipnosi regressiva* Edizioni Mediterranee, Roma 2011
- Michael Newton, *Il viaggio delle anime* Edizioni Venezia, Roma 2016
- Osho, *Crea il tuo destino*, Oscar Mondadori, Milano 2017
- Osho, *I 99 semi dell'universo*, Oscar Mondadori, Milano 2015
- Osho, *Il benessere emotivo*, Oscar Mondadori, Milano 2014
- James Hillman, *Il codice dell'anima,* Adelphi Edizioni, Milano, 1997
- Massimiliano Perra, *Mi amo e mi accetto*, Azzero Books, Amazon 2015
- U.Carmignani, A.Magnoni, S.Oggioni, *Il grande manuale del Reiki*, Edizioni L'Età dell'Acquario, 2005
- Anne Ancelin Schutzenberger, *La sindrome degli antenati*, Di Renzo Editore, Roma 2011
- Robert Lanza, *Biocentrismo*, Il Saggiatore, Milano 2015
- Lynne Mc Taggart, *La scienza dell'intenzione*, Macro-edizioni, Cesena 2008
- Lynne McTaggart, *Il Campo Quantico*, MyLife 2017
- Penney Peirce, *Frequency*, TEA, Milano 2011
- Vito Mancuso, *L'anima e il suo destino,* Raffaelo Cortina Editore, Milano 2007
- Fabio Marchesi, *La fisica dell'Anima,* Tecniche Nuove, Como

2012
- Wilfried Nelles, *Costellazioni familiari*, URRA 2006
- Bertold Ulsamer, *Senza radici non si vola*, Edizioni Crisalide Spigno Saturnia 2000
- Deepak Chopra, *Il potere, la libertà e la grazia*, Sperling & Kupfer Editori, Milano 2007
- Deepak Chopra, *Reinventare il corpo, risvegliare l'anima*, Macro Edizioni Cesena 2011
- Manuela Pompas, *Reincarnazione, una vita un destino*, Anima Edizioni 2004
- Federica Brambilla, *Vite passate, vite quantiche,* MyLife Coriano di Rimini 2014
- Alex Raco, *Non è mai la fine* – Amazon 2016
- Ervin Laszlo, *La scienza e il campo akashico,* URRA 2010
- Rupert Sheldrake, *The Presence of the Past,* Icon Books 2011
- Dalai Lama, *La via della tranquillità,* BUR, Milano 2006
- Gregg Braden, *La matrix divina*, Macro-edizioni, Cesena 2007
- Bruce Lipton, *La biologia delle credenze*, Macro-edizioni, Cesena 2006
- Fritjof Capra, *Il Tao della fisica,* gli Adelphi, 1989
- Stüre Lönnerstrand, *Iniziazione alla reincarnazione. Il ritorno di Shanti Devi: un caso straordinario*

Edizioni Mediterranee, 1999
- Insegnamenti di Silver Birch, Dedizione Editrice, 2006
- Leonardo Boff, Mark Hathaway, *Il Tao della liberazione,* Campo dei Fiori 2014
- William Arntz, Betsy Chasse, Mark Vicente, *Bleep, Ma che..bip..sappiamo veramente!?* Macro Edizioni, Cesena 2006
- Antonio Socci, *Tornati dall'Aldilà,* Best BUR Milano 2015
- Frederic Lenoir, *L'Anima del Mondo,* Bompiani Milano 2015

ooOOoo

- AA.VV., *Enciclopedia Garzanti di Filosofia*, Garzanti, Milano 1987.
- Dante Alighieri, *La Divina Commedia, Purgatorio 2*, Biblioteca Treccani- Mondadori, Milano2005.
- Pierluigi Barrotta, *Scienza e valori: Il bello, il buono, il vero*, Armando Editore, Roma 2015
- Amadio Bianchi, *La scienza della vita, lo Yoga e l'Āyurveda*, Spazio Attivo Edizioni, Thiene Vicenza 2010
- Maurizio Bettini, *Mito e filosofia*, in Umberto Eco e Riccardo Fedriga (a cura di), *Storia della filosofia. Dai presocratici ad Aristotele*, vol. 1, Gruppo Editoriale L'Espresso, Roma 2015
- Laura Bossi, *Storia naturale dell'anima*, Edizione Mondolibri, Milano 2005
- Ananda K. Coomaraswamy, *Induismo e Buddismo*, Rusconi, Milano1973
- Umberto Curi, (a cura di), *Testimonianze e frammenti dei presocratici*, Classici di filosofia, R.A.D.A.R. editrice, Padova 1971
- Umberto Eco e Riccardo Fedriga (a cura di), *Storia della filosofia. Dai presocratici ad Aristotele*, vol. 1, Gruppo Editoriale L'Espresso, Roma 2015
- Sigmund Freud, *Analisi terminabile e interminabile* (1937), in OSF vol. 11, *L'uomo Mosè e la religione monoteistica e altri scritti 1930-1938*, Bollati Boringhieri, Torino 2008
- Alberto Granese, *Il labirinto e la porta stretta*, La Nuova Italia, Firenze 1993
- Giulio Guidorizzi, *Io, Agamenone. Gli eroi di Omero*, Einaudi, Torino 2016
- Pierre Hadot, *Che cos'è la filosofia antica?* Edizione CDE, Milano 1999
- James Hillman, *Il codice dell'anima*, Adelphi Edizioni, Milano 2009

- Werner Jaeger, *La teologia dei primi pensatori greci*, Firenze, 1961
- Vincenzo Lombino, *Ermeneutica patristica della creatura umana nell'orizzonte ellenistico*, in Mariano Crociata, *L'uomo al cospetto di Dio. La condizione creaturale nelle religioni monoteiste*, Città Nuova Editrice, Roma 2004
- Silvio Maracchia, *Pitagora e le origini della matematica*, Corriere della Sera- RCS MediaGroup,Milano 2016.
- Domenico Massaro, *La comunicazione filosofica. Il pensiero antico e medievale*, vol. 1, Paravia-Pearson, Milano-Torino 2010
- Bruno Meucci, *L'opera interiore. Filosofia come cura di sé,* Giuliano Ladolfi Editore, Borgomanero 2013,
- Ubaldo Nicola, *Atlante illustrato di filosofia*, Demetra, Verona 1999
- Denis O'Brien, *Empedocle* in *Il sapere greco. Dizionario critico,* vol. 2, (a cura di Jacques Brunschwig e Geoffrey E.R. Lloyd), Einaudi, Torino 2007
- Richard Broxton Onians, *Le origini del pensiero europeo*, Club degli Editori, Milano 1999
- Platone, *Apologia di Socrate*, in *I grandi classici latini e greci*, Fabbri editori, Milano 1994
- Platone, *Cratilo*, in *Opere complete*, vol. 2, Laterza, Bari, 1980
- Platone, *Fedone*, a cura di Manara Valgimigli, Laterza, Bari 1932,
- Platone, *Fedro*, in Platone, *Tutte le opere*, a cura di V. Maltese, vol. II, Newton &Compton, Roma 1997
- Platone, *Menone*, in Platone, *I classici del Pensiero*, vol. 1, Arnoldo Mondadori Editore, Milano 2008
- Platone, *Simposio*, in Platone, Tutte le opere, a cura di V. Maltese, vol. II, Newton &Compton, Roma 1997
- Armando Plebe, *Storia del pensiero*, vol. I, Astrolabio-Ubaldini, Roma 1970
- Andrea Porcarelli, *L'alba delle Scienze Umane nel mito greco*,

in AA.VV., *Scienze Sociali per il triennio*, Vol. I, Casa Editrice Poseidonia, Bologna 2000
- Giovanni Reale, *Corpo, anima e salute. Il concetto di uomo da Omero a Platone*, Edizione Mondolibri, Milano 2000
- Giovanni Reale, *La novità di fondo dell'Orfismo*, in *Storia della filosofia greca e romana*. vol.1, Milano, Bompiani 2004
- E. Ruffaldi, P. Carelli, U. Nicola, *Il Nuovo Pensiero Plurale. Dalle origini ad Aristotele,* vol. 1 A, Loescher, Torino 2012
- Emanuele Severino, *Il giogo*, Adelphi, Milano 1989
- Jean-Pierre Vernant, *Mito e pensiero presso i Greci*, Edizione Mondolibri, Milano 2001.
- Wilhelm Weischedel, *La filosofia dalla scala di servizio*, Edizione CDE, Milano 1997
- Zeller-Mondolfo, *La filosofia dei greci nel suo sviluppo storico. I presocratici*, parte prima vol. II, La Nuova Italia Editrice, Firenze 1967

LINKOGRAFIA
- http://normalenews.sns.it/la-filosofia-tra-cura-dellanima-e-impegno-civile-colloquio-con-michele-ciliberto/
- http://www.treccani.it/vocabolario/anima
- https://www.riflessioni.it/dizionario_religioni/orfismo.htm
- http://www.emsf.rai.it/aforismi/aforismi.asp?d=351
- https://it.wikipedia.org/wiki/Lete_(fiume_dell%27oblio)
- https://it.wikipedia.org/wiki/Empedocle
- http://www.filosofico.net/empedo.html

ooOOoo

- Nicola Abbagnano, *Storia della filosofia*, vol. II, UTET, Torino 1982
- Nicola Abbagnano, Giovanni Fornero, *Itinerari di filosofia*, vol. 2A, Paravia-Bruno Mondadori, Torino-Milano 2003
- Natale Benazzi, Matteo D'Amico, *Il libro nero dell'inquisizione. La ricostruzione dei grandi processi*, Piemme, Casale Monferrato 2001.
- Massimo Bucciantini, *Galileo e Keplero. Filosofia, cosmologia e teologia nell'Età della Controriforma*, Mondolibri, Milano 2004
- Michele Ciliberto, *Bruno*, RCS MediaGroup, Milano 2014
- Michele Ciliberto, *Giordano Bruno e la filosofia del Rinascimento*, vol.4, *Il Caffè Filosofico. La filosofia raccontata dai filosofi*, Prima serie, Gruppo Editoriale l'Espresso, Roma 2009
- Marcello Craveri, *L'eresia,* CDE, Milano 1996
- Matteo D'Amico, *Giordano Bruno*, Mondolibri, Milano 2000
- Thomas Stearns Eliot, *La terra desolata. Quattro quartetti*, a cura di Angelo Tonelli, Feltrinelli, Milano 2004
- Valerio Giuffrè, *La metasensazione. Dall'Homo sapiens all'Homo naturalis*, Armando, Roma 2003
- Valerio M. Minale, *Diritto bizantino ed eresia manichea. Alcune riflessioni su Sch.3 ad Bas. 21.1.45.* https://www.academia.edu/19683704/Diritto_bizantino_ed_eresia_manichea_alcune_riflessioni_su_sch._3_ad_Bas._21.1.45
- Sergio Moravia, *Educazione e pensiero*, vol. 2, Le Monnier, Firenze 1986
- Sergio Moravia, *La filosofia della natura nel Rinascimento*, in Emanuele Severino (a cura di) *Filosofia. Storia del pensiero occidentale*, vol. III, Armando Curcio, Roma 1988
- Vincenzo Spampanato, *Documenti della vita di Giordano Bruno*, Firenze, Olschki 1933
- Frances A. Yates, *Giordano Bruno e la tradizione ermetica*,

Laterza, Bari 1992

Linkografia
- https://it.wikipedia.org/wiki/Marsilio_Ficino
- http://ricerca.repubblica.it/repubblica/archivio/repubblica/2000/02/02/giordano-bruno-processo-per-libero-pensiero.html
- https://www.academia.edu/19683704/Diritto_bizantino_ed_eresia_manichea_alcune_riflessioni_su_sch._3_ad_Bas._21.1.45

ooOOoo

- Angelo Di Berardino, Giorgio Fedalto, Manlio Simonetti, *Letteratura Patristica,* San Paolo Edizioni, 2007
- Angelo Comastri, *Come andremo a finire? Indagini sul futuro dell'uomo e del mondo,* San Paolo Edizioni, 2011
- Massimo Scaligero, *Reincarnazione e Karma,* Edizioni Mediterranee, 2012

ALTRE FONTI

Scienza e Conoscenza N° 15
Scienza e Conoscenza N° 53
Scienza e Conoscenza N° 54
Scienza e Conoscenza N° 55
Scienza e Conoscenza N° 57
Scienza e Conoscenza N° 58
Scienza e Conoscenza N° 59
Scienza e Conoscenza N° 60
Scienza e Conoscenza N° 61

Questo Libro è stato pubblicato con la
Esclusiva Strategia Editoriale
"Self Publishing Vincente"
www.SelfPublishingVincente.it

Printed in Great Britain
by Amazon